集人文社科之思 刊专业学术之声

集 刊 名：北斗语言学刊
主办单位：陕西师范大学文学院 / 语言科学研究所
主　　编：乔全生
顾　　问：侯精一　鲁国尧
编辑部主任：余跃龙
执行主编：王晓婷　辛睿龙

(No.8) BEIDOU LANGUAGE JOURNAL

编辑部

地　　址：陕西省西安市长安区陕西师范大学文汇楼 A 段 311
邮政编码：710119
电　　话：029-85318940
投稿邮箱：bdyyxk@sina.com
网　　址：http://www.lit.snnu.edu.cn
微信公众号：北斗语言学刊 bdyyxk

第八辑

集刊序列号：PIJ-2021-437
中国集刊网：www.jikan.com.cn
集刊投约稿平台：www.iedol.cn

北斗語言學刊

第八辑

乔全生 主编

侯精一 鲁国尧 顾问

社会科学文献出版社
SOCIAL SCIENCES ACADEMIC PRESS (CHINA)

本刊受到
陕西师范大学中国语言文学“世界一流学科建设”支持计划
资助

CONTENTS 目录

近代音韵研究

文字学研究

汉语方言研究

汉语词汇、语法研究

札 记

史 林

• 近代音韵研究 •

近代传教士所撰八种潮汕方言著作音系综合比较研究

马重奇　马睿颖

（福建师范大学，福州，350007）

提　要： 近年来，笔者收集并研究了19世纪中叶至20世纪初叶八部西方传教士编撰的潮汕方言著作。本文着重比较研究其方言音系音值及其音系性质。全文分为五个部分：一，八部西方传教士编撰的潮汕方言著作概说；二，潮汕方言著作声母系统比较研究；三，潮汕方言著作韵母系统比较研究；四，潮汕方言著作方言音系性质研究；五，潮汕方言著作声调系统比较研究。通过研究，发现这些著作均非汕头或潮州单一的方言音系，而是以汕头或潮州方言为基础，吸收潮州、海丰、揭阳、潮阳、汕头、澄海等方言韵类的综合音系。

关键词： 近代传教士；潮汕方言著作；音系综合；比较研究

一　八种西方传教士编撰的潮汕方言著作概说

鸦片战争后，清朝政府与西方列强签订了许多不平等条约，开放广州、福州、厦门、宁波、上海等为通商口岸，允许英国人在通商口岸设驻领事馆。基督教会在城下之盟的庇护下开启了对华的传教活动，新教传教士为了适应闽台社会，克服语言障碍，提高传教效率，编撰了一定数量的闽台方言字典。在本文里，我们着重介绍并比较西方传教士所编撰的八种潮汕方言著作所反映的音系。

西方传教士编撰的潮汕方言著作主要有八种，即：美国传教士璘为仁（Williams Dean，1807-1895）著《潮州话初级教程》，暹罗曼谷 1841 年出版。美国传教士约西亚·高德（Josiah Goddard，1813-1854）著《汉英潮州方言字典》，于 1847 年由曼谷教会组织出版。美北浸信会传教士菲尔德（A. M. Fielde，生卒年不详）著《汕头方言初阶》，文中简称“菲尔德 a”，于 1878 年由汕头印刷公司出版。美北浸信会传教士菲尔德著《汕头方言音义字典》，文中简称“菲尔德 b”，于 1883 年由美洲长老会传教团出版社出版。英伦长老会牧师卓威廉（William Duffus）著《汕头白话英华对照词典》，英华书局 1883 年版。美北浸信会牧师耶士谟（Rev. William Ashmore D. D.）编《汕头话口语语法基础教程》，英华书局 1884 年出版。新加坡海峡殖民地法庭翻译员林雄成（Lim Hiong Seng）著《汕头方言手册》，于 1886 年由新嘉坡古友轩出版。英伦长老会传教士汲约翰（John Steele）编撰《潮正两音字集》，于 1909 年由上海英华书局出版。

笔者对以上八部方言著作逐一进行研究，现将它们的声韵调系统进行综合比较如下。

二　潮汕方言著作声母系统比较研究

前述八种潮汕方言著作的声母系统不尽相同：璘为仁、高德、菲尔德、耶士谟所编撰的著作均为 18 个声母，林雄成的著作为 20 个声母，卓威廉、汲约翰的著作为 21 个声母。现将八种著作的声母系统比较如下，见表 1。

表 1　近代传教士所撰八种潮汕方言著作声母系统

璘为仁 18	p[p]鞭	ph[p‘]炮 p‘h[p‘]蜂	b[b]袜	m[m]摸	t[t]刀	th[t‘]跳 t‘h[t‘]痛 t‘[t‘]体	l[l]轮	n[n]人	s[s]索
高德 18	p[p]巴	p‘[p‘]徘	b[b]马	m[m]迷	t[t]茶	t‘[t‘]读	l[l]路	n[n]篮	s[s]顺
菲尔德 a 18	p[p]巴	ph[p‘]徘	b[b]马	m[m]迷	t[t]茶	th[t‘]读	l[l]路	n[n]篮	s[s]顺

续表

菲尔德 b 18	p[p]富	ph[p‘]炮	b[b]米	m[m]姆	t[t]得	th[t‘]铁	l[l]路	n[n]篮	s[s]心
卓威廉 21	p[p]芭	ph[p‘]派	b[b]马	m[m]脉	t[t]端	th[t‘]胎	l[l]掠	n[n]篮	s[s]顺
耶士谟 18	p[p]鞭	ph[p‘]炮	b[b]买	m[m]摸	t[t]刀	th[t‘]跳	l[l]轮	n[n]人	s[s]心
林雄成 20	p[p]驳	ph[p‘]雹	b[b]卖	m[m]糜	t[t]涨	th[t‘]添	l[l]来	n[n]那	s[s]是
汲约翰 21	p[p]斧	ph[p‘]配	b[b]米	m[m]民	t[t]雕	th[t‘]通	l[l]朗	n[n]两	s[s]写

璘为仁 18	ch[ts]寸	c‘h[ts‘]醋	j[dz]而	k[k]架	kh[k‘]脚 k‘h[k‘]楷 k‘[k‘]蚯	g[g]疑	gn[ŋ]五	h[h]血	o[∅]爱鹰
高德 18	ch[ts]止	ch‘[ts‘]出	j[dz]字	k[k]胶	k‘[k‘]壳	g[g]牙	ng[ŋ]言	h[h]鱼	o[∅]恶黑
菲尔德 a 18	c[ts]止	ch[ts‘]出	j[dz]字	k[k]胶	kh[k‘]壳	g[g]牙	ng[ŋ]言	h[h]鱼	o[∅]后下
菲尔德 b 18	c[ts]钟	ch[ts‘]春	j[dz]如	k[k]鼓	kh[k‘]苦	g[g]牙	ng[ŋ]言	h[h]鱼	o[∅]后下
卓威廉 21	ts[ts]灶 ch[tɕ]脂	tsh[ts‘]出 chh[tɕ‘]耻	z[dz]热 j[dʑ]字	k[k]胶	kh[k‘]壳	g[g]牙	ng[ŋ]言	h[h]鱼	o[∅]於恶
耶士谟 18	ch[ts]寸	chh[ts‘]醋	j[dz]而	k[k]架	kh[k‘]楷	g[g]疑	ng[ŋ]五	h[h]血	o[∅]爱鹰
林雄成 20	ts[ts]纸 ch[tɕ]酒	ts‘h[ts‘]出 chh[tɕ‘]尺	j[dz]若	k[k]共	kh[k‘]阔	g[g]月	ng[ŋ]遇	h[h]还	o[∅]爱鹰
汲约翰 21	ts[ts]住 ch[tɕ]酒	ts‘h[ts‘]徐 chh[tɕ‘]秋	z[dz]遗 j[dʑ]人	k[k]枝	kh[k‘]齿	g[g]月	ng[ŋ]雅	h[h]方	o[∅]员鞋

由表 1 可见，以上八种著作共同的声母有双唇音［p］、［p‘］、［b］、［m］，舌尖中音［t］、［t‘］、［l］、［n］，舌尖前音［dz］、［s］，舌面后音［k］、［k‘］、［g］、［ŋ］，喉音［h］。声母［m，n，ŋ］是［b，l，g］的音位变体，［b，l，g］与鼻化韵相拼时带有鼻音，变成［m，n，ŋ］。零声母［∅］一般不用任何字母表示，而直接以韵母 a、o、e、i、u 开头。

它们的不同之处有：①送气声母［p‘］的罗马字表示法不尽相同：璘为仁所编著作以 ph、p‘h 表示，高德以 p‘ 表示，其他人则以 ph 表示；②送气声母［t‘］的罗马字表示法不尽相同：璘为仁以 th、t‘h、t‘ 表示，高德以 t‘ 表示，其他人则以 th 表示；③送气声母［k‘］的罗马字表示法不尽相同：璘为仁以 kh、k‘h、k‘ 表示，高德以 k‘ 表示，其他人则以 kh 表示；④舌尖前塞擦音声母［ts］、［ts‘］的罗马字表示法不尽相同：璘为仁以 ch、c‘h 表示，高德以 ch、ch‘ 表示，菲尔德以 c、ch 表示，卓威廉以 ts、tsh 表示，耶士谟以 ch、chh 表示，林雄成、汲约翰则以 ts、ts‘h 表示；⑤ 卓威廉、林雄成、汲约翰的著作除了有舌尖前塞擦音声母［ts］、［ts‘］外，还有与之相对应的舌面前塞擦音声母［tɕ］、［tɕ‘］，以 ch、chh 表示。据考察，卓威廉、林雄成、汲约翰所编著作声母［ts］、［ts‘］只跟非-i 类韵母相拼，而声母［tɕ］、［tɕ‘］则与-i 类韵母相拼。经过百余年的演变，声母［tɕ］、［tɕ‘］逐渐演变成舌尖前塞擦音声母［ts］、［ts‘］。⑥卓威廉、汲约翰所编著作均有 j、z 两个声母。据考察，卓威廉《汕头白话英华对照词典》consonants（辅音）中描写了声母 j，认为“j，is pronounced as in *jet*”，意思是说，j 声母读音如英语单词 jet［dʒet］中的 j［dʒ］，因此，为了与［tɕ］、［tɕ‘］取得同一发音部位，故拟音为舌面前塞擦音［dʑ］。汲约翰《潮正两音字集》ts、ts‘h、z 和 ch、chh、j 从声韵配合的分布情形来看是互补的，故 z 和 j 分别拟音为［dz］和［dʑ］。

三 潮汕方言著作韵母系统比较研究

西方传教士编撰的八种潮汕方言著作的韵母系统比较部分，我们拟分为“元音韵韵母”、“鼻音韵韵母”、“鼻化韵母”、“声化韵母”、“入声韵（收-ʔ 尾）韵母”和“入声韵（收-p，-t，-k 尾）韵母”诸部分与现代汕头、潮州、澄海、潮阳、揭阳、海丰方言①进行历史比较研究。

1. 元音韵韵母比较

西方传教士编撰的八种潮汕方言辞书记载了 23 个元音韵韵母，即 [a]、[ɔ]、[o]、[e]、[i]、[ɯ]、[u]、[au]、[ai]、[oi]、[ei]、[ou]、[ia]、[iu]、[iou]、[ie]、[ua]、[ue]、[uei]、[uai]、[ui]、[io]、[iau]。只是它们的罗马字标音不尽一致。请看表 2、表 3。

（1）单元音韵母

表 2　近代传教士所撰八种潮汕方言著作单元音韵母

	汕头 潮州 澄海 潮阳 揭阳 海丰	汕头 潮州 澄海 潮阳 揭阳 海丰	汕头 潮州 澄海 潮阳 揭阳 海丰	汕头 潮州 澄海 揭阳	无	汕头 潮州 澄海 潮阳 揭阳 海丰	汕头 潮州 澄海 潮阳 揭阳 海丰
璘为仁 7	a[a]柑	o[o]牯	e[e]下	ur[ɯ]去	aw[ɔ]二	i[i]二	u[u]句
高德 7	a[a]渣	o[o]牡	e[e]马	ù[ɯ]书	ó[ɔ]无	i[i]米	u[u]巫
菲尔德 a7	a[a]鸦	o[o]乌	e[e]哑	ʉ[ɯ]余	ɵ[ɔ]蚝	i[i]衣	u[u]有
菲尔德 b7	a[a]鸦	o[o]乌	e[e]哑	ṳ[ɯ]余	o̤[ɔ]蚝	i[i]衣	u[u]有
卓威廉 6	a[a]亚	o[o]窝	e[e]哑	ṳ[ɯ]余	—	i[i]衣	u[u]有
耶士谟 6	a[a]饱	o[o]母	e[e]下	u̲[ɯ]猪	—	i[i]衣	u[u]污
林雄成 6	a[a]差	o[o]无	e[e]查	ṳ[ɯ]去	—	i[i]伊	u[u]有
汲约翰 6	a[a]巴	o[o]堡	e[e]家	ü[ɯ]猪	—	i[i]李	u[u]须

由表 2 可见，八种潮汕方言辞书相同的单元音韵母，即 [a]、[o]、[e]、[i]、[ɯ]、[u]。唯独 [ɔ] 韵母见于早期潮汕方言著作璘为仁的《潮州话初级教程》、高德的《汉英潮州方言字典》，菲尔德的《汕头方言初阶》和《汕头方言音义字典》，其余 4 种方言著作则无此韵母，现代潮汕方言亦无 [ɔ] 韵母。张晓山的《新潮汕字典》“做”读作 zo^3、“无”读作 bho^5、“蚝”读作 o^5，韵母均为 [o]，而不读作 [ɔ]。可见，随着时间的推移，早期潮汕方言中的 [ɔ] 韵母逐渐演变成 [o] 韵母。从潮汕方言点分布情况看，[a]、[o]、[e]、[i]、[u] 诸韵母是潮汕 6 个方言点共有的，[ɯ] 韵母只出现于汕头、潮州、澄海、揭阳 4 个方言点。

① 参见林伦伦、陈小枫《广东闽方言语音研究》，汕头大学出版社，1996。

（2）复元音韵母

表 3　近代传教士所撰八种潮汕方言著作复元音韵母

	汕头 潮州 澄海 潮阳 揭阳 海丰	汕头 潮州 澄海 潮阳 揭阳 海丰	汕头 潮州 澄海 潮阳 揭阳	海丰	汕头 潮州 澄海 潮阳 揭阳 海丰	汕头 潮州 澄海 潮阳 揭阳 海丰	汕头 潮州 澄海 潮阳 揭阳 海丰	潮州 澄海
璘为仁 14	aou[au]头	ai[ai]亥	oi[oi]第	ey[ei]夏	ou[ou]布 ow[ou]后	ia[ia]车	iw[iu]梳	iou[iou]条 iow[iou]兆
高德 11	au[au]喉	ai[ai]眉	oi[oi]买	—	—	ia[ia]者	iu[iu]周	—
菲尔德 a11	au[au]老	ai[ai]哀	oi[oi]鞋	—	—	ia[ia]亦	iu[iu]油	—
菲尔德 b11	au[au]九	ai[ai]碍	oi[oi]齐	—	—	ia[ia]者	iu[iu]周	—
卓威廉 12	au[au]老	ai[ai]哀	oi[oi]鞋	—	ou[ou]乌	ia[ia]亦	iu[iu]油	—
耶士谟 12	au[au]老	ai[ai]来	oi[oi]会	—	ou[ou]路	ia[ia]蔗	iu[iu]周	—
林雄成 13	au[au]到	ai[ai]来	oi[oi]买	—	ou[ou]乌	ia[ia]亦	iu[iu]就	iou[iou]了
汲约翰 12	au[au]高	ai[ai]知	oi[oi]题	—	ou[ou]埠	ia[ia]爹	iu[iu]酒	—

	潮州 澄海	汕头 潮州 澄海 潮阳 揭阳 海丰	汕头 潮州 澄海 潮阳 揭阳 海丰	无	汕头 潮州 澄海 潮阳 揭阳 海丰	汕头 潮州 澄海 潮阳 揭阳 海丰	汕头 潮阳 揭阳 海丰	汕头 潮阳 揭阳 海丰
璘为仁 14	ie[ie]椒	ua[ua]纸 oa[ua]外	ue[ue]瓜 oe[ue]被	uey[uei]粿 wey[uei]话	uai[uai]枴 uay[uai]悔	ui[ui]季	—	—
高德 11	ie[ie]苗	ua[ua]磨 oa[ua]大 wa[ua]禾	ue[ue]梅	—	uai[uai]乖 wai[uai]怀	ui[ui]水	io[io]焦	—
菲尔德 a11	ie[ie]窑	ua[ua]我 oa[ua]大	ue[ue]话	—	uai[uai]跛	ui[ui]瑞	io[io]妖	—
菲尔德 b11	ie[ie]赵	ua[ua]我 oa[ua]蛙	ue[ue]回	—	uai[uai]枴	ui[ui]亏	io[io]吊	—
卓威廉 12	ie[ie]窑	ua[ua]我 oa[ua]大	ue[ue]话	—	uai[uai]歪	ui[ui]瑞	—	iau[iau]妖
耶士谟 12	ie[ie]少	ua[ua]蛙 oa[ua]大	ue[ue]未	—	uai[uai]怪	ui[ui]美	—	iau[iau]鸟
林雄成 13	ie[ie]照	ua[ua]我	ue[ue]吹	uey[uei]过	uai[uai]快	ui[ui]为	—	—
汲约翰 12	ie[ie]笑	ua[ua]蛇	ue[ue]飞	—	uai[uai]歪	ui[ui]水	—	iau[iau]数

由表 3 可见，八种潮汕方言著作相同的复元音韵母共有 9 个，即［au］、［ai］、［ia］、［iu］、［ie］、［ua］、［ue］、［uai］、［ui］。值得讨论的有［oi］、［ei］、［ou］、［iou］、［uei］、［io］、［iau］诸韵母。

（1）关于［oi］韵母，据考证，［oi］韵母反映了汕头、潮州、澄海、潮阳、揭阳方言韵类，与海丰的［ei］韵母相对应。八种潮汕方言著作均记载了此韵母。

（2）关于［ei］韵母，据考证，［ei］韵母反映了海丰方言韵类，与汕头、潮州、澄海、潮阳、揭阳的［oi］韵母相对应。只有璘为仁的《潮州话初级教程》记载了海丰方言中的［ei］韵母。

（3）关于［ou］韵母，是潮汕 6 个方言点共同的韵类，高德的《汉英潮州方言字典》、菲尔德的《汕头方言初阶》和《汕头方言音义字典》没有记载此韵母，其余五种著作均有记载。

（4）关于［iou］韵母，据考证，［iou］韵母是潮州和澄海方言特有的韵类，与汕头、潮阳、揭阳、海丰 4 个方言点的［iau］韵母相对应。只有璘为仁《潮州话初级教程》和林雄成《汕头方言手册》记载了潮州和澄海方言的［iou］韵母。

（5）关于［uei］韵母，璘为仁的《潮州话初级教程》和林雄成的《汕头方言手册》分别把“粿”“话”“过”韵母读作［uei］，据考证，现代潮汕方言均无［uei］韵母而有［ue］韵母。张晓山的《新潮汕字典》中“粿”读作 guê^{2}、“话”读作 uê^{7}、“过”读作 guê^{3}，可见，随着时间的推移，早期潮汕方言韵母［uei］韵尾脱落，逐渐演变成［ue］韵母。

（6）关于［io］韵母，据考证，现代汕头、潮阳、揭阳、海丰等 4 个方言点均有［io］韵母，与潮州和澄海的［ie］韵母相对应。高德的《汉英潮州方言字典》、菲尔德的《汕头方言初阶》和《汕头方言音义字典》记载了［io］韵母，反映了汕头、潮阳、揭阳、海丰等 4 个方言的韵母。

（7）关于［iau］韵母，据考证，［iau］韵母是汕头、潮阳、揭阳、海丰 4 个方言点的共同韵类，与潮州和澄海方言特有的韵类［iou］韵母相对应。卓威廉的《汕头白话英华对照词典》、耶士谟的《汕头话口语语法基础教程》、汲约翰的《潮正两音字集》记载了［iau］韵母，反映了汕头、潮阳、揭阳、海丰等 4 个方言的韵母。

2. 鼻音韵韵母比较

西方传教士编撰的八种潮汕方言著作记载了 19 个鼻音韵母，即［am］、［im］、［iam］、［uam］、［aŋ］、［iaŋ］、［uaŋ］、［ɔŋ］、［iɔŋ］、［eŋ］、［ɯŋ］、［uŋ］、［in］、［un］、［ɯn］、［uan］、［ian］、［an］、［wn］。只是它们的罗马字标音不尽一致。请见表 4。

表 4　近代传教士所撰八种潮汕方言著作鼻音韵母

	汕头 潮州 潮阳 揭阳 海丰	汕头 潮州 潮阳 揭阳 海丰	汕头 潮州 潮阳 揭阳 海丰	潮州 潮阳 揭阳 海丰	汕头 潮州 澄海 潮阳 揭阳 海丰	汕头 潮州 澄海 潮阳 揭阳 海丰	汕头 潮州 澄海 潮阳 揭阳 海丰
璘为仁 16	am［am］针	im［im］今	iam［iam］盐 iem［iam］点	—	ang［aŋ］人	iang［iaŋ］杖	uang［uaŋ］风 wang［uaŋ］皇
高德 16	am［am］针	im［im］浸	iam［iam］尖	wam［uam］凡	ang［aŋ］红	iang［iaŋ］将	uang［uaŋ］亡 wang［uaŋ］妨
菲尔德 a17	am［am］贪	im［im］心	iam［iam］盐	uam［uam］凡	ang［aŋ］邦	iang［iaŋ］养	uang［uaŋ］装
菲尔德 b16	am［am］贪	im［im］林	iam［iam］点	uam［uam］凡	ang［aŋ］笼	iang［iaŋ］杖	uang［uaŋ］方
卓威廉 16	am［am］贪	im［im］心	iam［iam］盐	uam［uam］凡	ang［aŋ］邦	iang［iaŋ］养	uang［uaŋ］装
耶士谟 16	am［am］暗	im［im］音	iam［iam］尖	uam［uam］凡	ang［aŋ］红	iang［iaŋ］章	uang［uaŋ］王
林雄成 17	am［am］喊	im［im］深	iam［iam］点	uam［uam］犯	ang［aŋ］共	iang［iaŋ］量	uang［uaŋ］放
汲约翰 16	am［am］南	im［im］金	iam［iam］甜	uam［uam］泛	ang［aŋ］东	iang［iaŋ］凉	uang［uaŋ］床

	汕头 潮州 澄海 潮阳 揭阳 海丰	汕头 潮州 澄海 潮阳 揭阳 海丰	汕头 潮州 澄海 潮阳 揭阳 海丰	无	汕头 海丰	海丰	海丰
璘为仁 16	ong［oŋ］讲	iong［ioŋ］雍	eng［eŋ］灯	ung［ɯŋ］本	—	in［in］申	un［un］寸
高德 16	ong［oŋ］宗	iong［ioŋ］凶	eng［eŋ］征	—	—	in［in］真	un［un］文
菲尔德 a17	ong［oŋ］绒	iong［ioŋ］永	eng［eŋ］贞	—	—	in［in］寅	un［un］揾
菲尔德 b16	ong［oŋ］绒	iong［ioŋ］用	eng［eŋ］钟	—	—	in［in］因	un［un］揾
卓威廉 16	ong［oŋ］绒	iong［ioŋ］永	eng［eŋ］贞	—	—	in［in］寅	un［un］揾
耶士谟 16	ong［oŋ］终	iong［ioŋ］凶	eng［eŋ］用	—	—	in［in］真	un［un］文
林雄成 17	ong［oŋ］从	iong［ioŋ］雄	eng［eŋ］明	—	ung［uŋ］酸	in［in］因	un［un］阮
汲约翰 16	ong［oŋ］封	iong［ioŋ］戎	eng［eŋ］丁	—	—	in［in］真	un［un］分

续表

	无	无	无	无	无		
璘为仁 16	urn[ɯn]巾	uan[uan]环 oan[uan]篆 wan[uan]蕃	ien[ian]毡	an[an]间	—		
高德 16	ùn[ɯn]殷	uan[uan]万 wan[uan]烦	ien[ian]延	an[an]安	—		
菲尔德 a17	ʉn[ɯn]恩	uan[uan]乱	ien[ian]远	an[an]艰	wn[wn]完		
菲尔德 b16	ṳn[ɯn]恩	—	ien[ian]远	an[an]眼	wn[wn]完		
卓威廉 16	ṳn[ɯn]恩	uan[uan]乱	ien[ian]远	an[an]艰	—		
耶士谟 16	u̱n[ɯn]近	uan[uan]万	ien[ian]煎	an[an]安	—		
林雄成 17	ṳn[ɯn]近	uan[uan]还	ien[ian]骗	an[an]咱	—		
汲约翰 16	ün[ɯn]斤	uan[uan]弯	ien[ian]牵	an[an]单	—		

由表 4 可见，八种潮汕方言著作共有 14 个鼻音韵韵母相同，即 [am]、[im]、[iam]、[aŋ]、[iaŋ]、[uaŋ]、[ɔŋ]、[iɔŋ]、[eŋ]、[in]、[un]、[ɯn]、[ian]、[an]。值得讨论的有 [uam]、[ɯŋ]、[uŋ]、[in]、[un]、[ɯn]、[ian]、[an]、[uan]、[wn] 诸韵母。

（1）关于 [uam] 韵母，据考证，[uam] 韵母反映了潮州、潮阳、揭阳、海丰 4 个方言点的韵类。唯独璘为仁的《潮州话初级教程》没有记载 [uam] 韵母。

（2）关于 [ɯŋ] 和 [uŋ] 韵母，据考证，现代潮汕方言无 [ɯŋ] 韵母，而唯独汕头方言和海丰（部分）方言有 [uŋ] 韵母。唯独璘为仁的《潮州话初级教程》记载了 [ɯŋ] 韵母，随着时间的推移，[ɯŋ] 韵母逐渐演变成 [uŋ] 韵母；林雄成的《汕头方言手册》记载了 [uŋ] 韵母。可见，以上两种著作反映了汕头方言和海丰（部分）方言韵类。

（3）关于 [in]、[un]、[ɯn]、[ian]、[an]、[uan]、[wn] 诸韵母，据考证，现代潮汕方言中除了海丰方言有 [in]、[un] 韵母外，均无 [ɯn]、[ian]、[an]、[uan]、[wn] 诸韵母。这说明在 19 世纪初至 20 世纪初仍存在 [-n] 韵尾的鼻音韵韵母，经过近两百年的演变，[-n] 韵尾的鼻音韵韵母逐渐演变成 [-ŋ] 韵尾的鼻音韵韵母：

[in]→[iŋ]　[un]→[uŋ]　[ɯn]→[un]→[uŋ]　[ian]→[iaŋ]

[an]→[aŋ]　[uan]→[uaŋ]　[wn]→[un]→[uŋ]

八种潮汕方言著作中都有［in］、［un］、［ɯn］、［ian］、［an］五个韵母，菲尔德的《汕头方言初阶》《汕头方言音义字典》均有［wn］韵母，其余六种著作均无；菲尔德的《汕头方言音义字典》无［uan］韵母，其余七种著作均有。

3. 鼻化韵韵母/声化韵韵母比较

西方传教士编撰的八种潮汕方言著作共记载了22个鼻化韵母，即[ã]、[ẽ]、[ɔ̃]、[õ]、[ãi]、[ãu]、[õi]、[ẽi]、[õu]、[ĩ]、[iã]、[iũ]、[iõu]、[iõ]、[iẽ]、[iãu]、[ũ]、[uĩ]、[uãi]、[uã]、[uẽ]、[uẽi]。它们各自的鼻化韵母不一：璘为仁的《潮州话初级教程》（1841）有18个，卓威廉的《汕头白话英华对照词典》有17个，菲尔德的《汕头方言初阶》和《汕头方言音义字典》、林雄成的《汕头方言手册》、汲约翰的《潮正两音字集》有16个，高德的《汉英潮州方言字典》有15个，耶士谟的《汕头话口语语法基础教程》有13个。此外，又记载了3个声化韵韵母即［m］、［ŋ］和［n］。请看表5。

表5　近代传教士所撰八种潮汕方言著作鼻化韵/声化韵韵母比较

	汕头 潮州 澄海 潮阳 揭阳 海丰	汕头 潮州 澄海 潮阳 揭阳 海丰	无	揭阳 海丰	汕头 潮州 澄海 潮阳 揭阳 海丰	汕头 潮州 澄海 潮阳 揭阳 海丰	汕头 潮州 澄海 潮阳 揭阳
璘为仁 18/2	a[ã]三	e[ẽ]么	aw[ɔ̃]怒	—	ai[ãi]匆	au[ãu]二 aou[ãu]傲	ñoi[õi]盖 oi[õi]平
高德 15/2	^{n}a[ã]敢	^{n}e[ẽ]争 e^{n}[ẽ]楹	^{n}ó[ɔ̃]痳	^{n}o[õ]虎	^{n}ai[ãi]埋	^{n}au[ãu]矛	^{n}oi[õi]前 o^{n}i[õi]闲
菲尔德 a 16/3	a^{n}[ã]篮	e^{n}[ẽ]耕	ɵ^{n}[ɔ̃]毛	o^{n}[õ]五	ai^{n}[ãi]欲	au^{n}[ãu]傲	oi^{n}[õi]千
菲尔德 b 16/2	a^{n}[ã]掩	e^{n}[ẽ]井	o̤^{n}[ɔ̃]茅	o^{n}[õ]否	ai^{n}[ãi]还	au^{n}[ãu]好	oi^{n}[õi]剪
卓威廉 17/2	a^{n}[ã]篮	e^{n}[ẽ]么	—	o^{n}[õ]五	ai^{n}[ãi]欲	au^{n}[ãu]傲	oi^{n}[õi]千
耶士谟 13/2	a^{n}[ã]柑	e^{n}[ẽ]晴	—	o^{n}[õ]毛	ai^{n}[ãi]还	—	oi^{n}[õi]前
林雄成 16/2	a^{n}[ã]担	e^{n}[ẽ]骂	—	o^{n}[õ]遇	ai^{n}[ãi]奈	au^{n}[ãu]好	oi^{n}[õi]前
汲约翰 16/2	a^{n}[ã]酵	e^{n}[ẽ]井	—	o^{n}[õ]毛	ai^{n}[ãi]奶	au^{n}[ãu]熬	oi^{n}[õi]肴

续表

	无	汕头 潮州 澄海 潮阳 揭阳 海丰	汕头 潮州 澄海 潮阳 揭阳 海丰	汕头 潮州 澄海 潮阳 揭阳 海丰	汕头 潮州 澄海 潮阳 揭阳 海丰	潮州 澄海	汕头 潮阳 揭阳 海丰
璘为仁 18/2	ey[ẽi]凉	ou[õu]五	i[ĩ]年 ñi[ĩ]鼻	ia[iã]惊	ñiw[iũ]钮	iou[iõu]猫	—
高德 15/2	—	—	^{n}i[ĩ]箭	^{n}ia[iã]晶 i^{n}a[iã]营	^{n}iu[iũ]朽 i^{n}u[iũ]幼	—	^{n}io[iõ]苗
菲尔德 a 16/3	—	—	i^{n}[ĩ]迷	ia^{n}[iã]痛	iu^{n}[iũ]纽	—	io^{n}[iõ]猫
菲尔德 b 16/2	—	—	i^{n}[ĩ]圆	ia^{n}[iã]正	iu^{n}[iũ]幽	—	io^{n}[iõ]掀
卓威廉 17/2	—	ou^{n}[õu]虎	i^{n}[ĩ]鼻	ia^{n}[iã]痛	iu^{n}[iũ]纽	—	io^{n}[iõ]猫
耶士谟 13/2	—	ou^{n}[õu]奴	i^{n}[ĩ]钱	ia^{n}[iã]正	iu^{n}[iũ]幼	—	—
林雄成 16/2	—	ou^{n}[õu]虎	i^{n}[ĩ]添	ia^{n}[iã]请	iu^{n}[iũ]幼	iou^{n}[iõu]挠	—
汲约翰 16/2	—	ou^{n}[õu]虎	i^{n}[ĩ]尼	ia^{n}[iã]声	iu^{n}[iũ]裘	—	—

	潮州 澄海	汕头 潮阳 揭阳 海丰	无	汕头 潮州 澄海 潮阳 揭阳 海丰	汕头 潮州 澄海 潮阳 揭阳 海丰	汕头 潮州 澄海 潮阳 揭阳 海丰	汕头 潮州 澄海 潮阳 揭阳 海丰
璘为仁 18/2	ie[iẽ]羊	—	—	ñui[uĩ]柜	ñuai[uãi]樣	ua[uã]盘 oa[uã]明	ue 妹[uẽ]
高德 15/2	^{n}ie[iẽ]章 i^{n}e[iẽ]羊	—	—	^{n}ui[uĩ]悬	—	^{n}ua[uã]泉 u^{n}a[uã]安 ^{n}oa[uã]单 ^{n}wa[uã]鼾	^{n}ue[uẽ]横
菲尔德 a 16/3	ie^{n}[iẽ]丈	—	—	ui^{n}[uĩ]柜	uai^{n}[uãi]蓑	ua^{n}[uã]满 oa^{n}[uã]炭	ue^{n}[uẽ]妹
菲尔德 b 16/2	ie^{n}[iẽ]章	—	—	ui^{n}[uĩ]毁	uai^{n}[uãi]矿	ua^{n}[uã]满 oa^{n}[uã]鞍	ue^{n}[uẽ]横
卓威廉 17/2	ie^{n}[iẽ]丈	iau^{n}[iãu]藐	—	ui^{n}[uĩ]柜	uāi^{n}[uãi]蓑	ua^{n}[uã]满 oa^{n}[uã]炭	ue^{n}[uẽ]妹
耶士谟 13/2	ie^{n}[iẽ]上	—	—	ui^{n}[uĩ]柜	—	ua^{n}[uã]泉 oa^{n}[uã]单	ue^{n}[uẽ]关
林雄成 16/2	ie^{n}[iẽ]上	—	—	ui^{n}[uĩ]高	uai^{n}[uãi]樣	ua^{n}[uã]换	ue^{n}[uẽ]妹
汲约翰 16/2	ie^{n}[iẽ]两	iau^{n}[iãu]苗	u^{n}[ũ]仵	ui^{n}[uĩ]惯	—	ua^{n}[uã]宽	ue^{n}[uẽ]关

续表

	无		汕头 潮州 澄海 潮阳 揭阳 海丰	汕头 潮州 澄海 潮阳 揭阳 海丰	无		
璘为仁 18/2	uey[uẽi]横		m[m]姆	ng[ŋ]园	—		
高德 15/2	—		m[m]姆	ng[ŋ]黄	—		
菲尔德 a 16/3	—		m[m]姆	ng[ŋ]园	n[n]口		
菲尔德 b 16/2	—		m[m]呼	ng[ŋ]砖	—		
卓威廉 17/2	—		m[m]姆	ng[ŋ]昏	—		
耶士谟 13/2	—		m[m]姆	ng[ŋ]砖	—		
林雄成 16/2	—		m[m]不	ng[ŋ]转	—		
汲约翰 16/2	—		m[m]唔	ng[ŋ]饭	—		

由表 5 可见，八种潮汕方言著作共同的鼻化韵韵母计 11 个，即［ã］、［ẽ］、［ãi］、［õi］、［ĩ］、［iã］、［iũ］、［iẽ］、［uĩ］、［uã］、［uẽ］；声化韵母 2 个，即［m］、［ŋ］。值得讨论的有［ɔ̃］、［õ］、［ãu］、［ẽi］、［õu］、［iõu］、［iõ］、［iãu］、［ũ］、［uãi］、［uẽi］、［n］诸韵母。

（1）关于［ɔ̃］和［õ］韵母，早期潮汕方言著作璘为仁的《潮州话初级教程》、高德的《汉英潮州方言字典》，菲尔德的《汕头方言初阶》和《汕头方言音义字典》均记载了［ɔ̃］韵母，其余方言著作则无此韵母。据考证，现代潮汕方言均无［ɔ̃］韵母，张晓山的《新潮汕字典》中“怒”读作 no^5，“毛”读作 mo^5，二者均读作［õ］韵母。随着时间的推移，［ɔ̃］韵母逐步演变成［õ］韵母。

（2）关于［ãu］韵母，据考证，潮汕 6 个方言点均有［ãu］韵母，唯独耶士谟的《汕头话口语语法基础教程》无此韵母。

（3）关于［ẽi］和［ei］韵母，唯独璘为仁的《潮州话初级教程》记载了这两个韵母。据考证，［ei］是海丰方言的特殊韵类，其鼻化韵母为［ẽi］，说明早在 170 年前海丰方言应该有［ẽi］韵母，只是随着时间的推移而消失了。

（4）关于［õu］韵母，据考证，潮汕 6 个方言点均有［õu］韵母，高德的《汉英潮州方言字典》、菲尔德的《汕头方言初阶》和《汕头方言音义字典》均无此韵母，其余5种著作均有。

（5）关于［iõu］和［iãu］韵母，据考证，［iõu］韵母反映了潮州和澄海的方言韵类，［iãu］韵母则反映了汕头、潮阳、揭阳、海丰4个方言点的韵类。璘为仁的《潮州话初级教程》和林雄成的《汕头方言手册》记载了［iõu］韵母，卓威廉的《汕头白话英华对照词典》和汲约翰的《潮正两音字集》记载了［iãu］韵母，其余著作均无。

（6）关于［iõ］和［iẽ］韵母，据考证，［iõ］韵母反映了汕头、潮阳、揭阳、海丰4个方言点的韵类，［iẽ］韵母则反映了潮州和澄海的方言韵类。高德的《汉英潮州方言字典》、菲尔德的《汕头方言初阶》和《汕头方言音义字典》、卓威廉的《汕头白话英华对照词典》记载了［iõ］韵母，反映了汕头、潮阳、揭阳、海丰方言的特点。

（7）关于［ũ］韵母，据考证，现代潮汕方言是没有此韵母的，唯独汲约翰的《潮正两音字集》记载了［ũ］韵母。

（8）关于［uẽi］和［uei］韵母，据考证，现代潮汕方言是没有此韵母的，璘为仁的《潮州话初级教程》记载了这两个韵母。前文考证，［uei］韵母逐渐演变成［ue］韵母，那么［uẽi］韵母是否也演变成［uẽ］韵母？据考证，现代潮汕方言有［uẽ］韵母，“横”字，璘为仁读作［huẽi］，张晓山的《新潮汕字典》读作huên^5。读作［huẽ］，韵母［huẽi］的韵尾［-i］脱落是有可能的。

（9）据考证，现代潮汕方言均无声化韵［n］，唯独菲尔德的《汕头方言初阶》记载了此韵母。

4. 入声韵（收-ʔ尾）韵母比较

西方传教士编撰的八种潮汕方言著作共记载了34个收-ʔ尾的入声韵母：［aʔ］、［oʔ］、［eʔ］、［iʔ］、［uʔ］、［ɯʔ］、［ɔʔ］、［oiʔ］、［eiʔ］、［ouʔ］、［iaʔ］、［ioʔ］、［ieʔ］、［uaʔ］、［ueʔ］、［aiʔ］、［auʔ］、［iuʔ］、［iauʔ］、［iouʔ］、［ẽʔ］、［ĩʔ］、［uẽʔ］、［ɔ̃ʔ］、［ãʔ］、［ãiʔ］、［uãiʔ］、［ãuʔ］、［õiʔ］、［iõʔ］、［uĩʔ］、［õʔ］、［iãuʔ］、［ŋʔ］。它们所记载的韵母不一：璘为仁的《潮州话初级教程》有16个，高德的《汉英潮州方言字典》有17个，菲尔德的《汕头方言初阶》有19个，菲尔德的《汕头方言音义字典》有25个，卓威廉的《汕头白话英华对照词典》有23个，耶士

谟的《汕头话口语语法基础教程》有 17 个，林雄成的《汕头方言手册》有 19 个，汲约翰的《潮正两音字集》有 17 个。详见表 6。

（1）“元音韵+ʔ 尾”韵母

表 6　近代传教士所撰八种潮汕方言著作“元音韵+ʔ 尾”韵母比较

	汕头 潮州 澄海 潮阳 揭阳 海丰	汕头 潮州 澄海 潮阳 揭阳 海丰	汕头 潮州 澄海 潮阳 揭阳 海丰	汕头 潮州 澄海 潮阳 揭阳 海丰	汕头 潮州 澄海 潮阳 揭阳 海丰	汕头 潮州 澄海 揭阳	无
璘为仁 16	ǎ[aʔ]肉 ah[aʔ]鸭	ǒ[oʔ]索	ě[eʔ]册	ǐ[iʔ]舌	ǔ[uʔ]盾	—	—
高德 17	á$_ɔ$[aʔ]仄	—	e$_ɔ$[eʔ]麦	i$_ɔ$[iʔ]舌	u$_ɔ$[uʔ]足	ù$_ɔ$[ɯʔ]夺	ó$_ɔ$[ɔʔ]鹤
菲尔德 a19	ah[aʔ]合	oh[oʔ]口	eh[eʔ]麦	ih[iʔ]滴	uh[uʔ]弱	—	ɵh[ɔʔ]桌
菲尔德 b25	ah[aʔ]鸭	—	eh[eʔ]麦	ih[iʔ]篾	uh[uʔ]足	ṳh[ɯʔ]乞	o̤h[ɔʔ]桌
卓威廉 23	ah[aʔ]鸭	oh[oʔ]学	eh[eʔ]麦	ih[iʔ]铁	uh[uʔ]托	—	—
耶士谟 17	ah[aʔ]鸭	oh[oʔ]撮	eh[eʔ]麦	ih[iʔ]篾	uh[uʔ]咕	u̱h[ɯʔ]乞	—
林雄成 19	ah[aʔ]甲	oh[oʔ]驳	eh[eʔ]压	ih[iʔ]洁	uh[uʔ]忽	ṳh[ɯʔ]乞	—
汲约翰 17	ah[aʔ]鸭	oh[oʔ]粕	eh[eʔ]百	ih[iʔ]滴	uh[uʔ]欶	—	—

	汕头 潮州 澄海 潮阳 揭阳	海丰	无	汕头 潮州 澄海 潮阳 揭阳 海丰	汕头 潮阳 揭阳 海丰	潮州 澄海	汕头 潮州 澄海 潮阳 揭阳 海丰
璘为仁 16	oǐ[oiʔ]八	ěy[eiʔ]痖	ou[ouʔ]黑	eǎ[iaʔ]臬 iǎh[iaʔ]壁 iǎ[iaʔ]易	iǒ[ioʔ]挈	iě[ieʔ]药	uǎ[uaʔ]热
高德 17	oi$_ɔ$[oiʔ]节	—	—	ia$_ɔ$[iaʔ]迹	—	ie$_ɔ$[ieʔ]石	ua$_ɔ$[uaʔ]抹 oa$_ɔ$[t‘uaʔ]獭 wa$_ɔ$[kuaʔ]割
菲尔德 a19	oih[oiʔ]狭	—	—	iah[iaʔ]益	—	ieh[ieʔ]药	uah[uaʔ]活 oah[uaʔ]喝
菲尔德 b25	oih[oiʔ]八	—	—	iah[iaʔ]食	ioh[ioʔ]雀	ieh[ieʔ]尺	uah[uaʔ]末/ oah[uaʔ]末
卓威廉 23	oih[oiʔ]狭	—	—	iah[iaʔ]益	—	ieh[ieʔ]药	uah[uaʔ]活
耶士谟 17	oih[oiʔ]八	—	—	iah[iaʔ]食	—	ieh[ieʔ]药	uah[uaʔ]割
林雄成 19	oih[oiʔ]截	—	—	iah[iaʔ]掠	ioh[ioʔ]乞	ieh[ieʔ]若	uah[uaʔ]割
汲约翰 17	oih[oiʔ]节	—	—	iah[iaʔ]赤	—	ieh[ieʔ]借	uah[uaʔ]割

续表

	汕头 潮州 澄海 潮阳 揭阳 海丰	汕头 潮州 澄海 潮阳 揭阳 海丰	汕头 潮州 澄海 潮阳 揭阳 海丰	汕头 潮州 澄海 潮阳 揭阳 海丰	汕头 潮阳 揭阳 海丰	潮州 澄海	
璘为仁 16	uě[ueʔ]袜 oě[ueʔ]袜	—	—	—	—	—	
高德 17	ue$_{ɔ}$[ueʔ]袜	ai$_{ɔ}$[aiʔ]癖	au$_{ɔ}$[auʔ]乐	—	—	—	
菲尔德 a19	ueh[ueʔ]说	—	auh[auʔ]落	—	—	—	
菲尔德 b25	ueh[ueʔ]袜	—	auh[auʔ]乐	iuh[iuʔ]拂	—	—	
卓威廉 23	ueh[ueʔ]说	—	auh[auʔ]雹	iuh[iuʔ]口	iauh[iauʔ]□	—	
耶士谟 17	ueh[ueʔ]袜	aih[aiʔ]口	auh[auʔ]乐	—	iauh[iauʔ]雀	—	
林雄成 19	ueh[ueʔ]月	—	auh[auʔ]落	iuh[iuʔ]口	—	[iouʔ]蹓	
汲约翰 17	ueh[ueʔ]血	—	auh[auʔ]乐	—	—	—	

由表 6 可见，八种潮汕方言著作共同收塞音韵尾［-ʔ］的元音韵母有 9 个，即［aʔ］、［eʔ］、［iʔ］、［uʔ］、［oiʔ］、［iaʔ］、［ieʔ］、［uaʔ］、［ueʔ］。值得讨论的有［oʔ］、［ɯʔ］、［ɔʔ］、［eiʔ］、［ouʔ］、［ioʔ］、［aiʔ］、［auʔ］、［iuʔ］、［iauʔ］、［iouʔ］诸韵母。

①高德的《汉英潮州方言字典》和菲尔德的《汕头方言音义字典》无［oʔ］韵母，其余 6 种著作均有，说明当时潮汕地区还是有［oʔ］韵母。

②关于［ɯʔ］韵母，据考证，汕头、潮州、澄海、揭阳均有此韵母，潮阳、海丰方言无。

高德的《汉英潮州方言字典》、菲尔德的《汕头方言音义字典》、耶士谟的《汕头话口语语法基础教程》和林雄成的《汕头方言手册》有［ɯʔ］韵母，其余 4 种著作则无，说明当时潮汕地区还是有［ɯʔ］韵母。

③关于［ɔʔ］和［ɔ̃ʔ］韵母，据前文考证，早期前四种著作有［ɔ］和［ɔ̃］韵母，这里亦有［ɔʔ］和［ɔ̃ʔ］韵母。而现代潮汕方言均无这些韵母而有［oʔ］和［õʔ］，如张晓山的《新潮汕字典》“鹤”读作 hoh^{8}，“桌”读作 doh^{4}，“膜”读作 moh^{8}。随着时间的推移，它们的演变公式如下：

［ɔ］→［o］　［ɔ̃］→［õ］　［ɔʔ］→［oʔ］　［ɔ̃ʔ］→［õʔ］

④关于［eiʔ］韵母，据考证，海丰方言有［ei］和［eiʔ］两个韵母，

唯独璘为仁的《潮州话初级教程》记载了［ei］、［eiʔ］和［ẽi］这三个韵母，所反映的是潮州方言的特殊韵类。

⑤关于［ouʔ］韵母，据考证，潮汕方言有［ou］韵母而无［ouʔ］韵母，唯独璘为仁的《潮州话初级教程》记载了［ouʔ］韵母。

⑥关于［ioʔ］韵母，据考证，汕头、潮阳、揭阳和海丰方言有此韵母，潮州和澄海则无。璘为仁的《潮州话初级教程》、菲尔德的《汕头方言音义字典》和林雄成的《汕头方言手册》记载了［ioʔ］韵母，反映了汕头、潮阳、揭阳和海丰的方言韵类。

⑦关于［aiʔ］韵母，据考证，潮汕方言均有此韵母，高德的《汉英潮州方言字典》和耶士谟的《汕头话口语语法基础教程》记载了［aiʔ］韵母。

⑧关于［auʔ］韵母，据考证，潮汕方言均有此韵母，唯独璘为仁的《潮州话初级教程》没有此韵母。

⑨关于［iuʔ］韵母，据考证，潮汕方言均有此韵母，菲尔德的《汕头方言音义字典》、卓威廉的《汕头白话英华对照词典》和林雄成的《汕头方言手册》记载了［iuʔ］韵母。

⑩关于［iauʔ］韵母，据考证，汕头、潮阳、揭阳和海丰方言有此韵母，卓威廉的《汕头白话英华对照词典》、耶士谟的《汕头话口语语法基础教程》记载了［iauʔ］韵母，反映了汕头、潮阳、揭阳和海丰的方言韵类。

⑪关于［iouʔ］韵母，据考证，潮州和澄海有此韵母，唯独林雄成的《汕头方言手册》记载了［iouʔ］韵母，所反映的是潮州、澄海方言的特殊韵类。

（2）“鼻化韵+ʔ尾”韵母（附“声化韵+ʔ尾”韵母）

表 7　近代传教士所撰八种潮汕方言著作“鼻化韵+ʔ尾”韵母（附“声化韵+ʔ尾”韵母）

	汕头 潮州 澄海 潮阳 揭阳 海丰	汕头 潮州 澄海 潮阳 揭阳 海丰	无	无	潮阳 海丰	汕头 潮州 澄海 潮阳 揭阳 海丰	汕头 潮州 澄海 潮阳 揭阳 海丰
璘为仁 16	ĕ［ẽʔ］脉	ĭ［ĩʔ］碟	ue［uẽʔ］粥	—	—	—	—
高德 17	e$_{ɔ}$［ẽʔ］脉	i$_{ɔ}$［ĩʔ］乜	ue$_{ɔ}$［uẽʔ］物	ó$_{ɔ}$［ɔ̃ʔ］膜	—	—	—
菲尔德 a19	eh^{n}［ẽʔ］脉	ih^{n}［ĩʔ］么	ueh^{n}［uẽʔ］物	ɵh^{n}［ɔ̃ʔ］薄	ah^{n}［ãʔ］口	aih^{n}［ãiʔ］閘	uaih^{n}［uãiʔ］閘

续表

	汕头 潮州 澄海 潮阳 揭阳 海丰	汕头 潮州 澄海 潮阳 揭阳 海丰	无	无	潮阳 海丰	汕头 潮州 澄海 潮阳 揭阳 海丰	汕头 潮州 澄海 潮阳 揭阳 海丰
菲尔德 b25	eh^{n}[ẽʔ] 咳	i^{n}/ih^{n}[ĩʔ] 瞬	ueh^{n}[uẽʔ] 物	ọh^{n}[ɔ̃ʔ] 膜	ah^{n}[ãʔ] 秽	aih^{n}[ãiʔ] 捱	uaih^{n}[uãiʔ] 转
卓威廉 23	eh^{n}[ẽʔ] 脉	ih^{n}[ĩʔ] 碟	ueh^{n}[uẽʔ] 袜	—	ah^{n}[ãʔ] 口	aih^{n}[ãiʔ] 閘	uaih^{n}[uãiʔ] 閘
耶士谟 17	—	—	—	—	—	aih^{n}[ãiʔ] 口	uaih^{n}[uãiʔ] 口
林雄成 19	—	ih^{n}[ĩʔ] 乜	ueh^{n}[uẽʔ] 血	—	—	aih^{n}[ãiʔ] 硬	—
汲约翰 17	eh^{n}[ẽʔ] 脉	ih^{n}[ĩʔ] 乜	ueh^{n}[uẽʔ] 物	—	mah[ãʔ] 傛	aih^{n}[ãiʔ] 不	—
	汕头 潮州 澄海 潮阳 揭阳 海丰	潮阳	无	无	无	汕头 潮阳 揭阳	汕头 潮州 澄海 潮阳 揭阳 海丰
璘为仁 16	—	—	—	—	—	—	—
高德 17	—	—	—	—	—	—	—
菲尔德 a19	—	—	—	—	—	—	—
菲尔德 b25	au̇h^{n}[ãuʔ] 谑	oih^{n}[õiʔ] 啮	io^{n}h[iõʔ] 捽	uih^{n}[uĩʔ] 拾	—	—	—
卓威廉 23	auh^{n}[ãuʔ] 闹	—	—	—	oh^{n}[õʔ] 膜	iauh^{n}[iãuʔ] 晓	ngh[ŋʔ] 擤
耶士谟 17	—	—	—	—	—	—	ngh[ŋʔ]擤
林雄成 19	—	—	—	—	—	—	ng[ŋʔ]擤
汲约翰 17	—	—	—	—	oh^{n}[õʔ]么	—	—

由表 7 可见，八种潮汕方言著作记载了 13 个鼻化韵收塞音韵尾［-ʔ］韵母，值得讨论的有［ẽʔ］、［ĩʔ］、［uẽʔ］、［ɔ̃ʔ］、［ãʔ］、［ãiʔ］、［uãiʔ］、［ãuʔ］、［õiʔ］、［iõʔ］、［uĩʔ］、［õʔ］、［iãuʔ］，以及声化韵收塞音韵尾［ŋʔ］韵母。

①据考证，潮汕 6 个方言点共有［ẽʔ］、［ĩʔ］、［ãʔ］、［ãiʔ］、［uãiʔ］、［ãuʔ］、［õiʔ］、［iãuʔ］、［ŋʔ］9 个韵母，但璘为仁的《潮州话初级教程》无［ãʔ］、［ãiʔ］、［uãiʔ］、［ãuʔ］、［õiʔ］、［iãuʔ］、［ŋʔ］7 个韵母；高德

的《汉英潮州方言字典》无［ãʔ］、［ãiʔ］、［uãiʔ］、［ãuʔ］、［õiʔ］、［iãuʔ］、［ŋʔ］7个韵母；菲尔德的《汕头方言初阶》无［ãuʔ］、［õiʔ］、［iãuʔ］、［ŋʔ］4个韵母；菲尔德的《汕头方言音义字典》无［iãuʔ］、［ŋʔ］2个韵母；卓威廉的《汕头白话英华对照词典》无［õiʔ］1个韵母；耶士谟的《汕头话口语语法基础教程》无［ẽʔ］、［ĩʔ］、［ãʔ］、［ãuʔ］、［õiʔ］、［iãuʔ］6个韵母；林雄成的《汕头方言手册》无［ẽʔ］、［ãʔ］、［uãiʔ］、［ãuʔ］、［õiʔ］、［iãuʔ］6个韵母；汲约翰的《潮正两音字集》无［uãiʔ］、［ãuʔ］、［õiʔ］、［iãuʔ］、［ŋʔ］5个韵母。

②据考证，潮汕方言均无［uẽʔ］、［ɔ̃ʔ］、［iõʔ］、［uĩʔ］、［õʔ］等5个韵母，但璘为仁的《潮州话初级教程》中有［uẽʔ］1个韵母；高德的《汉英潮州方言字典》有［uẽʔ］、［ɔ̃ʔ］2个韵母；菲尔德的《汕头方言初阶》有［uẽʔ］、［ɔ̃ʔ］2个韵母；菲尔德的《汕头方言音义字典》有［uẽʔ］、［ɔ̃ʔ］、［iõʔ］、［uĩʔ］4个韵母；卓威廉的《汕头白话英华对照词典》有［uẽʔ］、［õʔ］2个韵母；林雄成的《汕头方言手册》有［uẽʔ］1个韵母；汲约翰的《潮正两音字集》有［uẽʔ］、［õʔ］2个韵母。

③据考证，只有潮阳有［õiʔ］韵母，唯独菲尔德的《汕头方言音义字典》有此韵母。

④据考证，汕头、潮阳、揭阳有［iãuʔ］韵母，唯独卓威廉的《汕头白话英华对照词典》有此韵母。

⑤据考证，潮汕方言均有［ŋʔ］韵母，卓威廉的《汕头白话英华对照词典》、耶士谟的《汕头话口语语法基础教程》和林雄成的《汕头方言手册》有此韵母。

5. 入声韵（收-p，-t，-k尾）韵母比较

西方传教士编撰的八种潮汕方言著作共记载了21个收-p，-t，-k尾的入声韵母：［ap］、［ip］、［iap］、［uap］、［ɯp］、［ak］、［ok］、［iok］、［iak］、［uak］、［ek］、［iauk］、［it］、［ut］、［ɯt］、［uat］、［iat］、［at］、［ɯt］、［ŋk］、［uek］。它们所记载的韵母不一：璘为仁的《潮州话初级教程》13个，高德的《汉英潮州方言字典》16个，菲尔德的《汕头方言初阶》15个，菲尔德的《汕头方言音义字典》17个，卓威廉的《汕头白话英华对照词典》17个，耶士谟的《汕头话口语语法基础教程》17个，林雄成的《汕头方言手册》15个，汲约翰的《潮正两音字集》16个。详见表8。

表 8　近代传教士所撰八种潮汕方言著作入声韵（收-p，-t，-k 尾）韵母比较

	汕头 潮州 潮阳 揭阳 海丰	汕头 潮州 潮阳 揭阳 海丰	汕头 潮州 潮阳 揭阳 海丰	潮州 潮阳 揭阳 海丰	无	汕头 潮州 澄海 潮阳 揭阳 海丰	汕头 潮州 澄海 潮阳 揭阳 海丰
璘为仁 13	ap[ap]十	ip[ip]入	iĕp[iap]蝶	—	—	ak[ak]六	ok[ok]笃
高德 16	ap[ap]匣	ip[ip]集	iap[iap]捷	wap[uap]法	—	ak[ak]木	ok[ok]族
菲尔德 a15	ap[ap]匣	ip[ip]邑	iap[iap]粒	—	wp[wp]口	ak[ak]北	ok[ok]屋
菲尔德 b17	ap[ap]匣	ip[ip]邑	iap[iap]接	uap[uap]法	—	ak[ak]恶	ok[ok]屋
卓威廉 17	ap[ap]匣	ip[ip]邑	iap[iap]粒	uap[uap]法	—	ak[ak]北	ok[ok]屋
耶士谟 17	ap[ap]匣	ip[ip]邑	iap[iap]接	uap[uap]法	—	ak[ak]恶	ok[ok]族
林雄成 15	ap[ap]秽	ip[ip]翕	iap[iap]涩	uap[uap]法	—	ak[ak]曝	ok[ok]国
汲约翰 16	ap[ap]合	ip[ip]急	iap[iap]接	uap[uap]法	—	ak[ak]角	ok[ok]福
	汕头 潮州 澄海 潮阳 揭阳 海丰	汕头 潮州 澄海 潮阳 揭阳 海丰	汕头 潮州 澄海 潮阳 揭阳 海丰	汕头 潮州 澄海 潮阳 揭阳 海丰	无	海丰	海丰
璘为仁 13	iok[iok]畜	—	—	ek[ek]竹	—	ĭt[it]七	ut[ut]骨
高德 16	iok[iok]郁	iak[iak]爵	uak[uak]浊	ek[ek]泽	—	it[it]蜜	ut[ut]卒
菲尔德 a15	iok[iok]欲	iak[iak]弱	—	ek[ek]泽	—	it[it]实	ut[ut]佛
菲尔德 b17	iok[iok]畜	iak[iak]虐	uak[uak]浊	ek[ek]浴	—	it[it]得	ut[ut]佛
卓威廉 17	iok[iok]欲	iak[iak]弱	uak[uak]越	ek[ek]泽	—	it[it]实	ut[ut]佛
耶士谟 17	iok[iok]旭	iak[iak]切	uak[uak]浊	ek[ek]浴	iauk[iauk]口	it[it]一	ut[ut]熨
林雄成 15	iok[iok]育	iak[iak]约	—	ek[ek]一	—	it[it]得	ut[ut]不
汲约翰 16	iok[iok]曲	iak[iak]削	uak[uak]蠖	ek[ek]肉	—	it[it]七	ut[ut]忽
	无	无	无	无	无	无	潮州 潮阳 揭阳 海丰
璘为仁 13	ŭrt[ɯt]乞	uat[uat]发	iet[iat]侄	at[at]节	—	—	—
高德 16	ùt[ɯt]乞	uat[uat]拙	iet[iat]即	at[at]遏	—	—	—
菲尔德 a15	ʉt[ɯt]口	—	iet[iat]别	at[at]力	wt[wt]	—	—
菲尔德 b17	ṳt[ɯt]稠	—	iet[iat]别	at[at]识	wt[wt]发	ngk[ŋk]呼	—
卓威廉 17	ṳt[ɯt]稠	uat[uat]活	iet[iat]别	at[at]力	—	—	uek[uek]越
耶士谟 17	u̲t[ɯt]洰	uat[uat]斡	iet[iat]即	at[at]抑	—	—	—
林雄成 15	ṳt[ɯt]乞	uat[uat]发	iet[iat]热	at[at]识	—	—	—
汲约翰 16	üt[ɯt]迄	uat[uat]发	iet[iat]侄	at[at]虱	—	—	—

由表 8 可见，八种潮汕方言著作共有 12 个收-p，-t，-k 尾的入声韵母，即［ap］、［ip］、［iap］、［ak］、［ok］、［iok］、［ek］、［it］、［ut］、［ɯt］、［iat］、［at］。值得讨论的有［uap］、［ɯp］、［iak］、［uak］、［uek］、［iauk］、［uat］、［ɯt］、［ŋk］诸韵母：

①据考证，现代潮州、潮阳、揭阳、海丰均有［uap］韵母，只有璘为仁的《潮州话初级教程》和菲尔德的《汕头方言初阶》无此韵母。

②据考证，现代潮汕方言均无［ɯp］韵母，只有菲尔德的《汕头方言初阶》有此韵母。

③据考证，现代潮汕方言均有［iak］韵母，只有璘为仁的《潮州话初级教程》无此韵母。

④据考证，现代潮汕方言均有［uak］韵母，璘为仁的《潮州话初级教程》、菲尔德的《汕头方言初阶》和林雄成的《汕头方言手册》无此韵母。

⑤据考证，现代潮州、潮阳、揭阳、海丰有［uek］韵母，只有卓威廉的《汕头白话英华对照词典》有此韵母。

⑥据考证，现代潮汕方言均无［ŋk］韵母，只有菲尔德的《汕头方言音义字典》有此韵母。

⑦据考证，现代潮汕方言均无［iauk］韵母，只有耶士谟的《汕头话口语语法基础教程》有此韵母。

⑧据考证，现代潮汕方言均无［uat］韵母，除了菲尔德的《汕头方言初阶》和《汕头方言音义字典》外均有此韵母。

⑨据考证，现代潮汕方言均无［ɯt］韵母，除了菲尔德的《汕头方言初阶》和《汕头方言音义字典》外均无此韵母。

四 潮汕方言著作方言音系性质研究

综上所述，西方传教士编撰的八种方言学著作与现代潮汕 6 个方言点韵系历史比较如下。

第一，据我们考证，西方传教士编撰的八种方言学著作所记载的韵母数量统计如表 9 所示。

表 9　西方传教士编撰的八种方言学著作所记载的韵母数量统计

	单元音	复元音	鼻音韵	鼻化韵	声化韵	收-ʔ 尾韵	收-p，-t，-k 韵	小计
璘为仁	7	14	16	18	2	16	13	86
高德	7	11	16	15	2	17	16	84
菲尔德 a	7	11	17	16	3	19	15	88
菲尔德 b	7	11	16	16	2	25	17	94
卓威廉	6	12	16	17	2	23	17	93
耶士谟	6	12	16	13	2	17	17	83
林雄成	6	13	17	16	2	19	15	88
汲约翰	6	12	16	16	2	17	16	85

由表 9 可见，八种方言学著作所记载的韵母数不一，菲尔德的《汕头方言音义字典》有 94 个，卓威廉的《汕头白话英华对照词典》有 93 个，菲尔德的《汕头方言初阶》和林雄成的《汕头方言手册》各有 88 个，璘为仁的《潮州话初级教程》有 86 个，汲约翰的《潮正两音字集》有 85 个，高德的《汉英潮州方言字典》有 84 个，耶士谟的《汕头话口语语法基础教程》有 83 个。

根据林伦伦、陈小枫（1996）考证，现代潮汕 6 个方言点的韵母数量如表 10 所示。

表 10　现代潮汕 6 个方言点的韵母数量

	单元音	复元音	鼻音韵	鼻化韵	声化韵	收-ʔ 尾韵	收-p-t-k 韵	小计
汕头	6	12	12	15	2	25	12	84
潮州	6	13	16	15	2	25	16	93
澄海	6	12	9	15	2	25	9	78
潮阳	5	12	14	15	2	24	14	86
揭阳	6	12	13	16	2	23	13	85
海丰	5	12	14	14	2	18	14	79

由表 10 可见，潮汕 6 个方言点的韵母数量不一，潮州最多，93 个，潮阳 86 个，揭阳 85 个，汕头 84 个，海丰 79 个，澄海最少，78 个。

第二，八种方言学著作有41个韵母与现代潮汕6个方言点共同的韵母完全一致。根据林伦伦、陈小枫（1996）考证，汕头、潮州、澄海、潮阳、揭阳、海丰6个方言点共有的韵母有59个：

[a]、[o]、[e]、[i]、[u]、[au]、[ai]、[ou]、[ia]、[iu]、[ua]、[ue]、[uai]、[ui]；[aŋ]、[iaŋ]、[uaŋ]、[oŋ]、[ioŋ]、[eŋ]、[uŋ]；[ã]、[ẽ]、[ãi]、[ãu]、[õu]、[ĩ]、[iã]、[iũ]、[iõ]、[uĩ]、[uãi]、[uã]、[uẽ]；[m]、[ŋ]；[aʔ]、[oʔ]、[eʔ]、[iʔ]、[uʔ]、[iaʔ]、[uaʔ]、[ueʔ]、[aiʔ]、[auʔ]、[iuʔ]、[ẽʔ]、[ĩʔ]、[ãiʔ]、[uãiʔ]、[ãuʔ]、[ŋʔ]；[ak]、[ok]、[iok]、[iak]、[uak]、[ek]。

据我们考察统计，在以上59个韵母中，西方传教士编撰的八种方言学著作与之相同的韵母计41个：

[a]、[o]、[e]、[i]、[u]、[au]、[ai]、[ia]、[iu]、[ua]、[ue]、[uai]、[ui]；[aŋ]、[iaŋ]、[uaŋ]、[oŋ]、[ioŋ]、[eŋ]；[ã]、[ẽ]、[ãi]、[ĩ]、[iã]、[iũ]、[uĩ]、[uã]、[uẽ]；[m]、[ŋ]、[aʔ]、[eʔ]、[iʔ]、[uʔ]、[iaʔ]、[uaʔ]、[ueʔ]；[ak]、[ok]、[iok]、[ek]。

扣除41个韵母以外，八种方言学著作各自所记载的与潮汕6个方言点相同的韵母数量不一，详见表11。

表11　八种方言学著作各自所记载的与潮汕6个方言点相同的韵母数量状况

璘为仁《潮州话初级教程》41+7=48	卓威廉《汕头白话英华对照词典》41+16=57
高德《汉英潮州方言字典》41+8=49	耶士谟《汕头话口语语法基础教程》41+10=51
菲尔德《汕头方言初阶》41+10=51	林雄成《汕头方言手册》41+12=53
菲尔德《汕头方言音义字典》41+12=53	汲约翰《潮正两音字集》41+10=51

第三，西方传教士编撰的八种方言学著作所反映的音系性质不是单一音系，而是潮汕方言的综合音系。现分别探究如下。

1. 关于璘为仁《潮州话初级教程》韵系

据考证，璘为仁的《潮州话初级教程》记载了86个韵母，与潮汕6个方言点共有的韵母有48个：[a]、[o]、[e]、[i]、[u]、[au]、[ai]、[ia]、[iu]、[ua]、[ue]、[uai]、[ui]、[aŋ]、[iaŋ]、[uaŋ]、[oŋ]、[ioŋ]、[eŋ]、[ã]、[ẽ]、[ãi]、[ĩ]、[iã]、[iũ]、[uĩ]、[uã]、[uẽ]、

[m]、[ŋ]、[aʔ]、[eʔ]、[iʔ]、[uʔ]、[iaʔ]、[uaʔ]、[ueʔ]、[ak]、[ok]、[iok]、[ek]、[ou]、[ãu]、[õu]、[uãi]、[oʔ]、[ẽʔ]、[ĩʔ]。

璘为仁的《潮州话初级教程》除了以上48个潮汕方言共有韵母外，还有38个韵母，其情况有二：其一，璘为仁记载了23个韵母分别反映了潮汕方言点的韵类，见表12。

表12　璘为仁《潮州话初级教程》潮汕方言点的韵类

潮州 澄海	汕头 潮州 潮阳 揭阳 海丰	汕头 潮阳 揭阳 海丰	海丰	汕头 潮州 澄海 揭阳	汕头 潮州 澄海 潮阳 揭阳
[iou][ie][iõu] [iẽ][ieʔ][eiʔ]	[am][im][iam] [ap][ip][iap]	[ioʔ]	[ei][in][un] [eiʔ][it][ut]	[ɯ]	[oi][oiʔ][õi]

经统计，璘为仁所记载的潮州韵母最多，有16个；海丰13个；汕头和揭阳各11个；潮阳和澄海各10个（见表20）。其二，璘为仁记载了16个现代潮汕6个方言点所没有的韵母：[ɔ]、[uei]、[ɯŋ]、[ɯn]、[uan]、[ian]、[an]、[ɔ̃]、[ẽi]、[uẽi]、[ouʔ]、[uẽʔ]、[ɯt]、[iat]、[at]、[uat]。

总之，《潮州话初级教程》所反映的韵母系统均非汕头或潮州单一的方言音系，而是以潮州方言为基础，吸收海丰、汕头、揭阳、潮阳、澄海等方言韵类的综合音系。

2. 关于高德《汉英潮州方言字典》韵系

据考证，高德的《汉英潮州方言字典》记载了84个韵母，与潮汕6个方言点共有的韵母有49个：[a]、[o]、[e]、[i]、[u]、[au]、[ai]、[ia]、[iu]、[ua]、[ue]、[uai]、[ui]、[aŋ]、[iaŋ]、[uaŋ]、[oŋ]、[ioŋ]、[eŋ]、[ã]、[ẽ]、[ãi]、[ĩ]、[iã]、[iũ]、[uĩ]、[uã]、[uẽ]、[m]、[ŋ]、[aʔ]、[eʔ]、[iʔ]、[uʔ]、[iaʔ]、[uaʔ]、[ueʔ]、[ak]、[ok]、[iok]、[ek]、[iõ]、[aiʔ]、[auʔ]、[ẽʔ]、[ĩʔ]、[iak]、[uak]、[ãu]。

高德的《汉英潮州方言字典》除了以上49个潮汕方言共有韵母外，还有35个韵母，其情况有二：其一，高德记载了22个韵母分别反映了潮汕6个方言点的韵类，见表13。

表 13 高德《汉英潮州方言字典》潮汕 6 个方言点的韵类

潮州 澄海	汕头 潮州 潮阳 揭阳 海丰	汕头 潮阳 揭阳 海丰	海丰	汕头 潮州 澄海 揭阳	汕头 潮州 澄海 潮阳 揭阳	潮州 潮阳 揭阳 海丰	揭阳 海丰
[ie][ieʔ] [iẽ]	[im][iam] [am][ip] [ap][iap]	[io]	[in][un] [it][ut]	[ɯ][ɯʔ]	[oi][õi] [oiʔ]	[uam][uap]	[õ]

经统计，高德所记载的潮州韵母最多，有 16 个；揭阳 15 个；海丰 14 个；汕头、潮阳各 12 个；澄海最少，只有 8 个（见表 20）。其二，高德记载了 13 个现代潮汕 6 个方言点所没有的韵母：[ɔ]、[ɯn]、[uan]、[ian]、[an]、[ɔ̃]、[ɔʔ]、[uẽʔ]、[ɔ̃ʔ]、[ɯt]、[iat]、[at]、[uat]。

总之，《汉英潮州方言字典》所反映的韵母系统均非潮州单一的方言音系，而是以潮州方言为基础，吸收揭阳、海丰、汕头、潮阳、澄海等方言韵类的综合音系。

3. 关于菲尔德《汕头方言初阶》韵系

据考证，菲尔德《汕头方言初阶》记载了 88 个韵母，与潮汕方言共有的韵母有 51 个：[a]、[o]、[e]、[i]、[u]、[au]、[ai]、[ia]、[iu]、[ua]、[ue]、[uai]、[ui]、[aŋ]、[iaŋ]、[uaŋ]、[oŋ]、[ioŋ]、[eŋ]、[ã]、[ẽ]、[ãi]、[ĩ]、[iã]、[iũ]、[uĩ]、[uã]、[uẽ]、[m]、[ŋ]、[aʔ]、[eʔ]、[iʔ]、[uʔ]、[iaʔ]、[uaʔ]、[ueʔ]、[ak]、[ok]、[iok]、[ek]、[ãu]、[oʔ]、[iõ]、[uãi]、[auʔ]、[ẽʔ]、[ĩʔ]、[ãiʔ]、[uãiʔ]、[iak]。

菲尔德的《汕头方言初阶》除了以上 51 个潮汕方言共有韵母外，还有 37 个韵母，其情况有二：其一，菲尔德《汕头方言初阶》记载了 21 个韵母分别反映了潮汕 6 个方言点的韵类，见表 14。

表 14 菲尔德《汕头方言初阶》潮汕 6 个方言点的韵类

潮州 澄海	汕头 潮州 潮阳 揭阳 海丰	汕头 潮阳 揭阳 海丰	海丰	汕头 潮州 澄海 揭阳	汕头 潮州 澄海 潮阳 揭阳	潮州 潮阳 揭阳 海丰	揭阳 海丰	潮阳 海丰
[ie][iẽ] [ieʔ]	[am][im] [iam][ap] [ip][iap]	[io]	[in][un] [it][ut]	[ɯ]	[oi][õi] [oiʔ]	[uam]	[õ]	[ãʔ]

经统计，菲尔德《汕头方言初阶》所记载的潮州和海丰韵母最多，各14个，揭阳13个，潮阳12个，汕头11个，澄海最少，只有7个（见表20）。其二，菲尔德的《汕头方言初阶》记载了16个现代潮汕6个方言点所没有的韵母：[ɔ]、[ɯn]、[uan]、[ian]、[an]、[wn]、[ɔ̃]、[n]、[ɔʔ]、[uẽʔ]、[ɔ̃ʔ]、[wp]、[ɯt]、[iat]、[at]、[wt]。

总之，菲尔德的《汕头方言初阶》所反映的韵母系统均非汕头或潮州单一的方言音系，而是以汕头方言为基础，吸收潮州、海丰、揭阳、潮阳、澄海等方言韵类的综合音系。

4. 关于菲尔德《汕头方言音义字典》韵系

据考证，菲尔德的《汕头方言音义字典》记载了94个韵母，与潮汕方言共有的韵母有53个：[a]、[o]、[e]、[i]、[u]、[au]、[ai]、[ia]、[iu]、[ua]、[ue]、[uai]、[ui]、[aŋ]、[iaŋ]、[uaŋ]、[oŋ]、[ioŋ]、[eŋ]、[ã]、[ẽ]、[ãi]、[ĩ]、[iã]、[iũ]、[uĩ]、[uã]、[uẽ]、[m]、[ŋ]、[aʔ]、[eʔ]、[iʔ]、[uʔ]、[iaʔ]、[uaʔ]、[ueʔ]、[ak]、[ok]、[iok]、[ek]、[ãu]、[iõ]、[uãi]、[auʔ]、[iuʔ]、[ẽʔ]、[ĩʔ]、[ãiʔ]、[uãiʔ]、[ãuʔ]、[iak]、[uak]。还有41个韵母的情况有二：其一，菲尔德记载了25个韵母分别反映了潮汕6个方言点的韵类，见表15。

表15 菲尔德《汕头方言音义字典》潮汕6个方言点的韵类

潮州 澄海	汕头 潮州 潮阳 揭阳 海丰	汕头 潮阳 揭阳 海丰	海丰	汕头 潮州 澄海 揭阳	汕头 潮州 澄海 潮阳 揭阳	潮州 潮阳 揭阳 海丰	揭阳 海丰	潮阳 海丰	潮阳
[ie][iẽ] [ieʔ]	[am][im] [iam][ap] [ip][iap]	[io][ioʔ]	[in][un] [it][ut]	[ɯ][ɯʔ]	[oi][oiʔ] [õi]	[uam] [uap]	[õ]	[ãʔ]	[õiʔ]

经统计，菲尔德的《汕头方言音义字典》所记载的潮州、揭阳、海丰韵母最多，各16个；潮阳15个；汕头13个；澄海最少，只有8个（见表20）。其二，菲尔德的《汕头方言音义字典》记载了16个现代潮汕6个方言点所没有的韵母：[ɔ]、[ɯn]、[ian]、[an]、[wn]、[ɔ̃]、[ɔʔ]、[uẽʔ]、[ɔ̃ʔ]、[iõʔ]、[uĩʔ]、[ɯt]、[iat]、[at]、[wt]、[ŋk]。

总之，菲尔德的《汕头方言音义字典》所反映的韵母系统均非汕头或潮州单一的方言音系，而是以汕头方言为基础，吸收潮州、海丰、揭阳、潮阳、澄海等方言韵类的综合音系。

5. 关于卓威廉《汕头白话英华对照词典》韵系

据考证，卓威廉的《汕头白话英华对照词典》记载了93个韵母，与潮汕方言共有的韵母有57个：

[a]、[o]、[e]、[i]、[u]、[au]、[ai]、[ia]、[iu]、[ua]、[ue]、[uai]、[ui]、[aŋ]、[iaŋ]、[uaŋ]、[oŋ]、[ioŋ]、[eŋ]、[ã]、[ẽ]、[ãi]、[ĩ]、[iã]、[iũ]、[uĩ]、[uã]、[uẽ]、[m]、[ŋ]、[aʔ]、[eʔ]、[iʔ]、[uʔ]、[iaʔ]、[uaʔ]、[ueʔ]、[ak]、[ok]、[iok]、[ek]、[ou]、[ãu]、[õu]、[uãi]、[oʔ]、[iõ]、[auʔ]、[iuʔ]、[ẽʔ]、[ĩʔ]、[ãiʔ]、[uãiʔ]、[ãuʔ]、[ŋʔ]、[iak]、[uak]。

卓威廉的《汕头白话英华对照词典》除了以上57个潮汕方言共有韵母外，还有36个韵母，其情况有二：其一，卓威廉记载了26个韵母分别反映了潮汕6个方言点的韵类，见表16。

表16 卓威廉《汕头白话英华对照词典》潮汕6个方言点的韵类

潮州 澄海	汕头 潮州 潮阳 揭阳 海丰	汕头 潮阳 揭阳 海丰	海丰	汕头 潮州 澄海 揭阳	汕头 潮州 澄海 潮阳 揭阳	潮州 潮阳 揭阳 海丰	揭阳 海丰	潮阳 海丰	汕头 潮阳 揭阳
[ie] [ieʔ] [iẽ]	[am][im] [iam][ap] [ip][iap]	[iau] [iãu] [iauʔ]	[in][un] [it][ut]	[ɯ]	[oi][oiʔ] [õi]	[uam] [uap] [uek]	[õ]	[ãʔ]	[iãuʔ]

经统计，卓威廉所记载的揭阳、海丰韵母最多，各18个；潮阳17个；潮州16个；汕头14个；澄海最少，只有7个（见表20）。其二，卓威廉记载了10个现代潮汕6个方言点所没有的韵母：[ɯn]、[uan]、[ian]、[an]、[uẽʔ]、[õʔ]、[ɯt]、[iat]、[at]、[uat]。

总之，卓威廉的《汕头白话英华对照词典》所反映的韵母系统并非汕头单一的方言音系，而是以汕头方言为基础，吸收潮州、海丰、揭阳、潮阳、澄海等方言韵类的综合音系。

6. 关于耶士谟《汕头话口语语法基础教程》韵系

据考证，耶士谟的《汕头话口语语法基础教程》记载了83个韵母，与潮汕方言共有的韵母有 51 个：[a]、[o]、[e]、[i]、[u]、[au]、[ai]、[ia]、[iu]、[ua]、[ue]、[uai]、[ui]、[aŋ]、[iaŋ]、[uaŋ]、[oŋ]、[ioŋ]、[eŋ]、[ã]、[ẽ]、[ãi]、[ĩ]、[iã]、[iũ]、[uĩ]、[uã]、[uẽ]、[m]、[ŋ]、[aʔ]、[eʔ]、[iʔ]、[uʔ]、[iaʔ]、[uaʔ]、[ueʔ]、[ak]、[ok]、[iok]、[ek]、[ou]、[õu]、[oʔ]、[aiʔ]、[auʔ]、[ãiʔ]、[uãiʔ]、[ŋʔ]、[iak]、[uak]。还有 32 个韵母的情况有二：其一，耶士谟记载了 23 个韵母分别反映了潮汕 6 个方言点的韵类，见表 17。

表 17　耶士谟《汕头话口语语法基础教程》潮汕 6 个方言点的韵类

潮州 澄海	汕头 潮州 潮阳 揭阳 海丰	汕头 潮阳 揭阳 海丰	海丰	汕头 潮州 澄海 揭阳	汕头 潮州 澄海 潮阳 揭阳	潮州 潮阳 揭阳 海丰	揭阳 海丰
[ie][iẽ] [ieʔ]	[am][im] [iam][ap] [ip][iap]	[iau] [iauʔ]	[in][un] [it][ut]	[ɯ][ɯʔ]	[oi][oiʔ] [õi]	[uam] [uap]	[õ]

经统计，耶士谟所记载的潮州、揭阳韵母最多，各 16 个；海丰 15 个；汕头、潮阳各 13 个；澄海最少，只有 8 个（见表 20）。其二，耶士谟记载了 9 个现代潮汕 6 个方言所没有的韵母：[ɯn]、[uan]、[ian]、[an]、[iauk]、[ɯt]、[iat]、[at]、[uat]。

总之，耶士谟的《汕头话口语语法基础教程》所反映的韵母系统均非汕头或潮州单一的方言音系，而是以汕头方言为基础，吸收潮州、海丰、揭阳、潮阳、澄海等方言韵类的综合音系。

7. 关于林雄成《汕头方言手册》韵系

据考证，林雄成的《汕头方言手册》记载了 88 个韵母，与潮汕方言共有的韵母有 53 个：[a]、[o]、[e]、[i]、[u]、[au]、[ai]、[ia]、[iu]、[ua]、[ue]、[uai]、[ui]、[aŋ]、[iaŋ]、[uaŋ]、[oŋ]、[ioŋ]、[eŋ]、[ã]、[ẽ]、[ãi]、[ĩ]、[iã]、[iũ]、[uĩ]、[uã]、[uẽ]、[m]、[ŋ]、[aʔ]、[eʔ]、[iʔ]、[uʔ]、[iaʔ]、[uaʔ]、[ueʔ]、[ak]、[ok]、[iok]、[ek]、[ou]、[uŋ]、[ãu]、[õu]、[uãi]、[oʔ]、[auʔ]、[iuʔ]、[ŋʔ]、[iak]、[ĩʔ]、[ãiʔ]。

林雄成《汕头方言手册》除了以上 53 个潮汕方言共有韵母外，还有 35 个韵母，其情况有二：其一，林雄成记载了 25 个韵母分别反映了潮汕 6 个方言点的韵类，见表 18。

表 18　林雄成《汕头方言手册》潮汕 6 个方言点的韵类

潮州 澄海	汕头 潮州 潮阳 揭阳 海丰	汕头 潮阳 揭阳 海丰	海丰	汕头 潮州 澄海 揭阳	汕头 潮州 澄海 潮阳 揭阳	潮州 潮阳 揭阳 海丰	揭阳 海丰
[ie][ieʔ][iẽ] [iou][iõu] [iouʔ]	[am][im] [iam][ap] [ip][iap]	[ioʔ]	[in][un] [it][ut]	[ɯ][ɯʔ]	[oi][õi] [oiʔ]	[uam] [uap]	[õ]

经统计，林雄成所记载的潮州韵母最多，有 19 个；揭阳 15 个；海丰 14 个；汕头和潮阳各 12 个；澄海最少，只有 11 个（见表 20）。其二，林雄成记载了 10 个现代潮汕 6 个方言点所没有的韵母：[uei]、[ɯn]、[uan]、[ian]、[an]、[uẽʔ]、[ɯt]、[iat]、[at]、[uat]。

总之，林雄成的《汕头方言手册》所反映的韵母系统均非汕头或潮州单一的方言音系，而是以汕头方言为基础，吸收潮州、揭阳、海丰、潮阳、澄海等方言韵类的综合音系。

8. 关于汲约翰《潮正两音字集》韵系

据考证，汲约翰的《潮正两音字集》记载了 85 个韵母，与潮汕方言共有的韵母有 51 个：[a]、[o]、[e]、[i]、[u]、[au]、[ai]、[ia]、[iu]、[ua]、[ue]、[uai]、[ui]、[aŋ]、[iaŋ]、[uaŋ]、[oŋ]、[ioŋ]、[eŋ]、[ã]、[ẽ]、[ãi]、[ĩ]、[iã]、[iũ]、[uĩ]、[uã]、[uẽ]、[m]、[ŋ]、[aʔ]、[eʔ]、[iʔ]、[uʔ]、[iaʔ]、[uaʔ]、[ueʔ]、[ak]、[ok]、[iok]、[ek]、[ou]、[ãu]、[õu]、[oʔ]、[auʔ]、[ãiʔ]、[ẽʔ]、[ĩʔ]、[iak]、[uak]。

汲约翰的《潮正两音字集》除了以上 51 个潮汕方言共有韵母外，还有 34 个韵母，其情况有二：其一，汲约翰记载了 23 个韵母分别反映了潮汕 6 个方言点的韵类，见表 19。

表 19 汲约翰《潮正两音字集》潮汕 6 个方言点的韵类

潮州 澄海	汕头 潮州 潮阳 揭阳 海丰	汕头 潮阳 揭阳 海丰	海丰	汕头 潮州 澄海 揭阳	汕头 潮州 澄海 潮阳 揭阳	潮州 潮阳 揭阳 海丰	揭阳 海丰	潮阳 海丰
[ie][iẽ] [ieʔ]	[am][im] [iam][ap] [ip][iap]	[iau][iãu]	[in][un] [it][ut]	[ɯ]	[oi][õi] [oiʔ]	[uam] [uap]	[õ]	[ãʔ]

经统计，汲约翰所记载的海丰韵母最多，有 16 个；潮州、揭阳各 15 个；潮阳 14 个；汕头 12 个；澄海最少，只有 7 个（见表 20）。其二，汲约翰记载了 11 个现代潮汕 6 个方言点所没有的韵母：[ɯn]、[uan]、[ian]、[an]、[ũ]、[uẽʔ]、[õʔ]、[ɯt]、[iat]、[at]、[uat]。

总之，汲约翰的《潮正两音字集》所反映的韵母系统均非汕头或潮州单一的方言音系，而是以潮州方言为基础，吸收海丰、揭阳、潮阳、汕头、澄海等方言韵类的综合音系。

西方传教士编撰的八种方言学著作所记载的韵母数量在现代 6 个方言点的分布情况，见表 20。

表 20 西方传教士编撰的八种方言学著作所记载的韵母数量在现代 6 个方言点的分布情况

	汕头	潮州	澄海	潮阳	揭阳	海丰
璘为仁	11	16	10	10	11	13
高德	12	16	8	12	15	14
菲尔德 a	11	14	7	12	13	14
菲尔德 b	13	16	8	15	16	16
卓威廉	14	16	7	17	18	18
耶士谟	13	16	8	13	16	15
林雄成	12	19	11	12	15	14
汲约翰	12	15	7	14	15	16
小计	98	128	66	105	119	120

由表 20 可见，八种方言学著作所记载的韵母数量最多的是潮州韵母 128 个韵次，其次是海丰韵母 120 个韵次，再次是揭阳 119 个韵次，又次是潮阳 105 个韵次、汕头 98 个韵次，最少是澄海 66 个韵次。据考察研究，没有一种西方传教士编撰的方言学著作所记载的韵母系统可与潮汕任何一个方言点的韵母系统是完全吻合的。八种方言学著作中虽然有 5 种冠名汕头方言或汕头白话、口语，3 种冠名潮州话或潮州方言，但是它们各自所反映的韵母系统均非汕头或潮州单一的方言音系，而是以潮州或汕头方言为基础，吸收海丰、揭阳、潮阳、澄海等方言韵类的综合音系。

第四，西方传教士编撰的八种方言学著作还记载了 28 个不见于现代潮汕方言的韵母：[ɔ]、[uei]、[ɯŋ]、[ɯn]、[uan]、[ian]、[an]、[wn]、[ɔ̃]、[ẽi]、[ũ]、[uẽi]、[n]、[ɔʔ]、[ouʔ]、[uẽʔ]、[ɔ̃ʔ]、[iɔ̃ʔ]、[uĩʔ]、[õʔ]、[wp]、[iauk]、[ɯt]、[uat]、[iat]、[at]、[wt]、[ŋk]。

前文在各种方言著作里已提及，详见表 21。

表 21 西方传教士编撰的八种方言著作中不见于现代潮汕 6 个方言点的韵母

璘为仁 16	[ɔ]、[uei]、[ɯŋ]、[ɯn]、[uan]、[ian]、[an]、[ɔ̃]、[ẽi]、[uẽi]、[ouʔ]、[uẽʔ]、[ɯt]、[iat]、[at]、[uat]
高德 13	[ɔ]、[ɯn]、[uan]、[ian]、[an]、[ɔ̃]、[ɔʔ]、[uẽʔ]、[ɔ̃ʔ]、[ɯt]、[iat]、[at]、[uat]
菲尔德 a16	[ɔ]、[ɯn]、[uan]、[ian]、[an]、[wn]、[ɔ̃]、[n]、[ɔʔ]、[uẽʔ]、[ɔ̃ʔ]、[wp]、[ɯt]、[iat]、[at]、[wt]
菲尔德 b16	[ɔ]、[ɯn]、[ian]、[an]、[wn]、[ɔ̃]、[ɔʔ]、[uẽʔ]、[ɔ̃ʔ]、[iɔ̃ʔ]、[uĩʔ]、[ɯt]、[iat]、[at]、[wt]、[ŋk]
卓威廉 10	[ɯn]、[uan]、[ian]、[an]、[uẽʔ]、[õʔ]、[ɯt]、[iat]、[at]、[uat]
耶士谟 9	[ɯn]、[uan]、[ian]、[an]、[iauk]、[ɯt]、[iat]、[at]、[uat]
林雄成 10	[uei]、[ɯn]、[uan]、[ian]、[an]、[uẽʔ]、[ɯt]、[iat]、[at]、[uat]
汲约翰 11	[ɯn]、[uan]、[ian]、[an]、[ũ]、[uẽʔ]、[õʔ]、[ɯt]、[iat]、[at]、[uat]

现将以上 28 个韵母加以专题讨论如下：

1. 关于 [ɔ]、[ɔ̃]、[ɔʔ]、[ɔ̃ʔ] 韵母

以上 4 个韵母均出现于璘为仁的《潮州话初级教程》、高德的《汉英潮州方言字典》、菲尔德的《汕头方言初阶》和《汕头方言音义字典》里，后4种著作里则不见。这说明［ɔ］、［ɔ̃］、［ɔʔ］、［ɔ̃ʔ］韵母在19世纪初叶、中叶是存在的，［o］、［õ］、［oʔ］、［õʔ］4个韵母在当时也是存在的。经过时间推移而产生音变。其演变公式如下：

［ɔ］……→［o］　［ɔ̃］……→［õ］　［ɔʔ］……→［oʔ］　［ɔ̃ʔ］……→［õʔ］

［o］……→［o］　［õ］……→［õ］　［oʔ］……→［oʔ］　［õʔ］……→［õʔ］

2. 关于［an］、［ɯn］、［ian］、［uan］、［ɯn］和［at］、［ɯt］、［iat］、［uat］、［ɯt］韵母

西方传教士编撰的八种方言学著作告诉我们：19世纪初至20世纪初，潮汕方言与现代福建闽南方言一样，鼻音韵/入声韵有三套韵尾，即-m/-p、-ŋ/-k、-n/-t。经过一两百年的语音演变，现代潮汕方言已经变得不那么整齐划一了。

现代汕头、潮州、揭阳、潮阳话的鼻音韵/入声韵主要韵尾是-m/-p、-ŋ/-k。原来的-n/-t尾韵母已经变为-ŋ/-k韵母了。

现代海丰话的鼻音韵/入声韵有三套韵尾，即-m/-p、-ŋ/-k、-n/-t。但-n/-t尾韵母残缺不全，只有［in/it］、［un/ut］韵母，而无［an/at］、［ian/iat］、［uan/uat］、［ɯn/ɯt］、［ɯn/ɯt］等韵母，这些韵母也已产生演变：

［an/at］……→［aŋ/ak］　［ian/iat］……→［iaŋ/iak］

［uan/uat］……→［uaŋ/uak］　［ɯn/ɯt］……→［ɯŋ/ɯk］……→［uŋ/uk］

［ɯn/ɯt］……→［ɯŋ/ɯk］……→［uŋ/uk］

现代澄海话的鼻音韵/入声韵主要韵尾则只有一套韵尾，即-ŋ/-k。原来的-n/-t和-m/-p尾韵母已经全部变为-ŋ/-k韵母了。

3. 关于［uei］、［uẽi］韵母

英国传教士麦都思的《福建方言字典》用19世纪初叶漳浦音给《汇集雅俗通十五音》"桧"韵拟音为öey/öeyh［uei/ueiʔ］，实际上现代漳浦方言"桧"韵拟音为［uɛ/uɛʔ］。韵尾［-i］不知什么时候脱落了。璘为仁的《潮州话初级教程》同时记载了［uei］、［uẽi］、［ue］、［uẽ］4个韵母，而现代潮汕方言只有［ue］、［uẽ］韵母而无［uei］、［uẽi］韵母。这说明在170多年前存在［uei］、［uẽi］韵母与［ue］、［uẽ］韵母的对应，后来［uei］、［uẽi］韵母韵尾［-i］脱落了，分别演变成［ue］、［uẽ］。

4. 关于［uẽʔ］韵母

除了耶士谟的《汕头话口语语法基础教程》无记载［uẽʔ］韵母外，璘为仁的《潮州话初级教程》、高德的《汉英潮州方言字典》、菲尔德的《汕头方言初阶》、菲尔德的《汕头方言音义字典》、卓威廉的《汕头白话英华对照词典》、林雄成的《汕头方言手册》、汲约翰的《潮正两音字集》均记载了此韵母，说明当时这个韵母是存在的，而不是偶然出现的。

5. 关于［õʔ］韵母

卓威廉的《汕头白话英华对照词典》和汲约翰的《潮正两音字集》记载了［õʔ］韵母，现代揭阳、海丰方言有［õ］韵母，除了璘为仁的《潮州话初级教程》外，其余七种方言学著作均记载了此韵母，估计［õʔ］韵母在当时是存在的。

6. 只有一种方言学著作记载的韵母

如［ɯŋ］本（璘为仁）、［eiʔ］痖（璘为仁）、［ẽi］凉（璘为仁）、［ũ］仵（汲约翰）、［n］口（菲尔德a）、［ouʔ］黑（璘为仁）、［õiʔ］啮（菲尔德b）、［iõʔ］摔（菲尔德b）、［uĩʔ］拾（菲尔德b）、［wp］口（菲尔德a）、［iauk］口（耶士谟）诸韵母，是否属例外，只好存疑。

五　潮汕方言著作声调系统比较研究

璘为仁的《潮州话初级教程》、高德的《汉英潮州方言字典》、菲尔德的《汕头方言初阶》、菲尔德的《汕头方言音义字典》、卓威廉的《汕头白话英华对照词典》、耶士谟的《汕头话口语语法基础教程》、林雄成的《汕头方言手册》、汲约翰的《潮正两音字集》等八部西方传教士编撰的潮汕方言著作均为8个声调。有单字调和二字组连读变调两种。

1. 单字调

西方传教士编撰的八种潮汕方言著作均记载着8个单字调，所表示的声调符号均采用英国传教士麦都思编撰的《福建方言字典》声调表示法：上平声无标号；上声标“ˊ”；上去声标“ˋ”；入声无标号；下平声标“ˆ”；下去声标“ˉ”；下入声标“ˈ”。

由于麦都思《福建方言字典》声调表示法是为福建漳浦7个方言声调而设置的标号，下上声并无标号，潮汕方言著作基本上采用“ˇ”标号。

西方传教士编撰的八种潮汕方言著作的声调见表22。

表 22　西方传教士编撰的八种潮汕方言著作的声调

现代潮汕方言声调	阴平	阴上	阴去	阴入	阳平	阳上	阳去	阳入
璘为仁	—	—	—	上入	—	—	—	下入
高德	上平	上声	上去	上入	下平	下去	去声	下入
菲尔德 a	上平	上上	上去	上入	下平	下上	下去	下入
菲尔德 b	上平	上上	上去	上入	下平	下上	下去	下入
卓威廉	上平	上声	上去	上入	下平	下去	去声	下入
耶士谟	上平	上上	上去	上入	下平	下上	下去	下入
林雄成	上平	上声	上去	上入	下平	下去	去声	下入
汲约翰	上平	上声	上去	上入	下平	下去	去声	下入

由表 22 可见，西方传教士所编撰的潮汕方言著作对声调的标注大致可分为以下三类。

其一，不太重视声调的标注。如璘为仁的《潮州话初级教程》只标注上入和下入声调，舒声韵一律无标注符号。

其二，菲尔德的《汕头方言初阶》、菲尔德的《汕头方言音义字典》、耶士谟的《汕头话口语语法基础教程》，均标注“上平、上上、上去、上入、下平、下上、下去、下入”，与现代潮汕方言声调“阴平、阴上、阴去、阴入、阳平、阳上、阳去、阳入”相对应。

其三，高德的《汉英潮州方言字典》、卓威廉的《汕头白话英华对照词典》、林雄成的《汕头方言手册》和汲约翰的《潮正两音字集》均标注“上平、上声、上去、上入、下平、下去、去声、下入”，据我们考证，“上声”相当于现代潮汕方言的“阴上”，“下去”相对应“阳上”，“去声”相当于“阳去”。

至于八个调类的调值问题，只有两种著作对声调调值做了详细描写。菲尔德的《汕头方言音义字典》采用西洋音乐的五线谱来进行描写，其调值状况见表 23。

表 23　菲尔德《汕头方言音义字典》调值状况

调类	调值	调类	调值	调类	调值	调类	调值
上平	33	上上	43	上去	212	上入	$\underline{321}$
下平	44	下上	45	下去	22	下入	$\underline{543}$

耶士谟的《汕头话口语语法基础教程》中载有 8 个调类，即“上平、下平、上上、下上、上去、下去、上入、下入”，其调值的描写则以 5 度图示法，详见表 24。

表 24 耶士谟《汕头话口语语法基础教程》5 度图示法

调类	调值	调类	调值	调类	调值	调类	调值
上平	33	上上	53	上去	211	上入	2
下平	55	下上	35	下去	22	下入	5

这说明西方传教士不仅能正确地辨别潮汕方言的 8 个调类，而且开始对其调值进行探讨和描写。林伦伦、陈小枫《广东闽方言语音研究》“粤东闽语声调的内部差异”记载了潮汕六个方言点的调类和调值，现将菲尔德的《汕头方言音义字典》和耶士谟的《汕头话口语语法基础教程》声调系统比较如下，见表 25。

表 25 菲尔德《汕头方言音义字典》和耶士谟《汕头话口语语法基础教程》声调系统比较

调类	菲尔德	耶士谟	汕头	潮州	澄海	潮阳	揭阳	海丰
上平	33	33	33	33	33	33	33	33
上上	43	53	53	53	53	53	53	53
上去	212	211	213	213	213	31	213	213
上入	321	2	2	2	2	2	2	2
下平	44	55	55	55	55	55	55	55
下上	45	35	35	35	35	313	35	35
下去	22	22	11	11	11	11	11	11
下入	543	5	5	5	5	5	5	5

由表 25 可见，菲尔德和耶士谟分别描写了 130 多年前潮汕方言的调值，与现代潮汕方言相比，除了潮阳以外，基本上是一致的。其异同点分析如下：①上平调值菲尔德、耶士谟与潮汕方言均同为平调 33；②上上调值均为降调，菲尔德调值为 43，耶士谟与潮汕方言均为 53；③上去调值菲尔德与潮汕方言（除潮阳 31 外）均为降升调，其调值分别为 212 和 213，耶士谟为降调 211，与菲尔德调值只存在细微差别；④上入调值略有差别，菲尔德调值为 321，重点落在 2 上，耶士谟与潮汕方言均为 2；⑤下平调值均为

高平调，菲尔德调值为 44，耶士谟与潮汕方言均为 55；⑥下上调菲尔德调值为升调 45，耶士谟与潮汕方言（除潮阳降升调 313 外）均为升调 35；⑦下去调值均为低平调，菲尔德、耶士谟为 22，潮汕方言均为 11；⑧下入调值略有差别，菲尔德为 543，重点落在 4 上，耶士谟与潮汕方言均为 5。总之，经过百余年的语音演变，菲尔德的《汕头方言音义字典》和耶士谟的《汕头话口语语法基础教程》所描写的调值与现代潮汕方言调值略有差异，这是符合语音发展规律的。

2. 二字组连读变调

菲尔德在《汕头方言初阶》中说：“这些名称并未表达声调相对的发音，似乎是纯粹任意的。入声的词汇往往以 ?，k，p 或 t 结尾。在交谈过程中，词汇的声调将会因与句子中其他单词的关系而改变，且这类变化是不确定的。除了那些声调被清晰发出的重读的词汇。在八个声调中甚少出现相同的音节。”这段话阐明了菲尔德对当时声调的认识，实际上是对连读变调的认识，但这种认识还是比较模糊的。

林雄成在《汕头方言手册》里明确提出二字组连读变调规律。见表 26。

表 26 《汕头方言手册》二字组连读变调规律

第二调变成第六调	下平调（阳平）变成去声调（阳去）
第三调变成第五调	上声调（阴上）变成下去调（阳上）
第四调变成第三调	上去调（阴去）变成上声调（阴上）
第五调变成第四调	下去调（阳上）变成上去调（阴去）
第七调变成第八调	上入调（阴入）变成下入调（阳入）
第八调变成第七调	下入调（阳入）变成上入调（阴入）

该手册还举了一些例子，详见表 27。

表 27 《汕头方言手册》二字组连读变调举例

1. 何时 Tiâng-sî，*when*，read Tiāng-sî.	按：“何”原下平调，连读变调为去声调（阳去）
2. 的处 Tî-kò，*where*，read Tī-kò.	按：“的”原下平调，连读变调为去声调（阳去）
3. 许处 Hṳ́-kò，*there*，read Hṳ̆-kò.	按：“许”原上声调，连读变调为下去调（阳上）
4. 做年 Tsò-nî^{n}，*why*，read Tsó-nî^{n}.	按：“做”原上去调，连读变调为上声调（阴上）

续表

5. 上好 Siăng-hó，*best*，read Siàng-hó.	按：“上”原下去调，连读变调为上去调（阴去）
6. 上午 Chiē^{n}-kùa，*foreboon*，read Chiè^{n}-kùa.	按：“上”原下去调，连读变调为上去调（阴去）
7. 失落 Sit-lóh，*to lose*，read Sít-lóh.	按：“失”原上入调，连读变调为下入调（阳入）
8. 落雨 Lóh-hōu，*to rain*，read Loh-hōu.	按：“落”原下入调，连读变调为上入调（阴入）

林伦伦、陈小枫的《广东闽方言语音研究》“粤东闽语声调的内部差异”记载了两字组的连读变调情况，现将《汕头方言手册》连读变调与潮汕6个方言点做一比较，见表28。

表28 《汕头方言手册》连读变调与潮汕6个方言点比较

《汕头方言手册》(潮汕)调类	《汕头方言手册》	汕头	潮州	澄海	揭阳	潮阳	海丰
上平(阴平)	—	33-23	/	/	/	/	/
下平(阳平)	下平变成去声(阳去)	55-11 阳平-阳去	/	/	/	/	/
上声(阴上)	上声变成下去(阳上)	53-35 阴上-阳上	53-23 53-35 阴上-阳上	53-23 53-35 阴上-阳上	53-23 53-35 阴上-阳上	53-31 阴上-阴去	51-213 51-35 阴上-阳上
上去(阴去)	上去变成上声(阴上)	213-55 阴去-阳平	213-31 213-53 阴去-阴上	213-31 213-53 阴去-阴上	213-31 213-53 阴去-阴上	31-55 阴去-阳平	/
下去(阳上)	下去变成上去(阴去)	35-21 阳上-阴去	/	/	/	313-33 阳上-阴平	35-33 阳上-阴平
去声(阳去)	—	11-阳去-	/	/	/	11-33	21-33
上入(阴入)	上入变成下入(阳入)	2-5 阴入-阳入	2-3 2-5 阴入-阳入	2-3 2-5 阴入-阳入	2-3 2-5 阴入-阳入	/	/
下入(阳入)	下入变成上入(阴入)	5-2 阳入-阴入	/	/	/	/	/

说明：[1]凡是与汕头方言读音相同者，就以“/”示之。[2]潮州、澄海、揭阳的阴上、阴去和阴入3个调类的变调部分都一分为二。[3]海丰的阴上的变调部分也是一分为二。

由表 28 可见，《汕头方言手册》二字组连读变调规律与潮汕 6 个方言点大同小异：①《汕头方言手册》上平（阴平）和去声（阳去）无二字组连读变调，而潮汕 6 个方言点上平（阴平）则均连读变调为 33-23，去声（阳去）有两种情况：一是汕头、潮州、澄海、揭阳 4 个方言点均连读变调为 11-阳去-，二是潮阳和海丰 2 个方言点则出现 11-33 和 21-33 两种不同的连读变调。②《汕头方言手册》下平变成去声（阳去）与潮汕 6 个方言点相同。③《汕头方言手册》上声变成下去（阳上），与汕头、潮州、澄海、揭阳、海丰 5 个方言点比较接近，与潮阳（53-31 阴上-阴去）不同。海丰“51-213 和 51-35”疑是“53-213 和 53-35”之误。④《汕头方言手册》上去变成上声（阴上），与潮州、澄海、揭阳相同，均由阴去变为阴上，而与汕头、潮阳、海丰阴去变为阳平不同。⑤《汕头方言手册》下去（阳上）变成上去（阴去）与汕头、潮州、澄海、揭阳阳上变成阴去相同，而与潮阳、海丰阳上-阴平不同。⑥《汕头方言手册》上入变成下入（阳入）与潮汕方言点基本相同。⑦《汕头方言手册》下入变成上入（阴入）与潮汕方言点阳入变成阴入完全相同。

综上所述，通过对 19 世纪中叶至 20 世纪初叶八部西方传教士编撰的潮汕方言著作音系进行研究，我们发现，就声母系统而言，这八种方言著作可分为三类，差异焦点在于：①璘为仁、高德、菲尔德、耶士谟所编撰的著作均为 18 个声母，其中只有一套［ts］、［ts‘］声母；②林雄成的著作有 20 个声母，其中除有一套［ts］、［ts‘］声母外，还有一套［tɕ］、［tɕ‘］声母；③卓威廉、汲约翰的著作有 21 个声母，其中除有［ts］、［ts‘］、［tɕ］、［tɕ‘］声母外，还有［dʑ］声母。

就韵母系统而言，八种方言学著作所记载的韵母数量不一，最多的是菲尔德的《汕头方言音义字典》有 94 个，卓威廉的《汕头白话英华对照词典》有 93 个，菲尔德的《汕头方言初阶》和林雄成的《汕头方言手册》各有 88 个，璘为仁的《潮州话初级教程》有 86 个，汲约翰的《潮正两音字集》有 85 个，高德的《汉英潮州方言字典》有 84 个，最少的是耶士谟的《汕头话口语语法基础教程》有 83 个。潮汕六个方言点共有韵母 59 个，卓威廉的《汕头白话英华对照词典》记载最多，有 57 个，菲尔德的《汕头方言音义字典》和林雄成的《汕头方言手册》各有 53 个，菲尔德的《汕头方言初阶》、耶士谟的《汕头话口语语法基础教程》、汲约翰的《潮正两音字集》各有 51 个，高德的《汉英潮州方言字典》有 49 个，璘为仁的《潮州话初级教程》记载最少，有 48 个。这是八种方言学著作共同的潮汕方言基础。而且，每一部著作还吸收了潮汕 6 个方言点的韵类。更奇怪的是，八种方言学著作记载的韵母中还有 28 个韵母是现代潮汕方言所没有的。因此，我们得出了一个结论，这八部西方传教士编撰的潮汕方言著作均非反映汕头或潮州某地单一的方言音系，而是以潮州或汕头方言为基础，吸收海丰、揭阳、潮阳、澄海等方言韵类的综合音系。

就声调系统而言，八部西方传教士编撰的潮汕方言著作均有 8 个调类，其中四种与现代潮汕方言声调系统名称相对应；高德的《汉英潮州方言字典》、卓威廉的《汕头白话英华对照词典》、林雄成的《汕头方言手册》"上声"相当于现代潮汕方言的"阴上"，"下去"相对应"阳上"，"去声"相当于"阳去"。菲德尔的《汕头方言音义字典》和耶士谟的《汕头话口语语法基础教程》对 8 个调类调值进行较为准确的描写，林雄成在《汕头方言手册》中阐明了二字组连读变调规律，都是难能可贵的。

参考文献

〔美〕璘为仁：《潮州话初级教程》，暹罗曼谷，1841。

〔美〕高德：《汉英潮州方言字典》，曼谷教会，1847。

〔美〕菲尔德：《汕头方言初阶》，1878。

〔美〕菲尔德：《汕头方言音义字典》，1883。

〔英〕卓威廉：《汕头白话英华对照词典》，英华书局，1883。

〔美〕耶士谟：《汕头话口语语法基础教程》，英华书局，1884。

〔新加坡〕林雄成：《汕头方言手册》，新嘉坡古友轩，1886。

〔英〕汲约翰：《潮正两音字集》，英华书局，1909。

罗常培：《厦门音系》，科学出版社，1956。

林伦伦、陈小枫：《广东闽方言语音研究》，汕头大学出版社，1996。

张晓山：《新潮汕字典》，广东人民出版社，2009。

张屏生：《〈潮正两音字集〉音系初探》，载《潮州学国际研讨会论文集》（上），暨南大学出版社，1994。

林伦伦：《从〈汕头话口语语法基础教程〉看 120 年前的潮州方言音系》，《语言科学》2005 年第 2 期。

马重奇主编，施榆生副主编《海峡西岸闽南方言与文化研究》，中国社会科学出版社，2016。

汉语不同声调用字多少的历史变化

胡安顺

（陕西师范大学文学院，西安，710119）

提　要：本文旨在观察汉语不同时代不同声调所包含的字数及占比。通过调查发现：从上古到今天，平声字的数量始终是最多的；上声字的数量在各个时代都较少，尤其在今天；去声字只是在上古最少，此后一直呈上升趋势，中古时其数量即跃居第二位，仅次于平声；入声字在中古最多，中古以后在官话中消失了。以上情况说明人们对不同声调的心理取向是不同的，这种取向随着时代的变化而变化。纵观汉民族对不同声调的心理取向，结论是，平声一直是人们乐于使用的声调，故无论上古、中古还是今天，其占比均最高；其余声调在不同时代的占比各有不同，其中去声呈递增趋势，上声在不同时代的占比均较少，入声在元代以后的官话中被淘汰。

关键词：汉语声调；用字比例；心理取向；历史变化

人们对不同声调的感受是不一样的，亦即对不同声调的喜爱程度是不相同的。凡是比较喜欢的声调其用字就多，反之则少，无论上古、中古、近代还是现代，也无论是官话区还是方言区，情况都一样。这种不同会随着时代的变化而有所变化，亦即不同声调所包含的字数在不同时代是有一定差异的。

壹　历代不同声调的用字概况

一　上古不同声调的用字概况

此项调查根据唐作藩《上古音手册》（2013 年增订本）。该书《例言》称全书收字约一万字，据本文统计为 10075 字。该书主张上古有平、上、去、长入、短入（简称“入”）五类声调，全书所收字即是按照这五类声调划分的。根据本文统计，这五类声调所含字数及占比分别如下：

平声字 4489 个，约 44.6%；
上声字 1887 个，约 18.7%；
去声字 1061 个，约 10.5%；
长入字 669 个，约 6.7%；
（去声、长入合计 1730 个，约 17.2%）
入声字 1969 个，约 19.5%

合计：10075 个，100%

二　中古不同声调的用字情况

这项调查根据《宋本广韵》（张氏泽存堂本）和《集韵》（扬州使院重刻本）。《广韵》本身记载该书收字 26194 字，根据本文的统计实际收字 25333 个。《集韵》本身记载该书收字 53525 个，根据本文的统计实际收字 53871 个。中古四类声调所含字数及占比在此两书中的情况如下：

《广韵》四声所含字数及占比
平声字 9755 个，38.5%；
上声字 4806 个，19%；
去声字 5361 个，21.2%；
入声字 5411 个，21.3%

合计：25333 个，100%

《集韵》四声所含字数及占比
平声字 20187 个，37.5%；
上声字 10522 个，19.5%；
去声字 12106 个，22.5%；

入声字 11056 个，20.5%

合计：53871 个，100%

三　近代不同声调的用字情况

这项调查根据《中原音韵》，中古入声字按照周德清派入平、上、去三声的声调对待。全书收字根据本文的统计共 5741 个，平、上、去三类声调所含字数及占比如下：

阴平字 1311 个，约 22.8%；
阳平字 1489 个（来自入声 180 个），约 26%；
(平声字合计 2800 个，约 48.8%)
上声字 1250 个（来自入声 346），约 21.8%；
去声字 1691 个（来自入声 208 个），约 29.5%

合计：5741 个，100%

四　现代不同声调的用字情况

这项调查根据郭锡良《汉字古音手册》（2010 年增订本）。该书《前言》称书中共收字一万一千六七百个，据本文统计实际收字 13880 个。全书今音阴、阳、上、去四类声调所涉字数及占比如下：

阴平字 3161 个，约 22.8%；
阳平字 3843 个，约 27.7%；
(平声字 7004 个，约 50.5%)
上声字 2174 个，约 15.7%；
去声字 4702 个，33.9%；

合计：13880 个，100%

根据以上统计，可以得出如下结论：

在上古，平声调字数最多，占总字数的 44.6%。其他几类声调的字数之和占总字数的 55.4%，如果不承认长入声，把长入字当作去声字，二者之和为 1730 个，占总字数的 17.2%。如果承认长入声，长入字和入声（短入）字之和为 2638 字，占总字数的 26.2%。这就是说，在上古，平声字最多，上、去、入三类字都较少。上古四声字数占比以平、入、上、去为次呈递减趋势。

在中古，平声字数依然最多，约占总字数的 38%。其他几类声调的字数之和约占总字数的 62%，其中去、入两声字相对较多，上声字相对较少。《广韵》和《集韵》的收字虽然差别很大，但平、上、去、入四声的字数占比惊人的相近。和上古相比，中古的重要变化是平声字数下降了，即由上古约占总数的 45%下降到约 38%；去声字明显增多了，由上古约占总数的 17%（包括所谓长入字）上升到 21%～22%。上、入声字的占比亦各略有上升。去声字的增加方面，除了新词多选择去声外，汉魏以来由义项增加所引起的破读多采用去声也是其重要原因。中古四声字数占比以平、去、入、上为次呈递减趋势。

在近代，阴、阳平声字数之和约占到总字数的 48.8%。上、去声的字数之和约占总字数的 51.3%，平声字数量继续保持最多。和中古相比，平声和去声字的比例均有大幅度提升，上声字的占比亦有所提升，入声字则消失了。平声字由中古约占总数的 38%增加到约 48.8%。增加的原因主要有二：一是新词多选用平声，二是入声字的派入（派入 180 个，占《中原音韵》所收中古入声字总数 734 的 24.5%）。去声字由中古约占总数的 21%～22%上升到 29.5%。增加的原因主要有三：一是新词多选用去声，二是入声字的派入（派入 208 个，占《中原音韵》所收中古入声字总数 734 个的 28%），三是部分上声字变成了去声，如“动奉重咏上丈仗项蚌棒晃幌荡弟娣第递户巨拒炬距杜肚父部怠迨赵稻佐坐舅”等（《中原音韵》未指出这类字来自上声。例中少数字原属上、去两读）。上声中的部分字虽然变成了去声，但由入声派来的上声字多达 346 个，约占《中原音韵》所收中古入声字总数 734 个的 47%，故上声字的占比亦有所提升。近代四声字数占比以阴平、阳平（二者合计）、去、上为次呈递减趋势，入声消失。

在现代，平声字的占比又有所上升，阴、阳平声字数之和约占总字数的 50.5%，与上、去两声字数之和的占比基本持平。和近代相比，去声字明显增加，所占总字数的比例由近代的 29.5%上升到 33.9%，这除了新词选择这一声调较多外，另一个重要原因就是又有不少上声字加入进来。与此相反，上声字则明显减少，所占总字数的比例由近代的 21.8%下降到 15.7%，这除了新词选择这一声调较少外，另一原因即多数全浊上声字转成了去声。现代四声字数的占比同于近代，只是去声愈多而上声愈少。

下面将汉语上古、中古、近代、现代不同声调所含字数及占比列成一个对照简表，以便比较。详见表 1。

表 1　汉语上古、中古、近代、现代不同声调所含字数及占比抽样比较

时代	材料来源	不同声调所含字数及占比							
		平	%	上	%	去	%	入	%
上古	《上古音手册》	4489	44.6	1887	18.7	1061	10.5	1969	19.5
						669（长入）	6.7		
中古	《广韵》	9755	38.5	4806	19	5361	21.2	5411	21.3
	《集韵》	20187	37.5	10522	19.5	12106	22.5	11056	20.5
近代	《中原音韵》	1311（阴）	22.8	1250	21.8	1691	29.5		
		1489（阳）	26						
		2800（阴阳合计）	48.8						
现代	《汉字古音手册》	3161（阴）	22.8	2174	15.7	4702	33.9		
		3843（阳）	27.7						
		7004（阴阳合计）	50.5						

从表 1 可以看出，从先秦到今天，平声字与其他声调的字相比，一直处于绝对的优势地位。去声字则是由少而多，越来越多——其占比上古最少，中古与入声基本持平，或稍多，仅次于平声，元代时大增，今天更多。上声字的占比一直较少，现代更少。入声字的占比上古仅次于平声，中古仍然较多，与去声持平或稍逊于去声，自元代起，在官话中消失。

贰 汉代以来人们对不同声调的选择举例

下面通过一些实例来证明在汉语发展过程中人们侧重对平声和去声的选择。

一 汉魏以来的破读多选择去声

破读是古人在不改变字形的前提下为新增词义、区别词性、表示使动或者新增读音所采用的重要方法。破读自汉代出现以来多采用去声，这一点前人早已发现。[①] 破读采用去声的情况很复杂，涉及名词、动词和形容词，举例如下：

（一）名词

1. 名词新增义项：间（空隙，《广韵》古苋切）、缘（衣缘，《广韵》以绢切）、缄（棺旁所以系索者，《集韵》公陷切）、縠（乳子，《集韵》乃后切）、汙（污秽，《广韵》乌路切）

2. 名词作动词：王（称王，《广韵》于放切）、衣（穿衣服，《广韵》于既切）、妻（嫁给，《广韵》七计切）、风（吹，《广韵》方凤切）、雨（降雨，《广韵》王遇切）、冰（冷迫，《集韵》逋孕切）、语（告诉，《广韵》午倨切）、文（文饰，《广韵》文运切）、旁（依附，《古今韵会举要》蒲浪切）、名（目睹物，《集韵》弥正切）、盐（用盐腌物，《广韵》以赡切）、帆（被风吹，《广韵》扶泛切）、宾（摈弃，《集韵》必仞切）、巾（包裹，《集韵》居焮切）、蹄（踢，《集韵》大计切）、棺（验尸，《广韵》古玩切）、庭（径庭，《集韵》他定切）

3. 名词作形容词：衷（适当，《广韵》陟仲切）、羽（舒缓，《集韵》后五切）

① （宋）贾昌朝《群经音辨》、（元）刘鉴《经史正音切韵指南》等人均有论说。王力《汉语史稿》第 3 章第 31 节指出："由于转化的意义大多数是变为去声字，古人所谓'读破'，也就是大多数读为去声。"殷焕先《破读的语言性质及其审音》一文指出："旧来的各音各义的字，它们的两读绝大多数是平：去（如'观'）；上：去（如'好'）；入：去（如'恶'），很少有平：上；平：入；上：入的，这是适合于古韵部阴阳入鼎立的情况的，也是适合于去声的发展情况的：去声后起，与去声字多。"唐作藩《破读音的处理问题》一文指出："'破读音'主要以去声为标志，正是这个时期汉语语音系统发展变化的反映。"

（二）动词

1. 动词新增义项：说（劝说，《广韵》舒芮切）、遗（赠给，《广韵》以醉切）、从（合纵，《广韵》疾用切）、听（听凭，《广韵》他定切）、传（解说，《广韵》直恋切）、散（分散，《广韵》苏旰切）、敛（聚集，《广韵》力验切）、劳（慰劳，《广韵》郎到切）、来（慰劳，《集韵》洛代切）、吹（吹奏，《广韵》尺伪切）、施（延续，《集韵》以豉切）、除（给予，赐予，《广韵》迟倨切）、疏（分条陈述，《广韵》所去切）、烧（放火，《广韵》失照切）、离（丧失，《广韵》力智切）、还（环绕，《集韵》胡惯切）、援（①救助，《广韵》于愿切；②畔援，跋扈，《集韵》胡玩切）、争（规劝，《广韵》侧迸切）、迎（往迎，《广韵》鱼敬切）、攻（战伐，《集韵》古送切）、裁（制裁，《广韵》昨代切）、栽（立板筑墙，《广韵》昨代切）、临（哭吊死者，《广韵》良鸩切）、过（犯过错，《广韵》古卧切）

2. 动词作名词：乘（车子，《广韵》实证切）、行（品行，《广韵》下更切）、知（智慧，《集韵》知义切）、圈（养兽之所，《广韵》臼万切）、传（驿马，《广韵》知恋切）、调（音调，《广韵》徒吊切）、输（经穴，《广韵》伤遇切）、封（菰根，《广韵》方用切）、煎（用蜜或糖浸渍的果品，《广韵》子贱切）、张（通“帐”，《广韵》知亮切）、含（“晗”的古字，《广韵》胡绀切）、闻（声誉，《广韵》亡运切）、烧（野火，《广韵》失照切）、骑（骑的马，《广韵》奇寄切）、吹（管乐器，管乐声，《广韵》尺伪切）、分（名分，《广韵》扶问切）、兴（兴致，《广韵》许应切）

3. 动词作形容词：漂（迅疾，《广韵》匹妙切）、张（通胀，《广韵》知亮切）、比（亲近，《广韵》毗至切、必至切）、贯（熟练，习惯，《集韵》古患切）、收（收获多，《广韵》舒救切）

4. 动词使动用法：食（送食给人吃，《集韵》祥吏切）、饮（给人、畜喝水，《广韵》于禁切）

5. 动词作叹词：呼（愤怒的声音，《集韵》许个切）

6. 动词新增去声读音（义同，或为形容词原某种义项增加去声一读）：如（相似，《集韵》如倨切）、防（守御，《广韵》符况切）、思（想念，《广韵》相吏切）、评（评议，《广韵》皮命切）、生（生育，《集韵》所庆切）、经（织布的纵线，直行，《广韵》古定切）、操（执持，《广韵》七到切）、污（《广韵》乌路切）、先（时间或次序在前，《广韵》苏佃切）、沉

（深入水中，《广韵》直禁切）、延（延续，伸长，《广韵》予线切）

（三）形容词

1. 形容词新增义项：轻（迅疾，《集韵》牵正切）、长（多余，《广韵》直亮切）、冥（冥眴，《集韵》瞑见切）、久（贫穷，《集韵》居又切）

2. 形容词作名词：卑（地名用字，《集韵》毗至切）、齐（“剂”的古字，《广韵》在诣切）、冥（夕，《集韵》莫定切）、空（空隙，空子，《广韵》苦贡切）

3. 形容词作动词：好（喜好，《广韵》呼到切）、高（丈量高度，《集韵》居号切）、平（平物价，《集韵》皮命切）、迟（等待，《广韵》直利切）

4. 数词作动词：三（多次，再三，《广韵》苏暂切）

5. 形容词的某种义项新增去声一读：深（不深，《广韵》式禁切）

二　中古全浊上声字今音多变为去声

根据本文统计，《广韵》共收上声字 4806 个，其中全浊字 1050 个，大约百分之七十的字在今音中都变成了去声。此举四韵以见一斑。①

懂韵匣母字：澒^{4}鸿^{2}銾^{4}唝^{4}汞^{3}（比数 5：3。下同）

定母字：动^{4}湩^{4}酮^{4}姛^{4}眮^{2}詷^{4}桶^{3}挏^{4}硐^{4}（9：7）

並母字：菶^{3}唪^{3}埲^{3}（3：0）

纸韵禅母字：是^{4}氏^{4}媞^{2}諟^{4}恀^{4}徥^{4}狏^{4}褆^{4}姼^{2}跃^{4}（10：8）

並母字：被^{4}罢^{4}（2：2）

群母字：技^{4}妓^{4}徛^{4}伎^{4}锜^{3}崎^{4}（6：5）

澄母字：豸^{4}禠^{3}陊^{4}緹^{4}踶^{4}傂^{4}杝^{4}阤^{4}螔^{4}鷉^{4}禔^{2}徥^{4}（12：10）

並母字：婢^{4}庳^{4}（2：2）

邪母字：猹^{4}（1：1）

船母字：舓^{4}舐^{4}釶^{4}狏^{4}（4：4）

① 下列数韵是随机抽取的，各韵所属字右上角的数字 1、2、3、4，分别表示该字今音的声调阴、阳、上、去，标调基本依据《汉语大词典》和《汉语大词典》的注音，参考《康熙字典》（标点整理本）的注音。

从母字：惢^{3}（1：0）

禅母字：菙^{2}媞^{4}（2：1）

旱韵匣母字：旱^{4}垾^{4}晘^{4}䓍^{4}䛞^{4}（5：5）

定母字：但^{4}蜑（蛋）^{4}袒^{3}襢^{3}诞^{4}潬^{1}䩥^{4}繵^{4}膻^{4}僤^{4}䑙^{4}（11：8）

从母字：瓒（瓚）^{4}趱^{3}禶^{4}（3：2）

豏韵匣母字：豏［馅］^{4}减^{3}𤢂^{4}喊^{3}㺌^{4}㜮^{4}䅢^{4}甉^{2}（8：5）

澄母字：湛^{4}𣸉^{4}偡^{4}（3：3）

以上四韵共含全浊上声字87个，其中今音读去声者66个，读阴平者1个，读阳平者7个，读上声者13个。读去声者约占四韵所含全浊上声字总数的76%。

三　中古入声字到今音中多变为平声或去声

本文抽查了在今音中比较常用的古入声字624个，其中今读阴平者142个，今读阳平者183个，今读上声者49个，今读去声者250个。阴平、阳平字共325个，占总字数约52%，去声字占总数的40%，上声字仅占总数约8%。根据这种结果可以推知，中古入声字在今音中绝大多数都变成了平声或去声，变为上声的字数是很少的。具体情况如下：

今读阴平的古入声字：搭拉鸽喝塌溻磕札插夹掐鸭押压接跌帖贴缉汁湿嘿吸揖撒割八抹扎杀揭瞎鳖薛蜇揭歇蝎憋撇捏切楔结噎钵拨泼掇掇脱捋撮聒豁挖刷刮拙说发曰缺七漆悉膝虱失一饽突窟忽焌黢戌出屈泊摸托托作搁胳蓋削削斡焯约郭劐剥剥桌卓戳捉忒勒塞黑逼息熄積织拍捁拆擘摘屐积惜昔夕只劈滴踢锡析击激吃扑仆秃哭屋督缩粥叔淑掬曲锔曲

今读阳平的古入声字：搭答沓杂蛤合盒闸炸夹狭峡匣捷折劫胁迭碟牒蝶谍茶挟协乏集辑习袭蛰执十什拾急级及达擦拔札察铡辖别别哲辙折舌折杰节截结洁镴钹夺活滑猾绝伐筏罚厥掘橛决诀疾侄实吉勃哱没卒核术秫橘佛佛掘倔博薄薄泊膜铎踱凿昨阁爵嚼着酌勺芍镢驳雹琢啄涿浊镯浞觉壳学得德则贼即媳饬直值职食蚀识殖植极国伯白帛泽择宅格额责革隔核藉席石嫡笛敌狄籴虢醭仆独读牍犊族斛毒福幅蝠服伏栿竹逐轴熟菊足俗烛赎局

今读上声的古入声字：合塔眨甲胛褶帖法给獭撒葛渴撇铁抹撮雪哕笔匹乙乞骨索郝脚朴角饺北百柏窄踖戟脊尺卜谷笃嘱蜀属辱曲

今读去声的古入声字：踏搨纳榻腊蜡镴恰洽聂镊蹑猎妾摄涉靥叶页怯业帖立笠粒涩入泣捺辣瘌萨喝轧灭列烈裂泄彻撤浙设热孽拽篾切屑末沫括阔劣悦阅发袜歷月越粤血穴毕必弼密蜜栗秩瑟质室日逸讫不猝杌律率恤蟀术述物勿莫幕寞诺落烙骆酪洛络乐作错柞各鄂鹤恶略掠雀鹊绰若弱却虐疟药钥跃廓扩霍藿镬缚籰朴朔确摧岳乐握墨默忒特肋塞刻克匿力鲫侧测色啬式饰忆亿抑翼或惑域迫魄陌破客赫吓檗麦脉策册栅扼轭碧剧逆璧僻辟迹籍掷炙赤斥适释益亦译易液腋壁觅的剔溺历绩戚寂获划疫役曝瀑木鹿禄速酷沃复腹覆复目穆牧六陆肃宿筑畜祝肉畜蓄郁育绿録促粟续触束褥玉狱欲浴

四　今音对中古一字数音的合并多选用平声或去声

中古多音字的读音在今音中往往被合并。根据本文的观察，今音将中古一个字的几个读音合并后多选用平声或去声，选用上声的情况较少。可细分为以下几种情况。①

（一）中古一字有平去数读，今音合并后或只读平声，或只读去声，两种情况都比较常见。

1. 中古一字有平去数读，今音合并后只读平声者：

思　sī，《广韵》息兹切，平之心；《广韵》相吏切，去志心。

淹　yān，《广韵》央炎切，平盐影；《广韵》于剑切，去梵影。

听　tīng，《广韵》他丁切，平青透；《广韵》他定切，去径透。

扬　yáng，《广韵》与章切，平阳以；《广韵》余亮切，去漾以。

峤　qiáo，《广韵》渠庙切，去笑群；《集韵》渠娇切，平宵群。

几　jī，《广韵》居依切，平微见；《广韵》渠希切，平微群；《广韵》其既切，去未群。

2. 中古一字有平去数读，今音合并后只读去声者：

望　wàng，《广韵》巫放切，去漾微；《广韵》武方切，平阳微。

---

① 以下材料中的今音主要取自《汉语大词典》，参照徐中舒等《汉语大字典》，湖北辞书出版社、四川辞书出版社，1986~1990。

论 lùn，《广韵》卢困切，去慁来；《广韵》卢昆切，平魂来。

过 guò，《广韵》古卧切，去过见；《广韵》古禾切，平戈见。

诐 bì，《广韵》彼义切，去寘帮；《广韵》彼为切，平支帮。

穧 jì，《广韵》在诣切，去霁从；《广韵》七稽切，平齐清；《广韵》祖稽切，平齐从。

（二）中古一字有平上数读，今音合并后只读平声。

1. 中古一字有平上两读，今音合并后只读平声者：

鞅 yāng，《广韵》于两切，上养影；《集韵》于良切，平阳影。

机 jī，《广韵》居履切，上旨见；《广韵》居夷切，平脂见。

拥 yōng，《广韵》于陇切，上肿影；《集韵》于容切，平钟影。

耽 dān，《广韵》丁含切，平覃端；《广韵》都感切，上感端。

抢 qiāng，《广韵》七羊切，平阳清；《广韵》初两切，上养初。

爹 diē，《广韵》陟邪切，平麻知；《广韵》徒可切，上哿定。

2. 中古一字有平平上三读，今音合并后只读平声者：

掫 zōu，《广韵》侧九切，上有庄；《广韵》子于切，平虞精；《广韵》子侯切，平侯精。

藨 biāo，《广韵》甫娇切，平宵帮；《广韵》平表切，上小并；《集韵》悲娇切，平宵帮。

3. 中古一字有平上去三读，今音合并后只读平声者：

眮 tóng，《广韵》徒红切，平东定；《集韵》杜孔切，上董定；《广韵》徒弄切，去送定。

4. 中古一字有平平上上四读，今音合并后只读平声者：

憸 xiān，《广韵》息廉切，平盐心；《广韵》七廉切，平盐清；《广韵》虚检切，上琰晓；《广韵》七渐切，上琰清。

（三）中古一字有平上去数读，今音合并后只读去声。

1. 中古一字有平上去三读，今音合并后只读去声者：

但 dàn，《广韵》徒旱切，上旱定；《广韵》徒案切，去翰定；《广韵》徒干切，平寒定。

2. 中古一字有上上两读，今音合并后改读去声者：

陊 duò，《广韵》徒可切，上哿定；《广韵》池尔切，上纸澄。

3. 中古一字有上去两读，今音合并后只读去声者：

蜃　shèn，《广韵》时刃切，去震禅；《广韵》时忍切，上轸禅。

坞　wù，《广韵》安古切，上姥影；《集韵》乌故切，去暮影。

熯　hàn，《广韵》呼旰切，去翰晓；《广韵》呼旱切，上旱晓。

怒　nù，《广韵》乃故切，去暮泥；《广韵》奴古切，上姥泥。

盎　àng，《广韵》乌浪切，去宕影；《广韵》乌朗切，上荡影。

散　sàn，《广韵》苏旰切，去翰心；《广韵》苏旱切，上旱心。

澒　hòng，《广韵》胡孔切，上董匣；《集韵》胡贡切，去送匣。

4. 中古一字有上上去三读，今音合并后只读去声者：

并　bìng，《广韵》畀政切，去劲帮；《广韵》必郢切，上静帮；《广韵》蒲迥切，上迥，并。

圈　juàn，《广韵》求晚切，上阮群；《广韵》渠篆切，上狝群；《广韵》臼万切，去愿群。

5. 中古一字有上去入三读，今音合并后只读去声者：

谳　yàn，《广韵》鱼列切，入薛疑；《广韵》鱼蹇切，上狝疑；《集韵》鱼战切，去线疑。

（四）中古一字有平上去数读，今音合并后只读上声。

1. 中古一字有平平两读，今音合并后改读上声者：

闽　mǐn，《广韵》武巾切，平真明；《广韵》无分切，平文微。

2. 中古一字有平上两读，今音合并后只读上声者：

挑　tiǎo，《广韵》徒了切，上篠定；《广韵》吐彫切，平萧透。

攘　rǎng，《广韵》如两切，上养日；《广韵》汝阳切，平阳日。

殍　piǎo，《广韵》平表切，上小並；《广韵》芳无切，平虞敷。

3. 中古一字有平上上三读，今音合并后只读上声者：

惢　suǒ，《广韵》苏果切，上果心；《广韵》姊规切，平支精；《广韵》才棰切，上纸从。

4. 中古一字有平上去三读，今音合并后只读上声者：

醒　xǐng，《广韵》苏挺切，上迥心；《广韵》桑经切，平青心；《广韵》苏佞切，去径心。

5. 中古一字有平上去去入五读，今音合并后只读上声者：

比　bǐ，《广韵》卑履切，上旨帮；《广韵》毗至切，去至并；《广韵》必至切，去至帮；

《广韵》毗必切，入质並；《广韵》房脂切，平脂奉。

6. 中古一字有上去两读，今音合并后只读上声者：

圃　pǔ，《广韵》博古切，上姥帮；《广韵》博故切，去暮帮。

扫　sǎo，《广韵》苏老切，上晧心；《广韵》苏到切，去号心。

倚　yǐ，《广韵》于绮切，上纸影；《广韵》于义切，去寘影。

淹　yǎn，《广韵》于剑切，去梵影；《集韵》衣检切，上琰影。

馆　guǎn，《广韵》古玩切，去换见；《集韵》古缓切，上缓见。

每　měi，《广韵》武罪切，上贿明；《广韵》莫佩切，去队明。

7. 中古一字有上上去三读，今音合并后只读上声者：

洒　sǎ，《广韵》砂下切，上马生；《广韵》所蟹切，上蟹生；《广韵》所寄切，去寘生。

以上用例是本文从中古一些常用字中随机抽取的，事先并未设定取材范围。其中（一）的情况说明，对于平、去两读字，如果合并为一读，或取平声，或取去声，均可，字义当然是重要的参考，下同。（二）的情况说明，对于有些平、上数读字，如果合并为一读，人们倾向于取平声。（三）的情况说明，对于有些平、上、去数读字，如果合并为一读，人们倾向于取去声。（四）的情况说明，对于有些平、上、去数读字，如果合并为一读，人们倾向于取上声。以上四类，以（四）与（一）（二）（三）类相比，数量显然少得多。

结　语

不同声调用字的多少反映了人们的心理取向。尽管声调的不同原本是为了区别词义，但人们为某种词义赋予某种声调则有着不同的心理取向，而且这种心理取向会随着时代的变化而变化。

从上古到今天，使用汉语的人一直最乐于使用平声调，所以不管哪个时代，平声字始终是最多的。除了中古平声字的占比有所下降以外，无论上古、近代还是今天，平声字的数量基本上与其他几类声调的字数总和持平。尽管中古平声字的占比有所下降，但和其他调类的数量相比，仍然最多，几乎占到总字数的40%，正由于此，《广韵》等中古韵书都将平声字分成了上、下卷。去声字在上古虽然最少，但上古以后一直呈上升趋势，故除了平声以外，去声是人们越来越喜欢的声调。上声字除了在元代由于入声字的派入而有所增多外，在各个时代的占比都比较少，且容易转变为其他调类，尤其在今天。另外，在语流音变中，主要发生改变的也是上声调。这说明人们较少使用上声，原因自然和上声的调型有关。入声字在中古的占比超过了上古，这应该和永明诗体的出现特别是和律诗、词的兴盛有一定关系，因为入声在表达慷慨、激越、愤怨等情感时具有特殊的效果。入声在元代以后的官话中消失了，这说明中古以后人们不习惯使用入声调，所以入声在历史的选择中被淘汰了，这一方面和入声调的调型有关，另一方面可能与律诗、宋词的式微有关。语音是语言的外壳，是表意的工具，声调作为语音的一部分，具有工具的性质。作为工具，自然有方便与不方便、好用与不好用之分，所以人们对不同声调有不同的选择也就不足为奇了。

参考文献

唐作藩：《上古音手册》（增订本），中华书局，2013。

《宋本广韵》，北京市中国书店影印张氏泽存堂本，1982。

《集韵》，北京市中国书店影印扬州使院重刻本，1983。

（清）戈载等：《佩文诗韵　词林正韵　中原音韵》，上海古籍出版社，2011。

郭锡良：《汉字古音手册》（增订本），商务印书馆，2010。

罗竹风等：《汉语大词典》（第 2 版），汉语大词典编辑委员会、汉语大辞典编纂处编纂，2001。

徐中舒等：《汉语大字典》，湖北辞书出版社、四川辞书出版社，1986～1990。

贾昌朝：《群经音辨・辨字音清浊》（卷六），《四部丛刊续编》，上海商务印书馆，1934。

刘鉴：《经史正音切韵指南・经史动静字音》，黄肇沂《芋园丛书》，1935。

马建忠：《马氏文通》卷二・名字（35-38 页）、卷五・动字辨音（196-206 页），商务印书馆，1983。

王力：《汉语史稿》（合订本）第 31 节（248～253 页），中华书局，2004。

周祖谟：《问学集・四声别义释例》，中华书局，1966。

杨伯峻：《破音略考》，《国文月刊》1948 年 12 月第 74 期；载《杨伯峻学术文集》，岳麓书社，1984。

殷焕先：《破读的语言性质及其审音》，《山东大学学报》（语言文学版）1963 年第 1 期。

唐作藩：《破读音的处理问题》，《辞书研究》1979 年第 2 期。

屈奈特及其所记十九世纪晚期的南京话语音*

〔美〕柯蔚南 著 单秀波 译

（艾奥瓦大学，艾奥瓦；河北师范大学，石家庄）

提 要： 奥地利学者屈奈特为我们留下了 19 世纪晚期南京话语音系统的详细记录，这是汉语方言历史语音演变研究的宝贵材料。然屈氏系统相对古旧晦涩，为方便今人使用，本文对其进行了重新梳理，对各语音符号所代表的具体音值进行了拟测，以期为相关研究提供些许参考。

关键词： 屈奈特（Franz Kühnert）；南京方言；语音系统；西方文献

一 导言

奥地利天文学家、汉学家屈奈特（Franz Kühnert，1852-1918）为我们留下了 19 世纪晚期南京话语音系统的详细记录。此类材料若与现代方言做比较，可为汉语方言语音的历史演变研究提供重要的基础，因而是非常宝贵的。遗憾的是，在今天看来，屈奈特所用以记录南京话语音的这套转写系统已是非常晦涩难懂，使用难度极大。因此，本文将系统分析该转写系统，并就其各记音符号所代表的具体音值进行拟测，以期为相关研究提供些许参考。

屈奈特早年在维也纳大学攻读数学、物理及天文学，1885 年获得博士

---

* 本文原载 *Journal of the American Oriental Society*，Vol. 128，No. 1（Jan. -Mar.，2008），pp. 131-137。

学位。1873 年，屈奈特进入国家标准学会（Bureau of Measurements）工作，此后便终身供职于此。1882 年，该学会获得了荷兰数学家佛拉哥（Adriaan Vlacq，1600–1667）的两部著作——*Arithmetica Logarithmica* 和 *Trigonometria Artificialis* 的汉文译本（1721），这引起了屈奈特的强烈好奇，他由此与汉语结缘。得益于其汉学造诣，1891 年，屈奈特被维也纳大学聘用，成为一名汉语编外讲师（Privatdozent）。后于 1897 年，转入外交部远东东方学院（Oriental Academy of the Foreign Ministry）继续教授汉语，直到 1916 年（Schram，1920；Führer，2001：87）。就目前我们所掌握的材料来看，尚无法确切知晓屈奈特在语音方面所受训练的情况。[①] 但据说，他是一位非常有才华的音乐家，同时也是一位十分优秀的长笛演奏者。

1892 年，屈奈特获准休假并得到文化教育部（Ministry of Culture and Education）津贴前往中国开启了一趟研修之旅。他于 1892 年 8 月离开奥地利，到达中国后，在北京、南京和上海先后共住了一年的时间。在此期间，他对中国方言展开了深入的实地调查（Schram，1920）[②]，但这并不是屈奈特第一次对汉语方言进行研究，早在来华之前，他就曾在欧洲与一位上海发音人合作（Kühnert，1888：235），并根据其提供的材料写过一篇关于上海方言的翔实报告。1893 年末返回维也纳后，屈奈特又针对其调查的南京方言发表了两篇文章（Kühnert，1893；1894）及一部著作（Kühnert，1898）。其中，1893 年的文章介绍声调，1894 年的文章介绍语音、词汇和语法，而著作 *Syllabar des Nanking-Dialectes*（《南京字汇》，1898）虽题目标注为音节表（syllabary），实则却是一部小型词典，其中不仅有单音节字词，同时也有复合词、短语以及少量整句，为我们了解屈奈特时期的南京话提供了重要资料。

屈奈特在 1894 年和 1898 年的著作中均对其转写系统进行了描述，但形式、内容却并不完全一致，当有意相为补充。本文中，我们将按 Kühnert（1898：6-9）的编排顺序对其各记音符号进行逐个介绍，并参考 Kühnert

① 关于语音，Kühnert 称自己是通过阅读当时同在维也纳大学任教的德国解剖学家、生理学家 Ernst Wihelm Ritter von Brücke（1819－1892）的著作自学的，参见 von Brücke（1856、1863）。

② 蒲立本（E. G. Pulleyblank）最近竟把屈奈特描述成一个“从未去过中国，对汉语的所有认知也都完全是理论上的”的人（Pulleyblank，2007：628）。这一说法的依据不得而知，但无论如何，都是错误的。

(1894：10-18）以作补充。但与屈奈特书中首先介绍元音的次序不同，本文我们将从辅音开始介绍，例字均引自原作（Kühnert，1898）。需要注意的是，本文中各例字的音标，均为所拟国际音标（IPA），而非屈奈特原文的转写形式。屈奈特系统的声调符号，在本文中则改用数字（1-5）代替，详见下文第四部分。

二　辅音系统

屈奈特南京语音转写系统中所包含的辅音如下：

g-据其描述，该音为不送气的 k-，发音比德语中的 g "紧"（tightly，德语 *knapper*）。IPA 当为［k］。例如：［kweʔ5］国、［kau1］高、［kã1］竿。

b-IPA［p］。例如：［pɒʔ5］八、［piŋ4］病、［po1］波。

d-IPA［t］。例如：［tɒ3］打、［tã4］蛋、［teʔ5］得。

k-据原文，该音为强送气音 k-。IPA 音值为［k'］。例如：［k'ɛŋ1］坑、［k'aj1］开、［k'au3］考。

p-IPA［p'］。例如：［p'ã2］旁、［p'aj2］牌、［p'ejn4］片。

t-IPA［t'］。例如：［t'ɒ1］他、［t'au2］逃、［t'wen1］吞。

n-IPA［n］。该音只见于韵尾。据称，当位于元音［a］后时，［n］将失落，同时元音鼻音化。因此，实际的音节中见不到［n］位于［a］后的情况。例如：［twen4］顿、［mejn4］面、［k'en3］肯。

h̲-带下画线的 h。音同德文 *Rache* 中的-ch-。IPA 音值为［χ］。例如：［χwɒ1］花、［χau3］好、［χoʔ5］合。

f-发音与德文中的 f 一致。IPA 音值为［f］。例如：［fɛŋ1］风、［fɒʔ5］发、［fwen1］分。

m-同德文。IPA［m］。例如：［mɒ3］马、［mɛŋ4］梦、［mɜw2］谋。

l-同德文。IPA［l］。例如：［lɒ2］拿、［li2］泥、［ljyj3］女；［lɒʔ5］拉、［li2］梨、［ljyj2］驴。

g̈-g-后面带上面有两点的-j-。据称是［k］后加了一个［j］，很像 dj-或匈牙利语中的 gy-，在有的人看来，也很像北京话中的清舌面前塞擦音。屈奈特进一步指出，很多人在该音以及下面一系列"上面带两点的 j"

声母中，［j］前仍保留着真正舌根音读法，因此，其发音，在一些人的口中是舌面后或舌面中音［c］，在另一些人中则为轻微腭化音［kj］。很明显，这组声母正处在语音演变的过程中，详见 Coblin（1997）。例如：［ci1～kji1］鸡、［cã1～kjã1］江、［cyj4～kjyj4］句。

kj̈-IPA［c'～k'j］。例如：［c'i4～k'ji4］气、［c'wen1～k'jwen1］圈、［c'yjn2～k'jyjn2］裙。

ng-IPA［ŋ］。该音仅见于韵尾。据称，当出现在元音［a］后时，［n］会失掉，同时元音发生鼻音化。其实，屈氏完全没有写［ng］在［a］后的例子。例如：［ʈʂʊŋ1］中、［liŋ2］林、［kɛŋ1］羹。

hj̈-带下画线的 h-。音同德文 *ich* 中的 ch（［ç］），但后加了一个［j］。IPA 音值当为［ç］。也有异读［χj］的可能。例如：［çoʔ5～χjoʔ5］学、［çiŋ2～χjiŋ2］行、［çyjn1～χjyjn1］熏。

dsh̲- ds 后接带下画线的 h。据称，发音类似德文 *Landschaft* 中的 -dsch-。若确实如此，那其真正的 IPA 音值当为［tʃ］。但几十年后，赵元任将南京话中的这一声母描述为一个相当靠前的卷舌音（Chao，1929：1008）。屈奈特当时听到的很可能实际上就是这种音。IPA 可定为［ʈʂ］，例如：［ʈʂã1］沾、［ʈʂau4］兆、［ʈʂəw1］周。

tsh̲- IPA 当为靠前的［ʈʂ'］。例如：［ʈʂ'ɒ2］茶、［ʈʂ'wã1］窗、［ʈʂ'ɛj1］车。

sh̲-IPA 当为靠前的［ʂ］。例如：［ʂã4］上、［ʂwej3］水、［ʂi3］使。

λj-该音被认为是“一个汉语特有的音”（a peculiarly Chinese sound）。发音接近清音的 l，发音时，最开始是一个接近 *ch*（［ç］）或 *j*（［j］）的音，然后伴有喉咙/声门的震动（glottal vibration）。屈奈特这里极力要描述的就是所谓的日母。Hemeling（1907：25－26）认为这个音：“很像法语 *Jean* 中的 *J*，但并非浊声，且舌尖翘起向上抵近上齿龈（upper gums）。这个音在发音时通常都是非常松的，有点像英文的 r，没有塞音的成分，以至很像 r-音。”Chao（1929：1007）认为［ɹ］是一个与之非常相近的音，但尽管如此，他还是把这一声母转写为［ʐ］。我们可以把它的 IPA 记为［ʐ］或［ɹ］。例如：［ʐen2］人、［ʐuɛ̆ʔ5］肉、［ʐʅʔ5～ʐiʔ5］日。而单独的 λj 则被屈奈特用来表示卷舌音［ɚ］。例如：［ɚ2］儿、［ɚ3］耳。

ds-IPA［ts］。例如：［tsɛʔ5］窄、［tsã1］脏、［tsejn1］尖。

ts-IPA［ts'］。例如：［ts'au3］草、［ts'aj4］菜、［ts'ʅ4］刺。

s-IPA［s］。屈奈特特别指出，该音在元音［ʅ］前时有一个非常尖锐（sharp）的音。例如：［sʅ3］死、［sjau3］小、［sã1］三。

'-IPA［ʔ］。该音不在声母之列，但 Kühnert（1994：17-18）对其有所讨论，并将之转写为一个词头撇号（initial apostrophe）。入声是发音戛然而止所产生的语音阻断/声门关闭引起的气流瞬时中断。但屈奈特并没有将这种喉塞音与声母'-联系在一起，在他的转写系统中也没有这样的说明。在我们拟定的 IPA 形式中，将用［ʔ］表示这种喉塞音。例如：［ʔaj4］爱、［ʔwã2］王、［ʔen1］恩；［χwoʔ5］活、［liʔ5］力、［mɛʔ5］麦。

三　元音系统

屈奈特的南京话元音系统包括如下元音：

a-该音据描述是一个"响亮的 a"（bright a），就如同德语 *Arm* 中 a 的一样，因此，IPA 为［a］。该音不能单独作韵母，只能构成复韵母，如［aj］、［jaj］、［au］等。例如：［tsaj4］在、［jaj2］挨、［kau4］告。

a̱-带下画线的 a。这一元音据说与下奥地利方言 *Vater* 一词中的"黑暗的 a"（dark a），又或者（英式）英文 *water* 中的 a 一样。因此，IPA 当为［ɒ］。该音既可以作为单韵母出现，也可以带喉塞音韵尾。现代南京话中这一元音的音值是［ɑ］，但 Chao（1929）中记作［ɒ］，同屈奈特一致。据鲍明炜（1980：243），该元音在 20 世纪经历了一个从［ɒ］到［ɑ］的演变。他写作的时候，在一些老年发音人的口中还能听到［ɒ］音，中年发音人则两者都有，而年轻的发音人则只发［ɑ］音了。例如：［tɒ4］大、［lɒ2］拿、［p'ɒ4］怕、［tɒʔ5］答。

e-该元音同德文 *selig* 中的 e，是一个"响亮的 e"（bright e），因此，IPA 记为［e］。例如：［teʔ5］德、［pen3］本、［lejʔ5］列、［pejn4］变。

e̱-带下画线的 e。这一元音被描写为"黑暗的 e"（dark e），发音介于德文 *hehl* 和 *echt* 或英文 *grey* 和 *there* 的两个 e 音之间。因此，其 IPA 音值很可能接近［ɛ］。例如：［kɛʔ5］割、［tɛŋ1］灯、［jɛjn3］眼。

ï-上带两点的 i。据屈奈特的描述，该音是一个高前半元音，IPA 为［j］。Kühnert（1894：12）将以之为介音的韵母称为"yodized sounds" （jodirte Laute），即腭化音。他指出，在非［i］元音前，该音音值接近［e］，因此，*lïang* 听起来几乎就是 *leang* 等。这里，我们可以将其与 Hemeling（1907：28-29）的注解相比较，后者认为，介音［j］在 n-、l-声母后是一个短 ĕ。（令人好奇的是，Hemeling 的转写系统中有 n-和 l-的对立，但在其 1907 年的著作中，却说南京音中这两个音已经混淆不清了。如前文所述，屈奈特的系统中没有 n-声母）例如：［iã2］羊、［sjã3］想、［ljəw2］流，［paj4］拜、［pejʔ5］别、［p'ejn1］偏。值得注意的是，屈奈特在舌面中音声母［c］、［c'］、［ç］后不写介音［j］。Chao（1929：1009）指出在舌面前音［tɕ］、［tɕ'］、［ɕ］后，介音［j］非常短，几乎听不到。因此，［ɕjã］听起来实际上是［ɕã］等。而鲍明炜（1980：243）在其田野调查报告中指出某些年长的南京人则读［ʈʂɒ］、［ʂɒ］等。对于［tɕja］家、［ɕja］虾这样的音，这些人的发音可能已由早期的［tɕa］、［ɕa］（也可能是［ca］、［ça］）变为［ʈʂɒ］、［ʂɒ］，以契合方言的一般语音框架。另一方面，对于今天大部分南京人来说，只是单纯地借入了标准普通话的发音。

i-发音类似欧洲大陆语言中的 i 或英文中的 ee，因此，IPA 为［i］。例如：［li3］里、［tsiŋ4］进、［ʈʂi1 ~ ʈʂʅ1］知。在卷舌音声母［ʈʂ］、［ʈʂ'］、［ʐ］后，［i］变为舌尖元音［ʅ］。但在［ʂ］后，［i］没有变化，即［ʂi2］时。在 Hemeling 及所有后来的记录中，卷舌音后只有［ʅ］，不再有［i］出现。屈奈特系统卷舌音声母后的［i］与 16、17 世纪欧洲传教士转写系统中所反映出的早期官话的情形一致。屈奈特的记录反映了卷舌音后的［i］演变为［ʅ］的阶段。详见 Coblin（2000）。

y-这个元音被描述为像一个“抑窒沉闷的 i-音”（the damp or muggy i-sound/der dumpfe i-Laut）。指的就是舌尖元音，因此，IPA 为［ɿ、ʅ］。例如：［tsɿ3］子、［ts'ɿ4］刺、［sɿ3］死，［ʈʂi1 ~ ʈʂʅ1］之、［ʈʂ'i1 ~ ʈʂ'ʅ1］痴、［ʐiʔ5 ~ ʐʅʔ5］日。如前文所述，在屈奈特的系统中，［ʅ］不出现在［ʂ］后，［ʂ］后只有［i］。

o-该音据称如同德语 *Oper*、*Woge* 或者英文中 *no* 的 o，是一个“纯粹的 o”（pure o）①，IPA 音值为［o］。例如：［po1］波、［to1］多、［loʔ5］落。

① 译者注：基本元音 o。

o̲-带下画线的 o。该音据称大致类似 eŭ、öŭ 或 oŭ。其在今南京话中的对应音值是［əu］，因此，我们认为 IPA 音值当为［əw］，以反映屈奈特认为双元音中第二个音素较短的观点。例如：［məw2］谋、［ləw2］楼、［ʔəw3］偶。

ao-音类德文 *lau* 中的 au 或英文 *now* 中的 *ow*，因此，IPA 为［au］。据称它时常会变为［o］。这表明，它很可能经常被读为［ɔo］，也就是今天南京话中这个双元音的音值。例如：［lau3］老、［ʂau3］少、［p'au3］跑。

aï-发音有点像德文 *Laib* 或英文 *aisle* 中的 ai。IPA 为［aj］。现代南京话中，与该双元音对应的音读为［ae］。从屈奈特难以指出一个与之明确对应的德文或英文音来看，［ae］在那时很可能就已经出现了。例如：［taj4］代、［ts'aj2］财、［laj3］奶。

eï-e 后接上面带两点的 i。这个音与下面的双元音发音方式大致与莱茵兰地区的发音（Rheinlanders）一致，而不是标准德语。IPA 当为［ej］。例如：［pejʔ5］别、［t'ejn1］天、［sej3］写。

e̲ï-加下画线的 e 后接上面带有两点的 i。IPA 当为［ɛj］。例如：［tʂ'ɛj1］车、［jɛjn2］盐、［ʂɛjʔ5］舌。

a̰-下带波浪纹的 a。IPA 为［ã］。例如：［ʔã1］安、［t'ã1］汤、［lã2］兰。

ïa-IPA［ja］。该音据说只出现在-ng［ŋ］、-n［n］韵尾前，但这些鼻韵尾在屈奈特的系统中并不出现在［a］后。实际上，我们真正看到的是 -ïa̰（i 后接下带波浪纹的 a），相应的 IPA 是［jã］。

ïa̲-上面带有两点的 i 后接带下画线的 a。IPA 音值为［jɒ］。该音据说只能单独作韵母（喉塞音韵尾不计），而且只出现在由 ï 合并组成的辅音后，即舌面中音声母后。实际上，ïa̲ 在屈奈特的转写系统中从来没有以这种组合的形式出现过。我们所看到的都是 a̲［ɒ］直接出现在表示舌面中音的二合字母后。例如：［cɒ1～kjɒ1］加、［c'ɒʔ5～k'jɒʔ5］掐、［çɒ4～χjɒ4］夏。

ïo-IPA［jo］。例如：［tsjoʔ5］爵、［ljoʔ5］略、［joʔ5］乐。

ïo̲-上带两点的 i 后接带下画线的 o。IPA 为［jəw］。例如：［ljəw2］牛、［tsjəw3］酒、［jəw3］有。

ạ-下带圆点的 a。发音大致与 ŏa 类似。因此，IPA 为［wa］。屈奈特系统中的下标小圆点表示不同种类的圆唇音。在其 1894 年的文章中，他将所有有此特征的音列为一组，并命名为“闭合音”（closed sounds/geschlossene Laute），这与传统的合口呼似乎有对应之处。［wa］据说只出现在-ng［ŋ］、-n［n］韵尾前，但根据我们实际所看到的，这些辅音韵尾在屈奈特的系统中并不出现在［a］后，因此，我们将这一韵母归入下面的 a̱̣ 中。

a̱̣-下带画线及小圆点的 a。除在 f-声母后，发音均近似 ŏa̱，即［wɒ］。当位于 f-声母后时，其唇音成分与声母融合。例如：［wɒ3］瓦、［kwɒ1］瓜、［fɒʔ5］发、［ʈʂwɒ1］抓。

ẹ-下带圆点的 e。IPA 为［we］。例如：［ʔwen2］文、［ʔweŋ1］翁、［kwen3］滚。这个［we］音据说只出现在［n］、［ŋ］前，事实上并不都是如此，比较：［kweʔ5］国、［k'weʔ5］阔。

e̱̣-下带画线及圆点的 e。作为韵母，这个音据说很像 *u*［u］，但仔细考察之后，我们发现这个音实际上更像 oĕ̱，o 重读，ĕ̱ 几乎听不到。其可能的 IPA 音值为［ʊɛ̆］。例如：［k'ʊɛ̆3］苦、［lʊɛ̆4］路、［fʊɛ̆4］父。在［ŋ］韵尾前时，oĕ 后面的元音后滑音（final vocalic offglide）据说几近失掉，变得近似于 o。推测其描述的当为［ʊŋ］音。例如：［tʊŋ1］东、［kʊŋ1］工、［sʊŋ4］送。但有个例外，即在 f-声母后，圆唇成分 o 则完全消失，只剩下 e̱。例如：［fɛŋ1］风、［fɛŋ4］凤。

ịˈ-下带圆点的 i。据称发音接近 üï。因此，IPA 音值当为［yj］。例如：［cyj4～kjyj4］具、［c'yjʔ5～kjyjʔ5］曲、［çyj3～χjyj3］许。

ọ-下带圆点的 o。发音大致与 ŏo 类似。例如：［kwo3］果、［χwo3］火、［χwoʔ5］活、［ʂwoʔ5］说。

o̱̣-下带画线和小圆点的 o。据屈氏，该音的发音几近于 *u*［u］。只出现在声母为［f］的少数词语中，并与下带画线和小圆点的 e 相对立，后者我们记作［ʊɛ̆］，比较：［fʊɛ̆4］父、［fu4］妇。开音节中的这种对立，在后来的南京话记录中已经不见了。此外，“Buddha”一词，屈奈特也给出了两种对立的异读形式：［fuʔ5］～［fʊɛ̆ʔ］佛。这很有意思，因为明末清初一直到清中期，在欧洲传教士记录的南方官话中，也有相应的两种读法。例如，在金尼阁（Nicolas Trigault，1577-1628）的《西儒耳目资》（1626）以及万济国（Francisco Diaz，1606-1646）的 *Vocabulario de la Letra China*（《汉西字汇》，1640）中，我们发现 fó 佛也有两种读法 fŏ˙［fʊʔ］、foĕ［foɛ̆ʔ］，与屈奈特的记录一致。但其他情况下，在南京话和其他江淮方言中，他对［ʊɛ̆］、［u］又给出了相同的音，没有对立，因此，对于他做这种区分的原因，目前仍不清楚。

ạï-下带圆点的 a 后接上带两点的 i。据称，该音大致与 ŏaï 类似，因此，IPA 为［waj］。例如：［ʔwaj4］外、［kwaj4］怪、［ʂwaj1］衰。

ẹï-下带圆点的 e 后接上带两点的 i。音近 ŏeï，因此 IPA 为［wej］。例如：［ʔwej2］为、［kwej3］鬼、［ʂwej3］水、［c'wejn4～k'jwejn4］劝。据屈奈特，该韵母位于 f-后时，保留了基本特征，即圆唇的性质，因此，例如：［fwej1］飞。

ẹ̱ï-下带画线和圆点的 e 后接变音 i。发音大致类似 ŏe̱ï，因此 IPA 为［wɛj］。据说在入声音节中，该音听起来几乎就是 ŏe̱，即［wɛ］。该音首见于 Kühnert（1894），Kühnert（1898）再次将其列出，但仅在索引中出现一次，即［kjwɛjn4］卷。该词并不见于正文，正文中所有与之相关的同音异形词均转写作［kjwejn］（1898：236）。屈奈特后期有意废除了这个音，很明显，我们所看到的这一孤例是误留下的。

ïị-上面带两点的 i 后接下带圆点的 i。发音近似 ïüï，因此 IPA 为［jyj］。例如：［jyj2］鱼、［ljyj3］女、［sjyj1］须。

ïẹï-下带圆点的 e 夹在两个变音 i 之间。音近 iüeï，IPA 为［jyej］。例如：［jyejʔ5］月、［jyejn2］圆、［sjyejʔ5］雪、［ts'jyejn2］全。

ïẹ̱ï-下带画线及圆点的 e 夹在两个变音 i 之间。音近 iüe̱ï，IPA 为［jyɛj］。该音见于 Kühnert（1894，1898）。但在 1898 年的正文音节表中并没有该音，我们能见到的只有［jyej］。因此，例如，1894 年的“［ts'jyɛjn2］全”在 1898 年的文章中由［ts'jyejn2］取代等。

ạ̰-元音 a 下带波浪线及圆点。发音同闭音［a］，并带有类似法语中鼻化音（“closed” *a* with French-like nasalization）的成分，亦大致同 ŏa̰，IPA 为［wã］。例如：［ʔwã2］王、［kwã1］官、［lwã3］暖。

四　声调系统

Kühnert（1898：8-9）对南京话中的五个声调描述如下：

1. 上平——“音高不变的基本声调”。标长音符/平调符。这是一个调值不明的平声调。

2. 下平——“上扬调，升至一定的高度后再降到原点”。标扬抑符，为扬抑调。

3. 上声——“用一定力度上升至一个比第二声更高的高度，然而突然爬升”。标尖音符（acute accent）[①]，上升调。

4. 去声——“从一个更高的音阶发出，声音响亮，后迅速下降并急速减弱，直至渐行渐远、消失不见”。标抑音符，去声调。

5. 入声——“在最高的位置发音，而后声带快速闭合，戛然而止”。音节末尾标送气音符号（*spiritus asper* sign）。在五度标记法中为音高为 5 的入声。

可以将屈奈特对南京声调的描述与早期的 Edkins（1864：18）和后来的 Hemeling（1907：4）、Chao（1929）、刘丹青（1994）进行比较。也可以进一步将其与 17 世纪欧洲传教士对南方官话声调调值的描述相比较。鉴于此类研究已在作者另一篇文章（Coblin，1996）中讨论过，这里将不再赘述。

结　论

作为公认的与明清南方官话关系最为密切的方言，南京方言的历时研究具有特殊的意义。此外，南京方言历来是长江流域地区的标准语，也是该地区很多方言借词的来源。Edkins（1864）对当时的南京语音做了零星讨论，而屈奈特的研究则是目前所知对南京语音系统进行全面描写的最早记录。因此，无论对于南京方言还是整个江淮方言的历时研究都具有非常重要的意义。要使用屈奈特的转写系统并不容易，但只要仔细处理，无疑会帮助我们更好地了解 19 世纪晚期的南京语音系统。从这一点来看，屈奈特的著作是非常值得认真加以研究的。

参考文献

鲍明炜：《六十年来南京方音向普通话靠拢情况的考察》，《中国语文》1980 年第 4 期。

---

① 即普通话二声的符号。

von Brücke, Ernst Wilhelm. 1856. *Gründzüge der Physiologie und Systematik der Sprachlaute für Linguisten und Taubstummenlehrer*. Wien: C. Gerold's Sohn.

von Brücke. 1863. *Neue Methode der phonetischen Transcription*. Wien.

Chao, Y. R. 1929. 南京音系. 科学 13. 1005-1036。

Coblin, W. South. 1996. "Tone and Tone Sandhi in Early Q1ing Gu1anhu4a," *The Yuen Ren Society Treasury of Chinese Dialect Data* 2. 43-57.

Coblin, W. South. 1997. "Palatalization of Velars in the Nanking Dialect," *BSOAS* 60. 533-537.

Coblin, W. South. 2000. "Late Apicalization in Nankingese," *Journal of Chinese Linguistics* 28. 52-66.

Diaz, Francisco. ca. 1640. "Vocabulario de la letra China con la explicacion hecho con gran propriedad y abundancia de palabras por el Padre F. Francisco Diaz de la orden de Predicatores ministro inconsable in esto Reyno de China," (598 pp.). Ms. held by the Biblioteka Jagiellonska, Krakow.

Edkins, Joseph. 1864. *A Grammar of the Chinese Colloquial Language, Commonly called the Mandarin Dialect*. Shanghai: Presbyterian Mission Press.

Führer, Bernhard. 2001. *Vergessen und Verloren. Die Geschichte der österreichischen Chinastudien*. Bochum: Projekt-Verlag.

Hemeling, Karl Ernst Georg. 1907. *Die Nanking Kuanhua*. Göttingen: W. Fr. Kaestner.

Kühnert, Franz. 1888. "Über einige Lautcomplexe des Shanghai-Dialektes," *Sitzungsberichte der Philosophisch-Historischen Classe der Kaiserlichen Akademie der Wissenschaften, Wien* 116. 235-249.

Kühnert, Franz. 1893. "Einige Bemerkungen über die Sh 1 eng im Chinesischen und den Nanking-Dialect," *Wiener Zeitschrift für Kunde des Morgenlandes*, 7. 302-310.

Kühnert, Franz. 1894. "Die chinesische Sprache zu Nanking," *Sitzungsberichte der Philosophisch-Historischen Classe der Kaiserlichen Akademie der Wissenschaften, Wien* 131. Abhandlung VI, 1-38.

Kühnert, Franz. 1898. *Syllabar des Nankingdialektes Oder der Correkten Aussprache Sammt Vocabular*. Wien: Alfred Hölder.

刘丹青:《〈南京方言词典〉引论》,《方言》1994 年第 2 期。

Pulleyblank, E. G. 2007. "Review of Coblin," *A Handbook of Phags-pa Chinese. BSOAS* 70. 627-629.

Schram, Robert. 1920. "Anzeige des Todes von Franz Emanuel Kühnert," *Astronomische Nachrichten* 210. 295.

Trigault, N., 1626,《西儒耳目资》, 文奎堂 1933 年再版。

清代汉儿言语语音表象初探*

杨春宇

（辽宁师范大学文学院，大连，116029）

提　要：“汉儿言语”体现了近代北方汉语的阿尔泰化进程。在其历时的表象中，清代“汉儿言语”积淀较深、发展充分、堪为典型。在语音、词汇、语法方面异彩纷呈。除大量存在的满汉合璧词及语法方面的表现外，语音层面的满汉接触与融合亦不容忽视。本文旨在围绕满语皇本子《御制增订清文鉴》、京本子《清文启蒙》等清代满语资料及东北官话方言底层映射表象，试从语音方面进行分析。

关键词：北方汉语的阿尔泰化；满语资料；清代汉儿言语；东北官话底层映射；语音接触

序　言

中国是一个统一的多民族国家。历史上肇始于原始华夏族与周边的南蛮、北狄、西戎、东夷所构筑的五方之民和合共处的格局，俨然成了中华社会的元秩序。从这种“和而不同”的社会元秩序衍发开去，便获得了“化天下”的普遍意义。大而言之，筑就“天下大同”“一带一路人类命运

* 本文为国家社科基金一般项目“幽燕长城地带北方话的汉儿言语底层研究”（20BYY051）；国家社科基金重点项目“长城地带北方话语言接触底层的若干个案研究”（20AZD126）；文件检验鉴定公安部重点实验室开放课题“辽宁方言重叠式研究与数据库建设”（2020KFKT10）部分成果。曾在中国音韵学研究高端论坛（济南：山东师范大学文学院，2020 年 11 月）口头发表，感谢与会学者的批评指正。

共同体”的世界和谐；小而言之，与各族逐鹿中原、长城内外的力量消长相伴，成就着语言的接触与融合。五胡乱华，不但促进了北方阿尔泰民族间的语言融合，而且亦成就了北方汉语的动态发展。汉语南北分治，北方汉语南下，西部南匈奴汉化自不必说；东北亚作为北方游牧、渔猎与农耕文化的交融之地，长期以来更不乏汉语与周边的丁零、乌桓、鲜卑、契丹、渤海、蒙古、女真、满族等语言的接触，其间或发生系统感染，或发生替代融合，使得北方汉语首先发生阿尔泰化，如系列《华夷译语》、明四夷馆，反映了近古语言接触的事实。但是，长城内外的北方话一直支撑着现代汉民族共同语的基础方言。事实上，夹杂着“胡言夷语”的北方话，如果缺少语言接触视角的分析，对汉语史的研究来说是不无缺憾的。

一般说来，阿尔泰语系包含蒙古语族、突厥语族、满-通古斯语族。研究史上亦曾有过与乌拉尔语族、韩语、日语的属系关系的争议。芬兰学者兰司铁从 1902 年起，写了许多揭示阿尔泰语族之间共同语法成分和重要语音对应关系的论文，后由其学生阿尔托荟萃编辑为《阿尔泰语言学导论》一书，奠定了阿尔泰语言学研究的基础。美国学者波普以其研究实绩维护着阿尔泰语系语言同源论的观点，其《阿尔泰语比较语法》在许多专题比较研究的基础上，把探索同源词和建立音变规律的工作向前推进了一步。波兰学者科特维奇的《阿尔泰诸语言研究》探索每个语族的语言历史、揭示 3 个语族之间一些共同词和语法成分以及一些语音对应规律，并得出这些语言非同出一源，而是历史上彼此间互相影响的结果。

阿尔泰语系在中国主要分布在新疆、甘肃、青海、内蒙古和东北诸省。2019 年 7 月 21 日国务院新闻办公室发布了《新疆的若干历史问题》白皮书，旗帜鲜明地提出“新疆地区从汉代开始就已正式成为中国版图的一部分，它从来就不是什么‘东突厥斯坦’，维吾尔人尽管使用突厥语族语言，但也并非突厥人后裔”。可见，语言问题与社会政治问题息息相关。

在汉语史研究领域，国外学者较早注意到了北方汉语与阿尔泰语言接触问题。日本学者太田辰夫 1954 年发表的《关于汉儿言语——试论白话发展史》，桥本万太郎以《〈掌中珠〉和西夏文、汉文对音研究的方法》(1961)、80 年代的《语言地理类型论》等为代表，提出了“北方汉语阿尔泰化”的问题，这些研究可谓开“汉儿言语”研究之先河。国内学者江蓝生的《汉儿言语特点与余绪》(2011)、《也说“汉儿言语”》(2013) 认为：北朝“汉儿”不以血统论，泛指中国北方的汉人和汉化了的北方民族，与此相对，南方的汉人被称作“吴儿”。唐朝、日本沿用自南北朝至唐五代间形成的“吴、汉”的区别。“汉儿、汉人”所指相同，只有雅俗之别。江先生还注意到了近代汉语、西北方言中“汉儿言语”的诸多特点。刘丹青《语言学对汉语史研究的期待》（2017）提及了元代汉儿言语、八旗语言生态的问题。此外，李崇兴、祖生利、丁勇的《元代汉语语法研究》（2009）；遇笑容、曹广顺、祖生利的《汉语史中的语言接触问题研究》（2010）涉及了汉儿言语语法比较等相关问题。沈钟伟的《辽代北方汉语方言的语音特征》（2006）、傅林的《契丹语和辽代汉语及其接触研究》（2013、2019）等展示了东北民族间语音接触研究的广阔前景；张或彧的《元代汉儿言语的交际价值和文化价值》（2015）对汉儿言语功能进行探索；此外，杨春宇的《辽宁方言语音研究》（2010）、《东北官话方言特征词例释》（2016）、《扬雄〈方言〉所见的幽燕方言》（2015）、《关于渤海国的“汉儿言语”》（2017）等从研究东北官话史的视角，认为东北官话经历了幽燕方言—汉儿言语—东北及北京官话—东北官话的历史嬗变，触及了汉儿言语词汇研究的一些问题。这些先行研究虽反映了北方汉语与阿尔泰语言接触中汉儿言语的研究实绩，但从汉语史视角，其特点与表现亟须学界进一步揭示。

近来，随着国家语保工程的全面铺开，对汉语方言、少数民族语言调查逐渐深入，关涉西北、山西方言的研究已成绩斐然；对北京官话、东北官话、大河北方言等的研究亦可圈可点，但总体从语言接触视角深入探讨长城内外北方汉语的阿尔泰化问题，剖析汉语胡化、胡语汉化研究仍较为鲜见。

而实际上，《木兰辞》及北宋郭茂倩编《乐府诗集》所收录的《匈奴歌》《敕勒歌》等流传的北朝民歌中，留下了焉支山、祁连山等匈奴语及鲜卑语的痕迹。北朝《折杨柳歌辞》就有“我是虏家儿，不解汉儿歌”的歌词。北宋徐梦莘《三朝北盟会编》描述了北方各民族杂处的语言状态。《辽史》有“汉儿”“汉儿司”“汉儿枢密”的区分。元代陶宗仪《南村辍耕录》载汉人分“契丹、高丽、女真、竹因歹、术里阔歹、竹温、竹亦歹、渤海”八种，使我们了解了北方语言接触及“汉儿”的复杂构成。朝鲜半岛发现的元代古本《老乞大》记载“如今朝廷一统天下，世间用着的是汉儿言语……过的义州，汉儿田地里来，都是汉儿言语”。明代系列《华夷译语》及其研究直接揭示了北方汉语与诸多少数民族语言的接触状况。从清代皇本子《御制增订清文鉴》到京本子《清文启蒙》亦可窥见满式汉语的发展历程。今天的东北方言更是典型地体现着北方汉语与少数民族语言接触融合的表象与类型特征，如该地域“医巫闾”“珣玗琪”“蹀躞”“蹴鞠”“哈尔滨”“乌苏里江”“嘁哩咔嚓”“忽而哈赤”“磨磨叽叽”等构词、构形特点抑或彰显着东北汉儿言语的一斑。这些杂糅的“汉儿言语”所呈现的语言事实亟须学界发掘与阐释。

从现代中有传统、语言与社会关系的意义上，本文从探索满汉语言接触和“满式汉语”的问题入手，期待剥离出清代汉语语音中的满语成分，深化汉语史的研究，探索北方草原丝路形态及其在语言接触方面的表现，为该地域“一带一路”现代发展提供历史和传统文化的支撑，进而指导北方长城内外的语言生态资源科学而有效的开发与利用。

一　满语发展本身折射着北方满-通古斯语言接触的影子

在阿尔泰语系发展演变中，满-通古斯语族的演变可从肃慎、挹娄、勿吉、靺鞨、女直、满珠的族系族名演变中窥见一斑。肃慎亦作“息慎”“稷慎”，与汉语的接触音转当从肃慎贡矢开始。反映着阿尔泰语与汉语春秋战国时代辅音音丛 s、x、ɕ、tɕ、$tɕ^h$ 的演变链。而“挹娄”一词，含义有两说：其一音近通古斯语“鹿”，为鹿之义；其二，与满语“叶鲁”音近，为岩穴之穴的意思。挹娄族因被夫余奴役，与夫余语亦有接触融合关联。勿吉族始见于南北朝，但族名和族源悠久。秦以前的居就，秦汉之际的夫余、沃沮、隋唐以后的乌惹、兀的改、斡拙、吾者、如者、乌稽、窝集之类的氏族、部落、民族的名称，与勿吉均有关联。勿吉源于诸稽，是“窝集”的转音，满语为森林之义，东北人叫“树窝子”。勿吉人，就是林中人。隋唐时的靺鞨族本作“靺羯”，亦该是勿吉之音转。加之在满-通古斯语的发展演变过程中，匈奴语、东胡语、蒙古语、突厥语、藏语、汉语均对其施加影响，这一点或不可小觑。但由于肃慎到满珠在东北的地域世居性，特别是汉字文化的向心影响，使得这些少数民族的质子贵族，或是汉人的后裔遗族，在朝贡、互市等语言生活中相互妥协交际，我们认为其成就的便是东北汉语与土著少数民族接触混合形成的汉儿言语，这些特征或可从清朝满语文献中发掘出来。

二 皇本子《御制增订清文鉴》语音表现

1. 关于系列《清文鉴》史料

有清一代的天子，早已预见了满语的末路哀歌。因为随着入关步伐的加快，满语的国语地位最终将被汉语所取代。因此，从康熙“但恐后生子弟渐习汉语，竟忘满语”开始制定了满语单体的《御制清文鉴》（康熙四十七年），后雍正、乾隆等朝，无不效仿承袭，于是成就了《御制满洲、蒙古合璧清文鉴》（康熙五十六年），《御制满蒙文鉴》（乾隆八年），《御制增订清文鉴》（乾隆三十六年），《御制满珠、蒙古、汉字三合切音清文鉴》（乾隆四十五年），《御制四体清文鉴》（乾隆五十九年），《御制五体清文鉴》（乾隆五十六年）。除此之外，据笔者调查，尚有《音汉清文鉴》（雍正十三年）、《一学三贯清文鉴》（乾隆十一年）、《四体合璧清文鉴》（成书年代待考）、《满洲蒙古兼汉清文鉴》（成书年代待考）、朝鲜李朝谚文对音《汉清文鉴》、日本长崎唐通事《翻訳清文鉴》等存世。[①] 这一系列的《清文鉴》，成为后世了解满族文化的绝好资料和百科全书。

其中在满语历史上，堪称“皇本子”的乾隆三十六年编撰的《御制增订清文鉴》，反映了编制满语词典的倾力与匠心。《御制增订清文鉴》（1771）由正编 32 卷、补篇 4 卷组成，各卷之初有《清文鉴》康熙原序、乾隆序、“兼写三合汉字十二字头”。其“增订”体现在满汉合璧和个别词条；语音基础是在兴京（抚顺新宾）、东京（辽阳）、盛京（沈阳）一带的东北音，其三合切音，根据乾隆“可有音无字”的原则编撰，被公认为是“没错儿”的皇本子。可以此分析推测地道的满语文语音。本文所用资料为多版本校订的中岛干起等《电脑处理〈御制增订清文鉴〉》（1999）。[②] 选用该资料是因为其以前的清文鉴，反映的是满蒙合璧的语言事实，而《御制增订清文鉴》则最好地反映了清代语言政策规划由“满蒙合璧”向“满汉合璧”的转变。揭示了“汉儿言语”满汉合璧词从语音上可捕捉、可把握的程度。

---

① 杨春宇：《社会语言学视点下的清代汉语与其他言语的对音研究——以日本近世唐音资料・满语资料・罗马字资料为中心》，辽宁师范大学出版社，2017，第 256 页。

② 〔日〕中岛干起等：《电脑处理〈御制增订清文鉴〉》，东京外国语大学、国立亚非语言文化研究所，1999。

2. 关于《清文启蒙》

雍正朝的《满汉字清文启蒙》（1730）全 4 卷，本文作《清文启蒙》。卷一卷首有程明远序，各卷卷首书有“长白舞格寿平著述、钱塘程明远佩和校梓”。第一卷主要是十二字头。这十二字头由于反映了清初北京满语的口语音，具有“杂合面儿”的性质，通称为“京本子”。该资料在满语发展史上具有重要作用，当然更是我们分析清代满汉接触的汉儿言语的绝好资料。

3. 满语十二字头音值拟测

众所周知，满族在东北因长期与汉族杂居，满语也曾在辽、金两代与中原汉语交流融合。特别是 1632 年以降，创制了有圈点满文，由于特殊辅音的增加，入关后满语被逐渐汉化。基于这种考虑，本文拟测反映的是汉化后的满语音值。

本文综合各前贤拟测的满语十二字头音值，拟测汉化后的满语音值，详见表 1。

表 1 满语十二字头音值拟测

满洲语音系		服部四郎、山本谦吾[①]	池上二良[②]	河内良弘、清濑义三郎则府[③]	季永海、刘景宪、屈六生[④]	乌拉熙春[⑤]	赵杰[⑥]	杨春宇[⑦]
元音	a	[a]	[a]	[a]	[ɑ]	[ɑ]	[ɑ]	[ɑ]
	e	[ə/ɜ]	[ə]	[ə]	[ə]	[ə]	[ə]	[e/ə]
	o	[o]	[o]	[o]	[o]	[ɔ]	[o]	[o]
	i	[i]	[i]	[i]	[i]	[i]	[i]	[i]
	u	[u]	[u]	[u]	[u]	[u]	[u]	[u]
	ū	[ɷ]	[o/u]	—	[ɔ]	[ɷ]	[ɷ]	[ɷ]
辅音	n	[n/ɲ]	[n]	[n]	[n]	[n]	[n]	[n/ɲ]
	k+	[q]	[qʻ]	[q]	[qʻ]	[kʻ]	[qʻ]	[qʻ/kʻ]
	g+	[G]	[G̥]	[ɣ]	[q]	[k]	[q]	[q/k]
	h+	[χ]	[h]	[χ]	[χ]	[x]	[χ]	[χ/x]
	k-	[k]	[kʻ]	[k]	[kʻ]	[kʻ]	[kʻ]	[kʻ]
	g-	[g]	[g̊]	[g]	[k]	[k]	[k]	[k]
	h-	[x]	[x]	[x]	[x]	[x]	[x]	[x]
	b	[b]	[b̥]	[b]	[p]	[p]	[p]	[p]
	p	[p]	[pʻ]	—	[pʻ]	[pʻ]	[pʻ]	[pʻ]
	s	[s/ʃ]	[s]	[s/ʃ]	[s]	[s]	[s]	[s/ʃ]

续表

满洲语音系		服部四郎、山本谦吾[①]	池上二良[②]	河内良弘、清濑义三郎则府[③]	季永海、刘景宪、屈六生[④]	乌拉熙春[⑤]	赵杰[⑥]	杨春宇[⑦]
辅音	š	[ʂ]	[ʂ]	[ʃ/ʂ]	[ʂ]	[ʂ]	[ʂ]	[ʃ/ʂ]
	d	[d]	[d̥]	[d]	[t]	[t]	[t]	[t]
	t	[t]	[t‘]	[t]	[t‘]	[t‘]	[t‘]	[t‘]
	l	[l]	[l]	—	[l]	[l]	[l]	[l/ɭ]
	m	[m]	[m]	—	[m]	[m]	[m]	[m]
	j	[ʤ/ʥ]	[d̥ʒ/d̥ʐ]	[ʤ]	[ʈʂ]	[ʈʂ]	[ʈʂ]	[tʃ/ʈʂ]
	c	[tʃ]	[tʃ/ʈʂ‘]	[tʃ]	[ʈʂ‘]	[ʈʂ‘]	[ʈʂ‘]	[tʃ‘/ʈʂ‘]
	y	[j]	[j]	—	[j]	[j]	[j]	[j]
	r	[r/ɻ]	[r]	—	[r]	[r]	[r]	[r/ɾ]
	f	[f]	[f]	—	[f]	[f]	[f]	[f]
	w	[v]	[v]	—	[v]	[w]	[v]	[w]
	ng	[ŋ]	—	—	[ŋ]	[ŋ]	[ŋ]	[ŋ]
	’	[ʔ]	—	—	—	—	—	—
特殊辅音	k̇	[ḱ‘]	[k‘]	[k]	[k‘]	[k‘]	[k‘]	[k‘]
	ġ	[ǵ̥]	[g̊]	[g]	[k]	[k]	[k]	[k]
	ḣ	[x́]	[x]	[x]	[x]	[x]	[x]	[x]
	dz	[d̥́ź]	[d̥z]	[dz]	[ts]	[ts]	[ts]	[ts]
	dz-i	[d̥́źɿ]	[d̥zɿ]	[dzɯ̈]	[tsɿ]	[tsɿ]	[tsɿ]	[tsɿ]
	ṫs	[t́ś]	[ts‘]	[ts]	[ts‘]	[ts‘]	[ts‘]	[ts‘]
	tsi	[t́śɿ]	[dzɿ]	[tsɯ̈]	[ts‘ɿ]	[ts‘ɿ]	[ts‘ɿ]	[ts‘ɿ]
	ž	[ʒ]	[ʐ]	[ʒ]	[ʐ]	[ʐ]	[ʐ]	[ʐ]
	ž-i	[ʒi]	[ʐi]	—	[ʐʅ]	[ʐ]	[ʐʅ]	[ʐʅ]
	jy	[ḍʒï]	[d̥ʐï]	[dzi]	[ʈʂʅ]	[ʈʂʅ]	[ʈʂʅ]	[ʈʂï]
	ċy	[ṭʃï]	[ʈʂï]	[tsi]	[ʈʂ‘ʅ]	[ʈʂ‘ʅ]	[ʈʂ‘ʅ]	[ʈʂ‘ï]
	sy	[sɯ̈/ʃï]	[sɯ̈]	[sɯ̈]	[sɿ]	[sɿ]	[sï]	[sï]
	ši	—	—	—	—	—	—	[ʂʅ]

①〔日〕服部四郎、山本谦吾:《満州語口語の音韻の体系と構造》,《言語研究》1956 年第 30 期。特殊子音部分见服部四郎《満州語音韻史のための一資料》,载《服部四郎論文集Ⅰ》,三省堂,1986,第 68~87 页。

②〔日〕池上二良:《満州語研究》,汲古书院,1999,第 438 页。

③〔日〕河内良弘、清濑义三郎则府编著《満州語文語入門》,京都大学学术出版会,2002。

④季永海、刘景宪、屈六生:《满语语法》,民族出版社,1986。

⑤爱新觉罗・乌拉熙春编著《满语语法》,内蒙古人民出版社,1983,第 1~3 页。

⑥赵杰:《现代满语研究》,民族出版社,1989。

⑦杨春宇:《社会语言学视点下的清代汉语与其他言语的对音研究——以日本近世唐音资料・满语资料・罗马字资料为中心》,辽宁师范大学出版社,2017。

由表 1 可以看出，第一，满语元音有阳性元音 a、o、ū，中性元音 i、u，阴性元音 e 的区别。语流中满语有元音和谐的特征。迄今对 ū 的音值拟测略有差异，本文拟测为 [ɷ]。

第二，k，g，h 三个辅音也有阴性、阳性的区别。本文以 k+，g+，h+表阳性，k-，g-，h-表阴性辅音，k̇、ġ、ḣ 表特殊辅音。原本互补分布的三组音在入关后的满语中几乎变得相同，我们分别拟测为 [q‘/k‘]、[q/k]、[χ/x]，[k‘]、[k]、[x]，[k‘]、[k]、[x]。

第三，特殊辅音原本是为汉字等外字字音的转写而作，本文将其拟测为与汉语音值相同。而且 tsi、dzi、ži、jy、ċy，sy，ši 等特殊辅音各呈现的是 [-ï] 前形，与原无圈点满文不同。

第四，本文认为阴性元音 e，有 [e]、[ə] 两个音值。理由见后。

第五，本文对字母 l 在 amala（后）bele（米）等词头形、词中形时，记为 [l]；在 ilha（花）、galman（蚊）、ulhū（芦苇）等词尾形时，记为 [ɭ]。

三　皇本子《御制增订清文鉴》与京本子《清文启蒙》语音对比

为了管窥两种本子的区别，我们把调查资料抽出 1~3 个字头进行比较，详见表 2。

表 2　皇本子《御制增订清文鉴》与京本子《满汉字清文启蒙》语音对比

十二 字头	京本子 《清文启蒙》（1730）	皇本子 《御制增订清文鉴》（1771）
第一 字头 -[Ø] 47 句 131 字	no 挪（奴窝切）[no] =nū 挪 [nɷ] be 拨 [pə] =bo 拨 [po] =bū 拨 [pɷ] pe 坡 [p‘ə] =po 坡 [p‘o] =pū 坡 [p‘ɷ] so 梭 [so] =sū 梭 [sɷ] šo 说 [ʂo] =šū 说 [ʂɷ] lo 啰（龙窝切）[lo] = lo 啰（龙窝切）[lɷ] me 摸 [mə] =mo 摸 [mo] =mū 摸 [mɷ]	no 傩鄂 [no] ≠nū 懦谔 [nɷ] be 伯额 [pə] ≠bo 玻鄂 [po] ≠bū 播鄂 [pɷ] pe 珀额 [p‘ə] ≠po 坡鄂 [p‘o] ≠pū 泼谔 [p‘ɷ] so 莎谔 [so] ≠sū 索谔 [sɷ] šo 硕鄂 [ʂo] ≠šū 朔谔 [ʂɷ]

续表

十二字头	京本子 《清文启蒙》（1730）	皇本子 《御制增订清文鉴》（1771）
第一字头 -［ø］ 47 句 131 字	tso 绰（冲窝切）［tʂ‘o］ =tsū 绰（冲窝 切）［tʂ‘ɷ］ dzo 拙［tʂo］=dzū 拙［tʂɷ］ yo 哟（雍窝切）［jo］ =yū 哟（雍窝切）［jɷ］ fe 佛（风哦切）［fə］=fo 佛（风窝切）［fo］=fū 佛（风窝切）［fɷ］ ki 欺［k‘i］ gi 鸡［ki］ hi 稀［xi］ ro 啰（龙窝切）［ɾo］=rū 啰（龙窝切）［ɾɷ］	lo 罗鄂［lo］≠lo 洛谔［lɷ］ me 墨额［mə］≠mo 摩鄂［mo］≠mū 幕谔［mɷ］ tso 绰鄂［tʂ‘o］≠tsū 辍谔［tʂ‘ɷ］ dzo 卓鄂［tʂo］≠dzū 镯谔［tʂɷ］ yo 岳鄂［jo］≠yū 约谔［jɷ］ fe 弗额［fə］≠ fo 佛鄂［fo］≠ fū 拂谔［fɷ］ ki 期伊［k‘i］ gi 基伊［ki］ hi 希伊［xi］ ro 啰鄂［ro］≠rū 虏谔［rɷ］
第二字头 -［i］ 46 句 124 字	oi 威［oi］=ui 威［ui］ =ūi 威［ɷi］=wei 威［wəi］ noi 挪衣切［noi］=nūi 挪衣切［nɷi］ kai 开［k‘ai］=k̇ai 开［k‘ai］ gai 该［kai］=ġai 该［kai］ hai 咳［xai］=ḣai 咳［xai］ koi 盔［q‘oi］=kūi 盔［q‘ɷi］ =kui 盔［k‘ui］=k̇ui 盔［k‘ui］ goi 规［qoi］=gūi 规［qɷi］ =gui 规［kui］=ġui 规［kui］ hui 灰［χoi］=hūi 灰［χɷi］ =hui 灰［xui］=ḣui 灰［xui］ bei 杯［pəi］=boi 杯［poi］ =bui 杯［pui］=būi 杯［pɷi］ pei 醅［p‘əi］=poi 醅［p‘oi］=pui 醅［p‘ui］=pūi 醅［p‘ɷi］ soi 虽［soi］=sui 虽［sui］ =sūi 虽［sɷi］ šoi 说衣切［ʂoi］=šūi 说衣切［ʂɷi］ toi 推［t‘oi］=tui 推［t‘ui］ dui 堆［toi］=dui 堆［tui］ loi 啰衣切［loi］=lūi 啰衣切［lɷi］ mei 摸衣切［məi］=moi 摸衣切［moi］ =mūi 摸衣切［mɷi］	oi 鄂衣［oi］≠ui 乌衣［ui］ ≠ūi 谔衣［ɷi］≠wei 倭额衣［wəi］ noi 傩鄂衣［noi］≠nūi 懦谔衣［nɷi］ kai 喀阿衣［k‘ai］≠k̇ai 卡阿衣［k‘ai］ gai 噶阿衣［kai］≠ġai 嘎阿衣［kai］ hai 哈阿衣［xai］≠ḣai 隰阿衣［xai］ koi 科鄂衣［q‘oi］≠kūi 轱乌衣［q‘ɷi］ ≠kui 枯乌衣［k‘ ui］≠k̇ui 稞鄂衣［k‘ui］ 锅鄂衣［qoi］≠觚乌衣［qɷi］≠沽乌衣［kui］ ≠ġui 郭鄂衣［kui］ 和鄂衣［χoi］≠呼乌衣［χɷi］≠祜乌衣［xui］≠ḣui 豁鄂衣［xui］ bei 伯额衣［pəi］≠ boi 玻鄂衣［poi］ ≠bui 补乌衣［pui］≠ būi 播谔衣［pɷi］ pei 珀额衣［p‘əi］≠poi 坡鄂衣［p‘oi］≠pui 铺乌衣［p‘ui］≠pūi 泼谔衣［p‘ɷi］ soi 莎谔衣［soi］≠sui 苏乌衣［sui］ ≠sūi 索谔衣［sɷi］ šoi 硕鄂衣［ʂoi］≠šūi 朔谔衣［ʂɷi］ toi 陀鄂衣［t‘oi］≠ tui 图乌衣［t‘ui］ doi 多鄂衣［toi］≠ dui 都乌衣［tui］ loi 罗鄂衣［loi］≠lūi 洛谔衣［lɷi］ mei 墨额衣［məi］≠moi 摩鄂衣［moi］ ≠mūi 幕谔衣［mɷi］

续表

十二 字头	京本子 《清文启蒙》（1730）	皇本子 《御制增订清文鉴》（1771）
第二 字头 -［i］ 46 句 124 字	coi 吹［tʂʻoi］=cui 吹［tʂʻui］ =cūi 吹［tʂʻɷi］ joi 追［tʂoi］=jui 追［tʂui］ =jūi 追［tʂɷi］ yoi 哟衣切［joi］=yūi 哟衣切［jɷi］ kii 欺衣切［kʻiː］ gii 鸡［kiː］ hii 稀［xiː］ roi 啰衣切［ɾoi］=rūi 啰衣切［ɾɷi］（颤音） fei 飞［fəi］=foi 飞［foi］ =fui 飞［fui］=fūi 飞［fɷi］ tsoi 崔［tsʻoi］=tsui 崔［tsʻui］ dzoi 嘴［tsoi］=dzui 嘴［tsui］	coi 绰鄂衣［tʂʻoi］≠ cui 初乌衣［tʂʻui］ ≠ cūi 辍谓衣［tʂʻɷi］ joi 卓鄂衣［tʂoi］≠jui 诸乌衣［tʂui］ ≠jūi 镯谓衣［tʂɷi］ yoi 岳鄂衣［joi］≠yūi 约谓衣［jɷi］ kii 期伊衣［kʻiː］ gii 基伊衣［kiː］ hii 希伊衣［xiː］ roi 啰鄂衣［roi］≠rūi 虏谓衣［rɷi］（颤音） fei 弗额衣［fəi］≠foi 佛鄂衣［foi］ ≠fui 扶乌衣［fui］≠ fūi 拂谓衣［fɷi］ tsoi 磋额衣［tsʻoi］≠tsui 粗乌衣［tsʻui］ dzoi 挫鄂衣［tsoi］≠ dzui 租乌衣［tsui］ kioi 期乌衣［kʻiʉ］ gioi 基乌衣［kiʉ］ hioi 希乌衣［xiʉ］ cioi 緀乌衣［tʃiʉ］ jioi 齐乌衣［tʃʻiʉ］ sioi 西乌衣［ʃiʉ］ ioi 伊乌衣［iʉ］ nioi 尼乌衣［niʉ］ lioi 礼乌衣［liʉ］
第六 字头 -［k］ 40 句 120 字	ok 窝坷［ok］=ūk 窝坷［ɷk］ sik［单 sik］：诗坷/西坷［联ʂïk/ʃïk］ kik［kʻik］（咬字念） gik［kik］（咬字念） hik［xik］（咬字念） rak［ɾak］（滚舌念） rek［ɾek］（滚舌念） rik［ɾik］（滚舌念） rok［ɾok］（滚舌念） ruk［ɾuk］（滚舌念） rūk［ɾɷk］（滚舌念）	ok 鄂克［ok］≠ūk 谓克［ɷk］ ［sik］：sik 西伊克［sïk］ kik 期伊克［kʻik］ gik 基伊克［kik］ hik 希伊克［xik］ rak 喇阿克［rak］ rek 哷额克［rek］ rik 哩伊克［rik］ rok 罗鄂克［rok］ ruk 鲁乌克［ruk］ rūk 嚧谓克［rɷk］

续表

十二字头	京本子 《清文启蒙》（1730）	皇本子 《御制增订清文鉴》（1771）
第七字头 -［s］ 40句 120字	os 窝思［os］=ūs 窝思［ɷs］ sis［单 sis］：诗思/西思［联ʂïs/ʃïs］ kis［k‘is］（咬字念） gis［kis］（咬字念） his［xis］（咬字念） ras［ɾas］（滚舌念） res［ɾes］（滚舌念） ris［ɾis］（滚舌念） ros［ɾos］（滚舌念） rus［ɾus］（滚舌念） rūs［ɾɷs］（滚舌念）	os 鄂斯［os］≠ūs 谔斯［ɷs］ ［sis］：sis 西伊斯［sïs］ kis 期伊斯［k‘is］ gis 基伊斯［kis］ his 希伊斯［xis］ ras 喇阿斯［ras］ res 哷额斯［res］ ris 哩伊斯［ris］ ros 罗鄂斯［ros］ rus 鲁乌斯［rus］ rūs 噜谔斯［rɷs］

说明：从这两种十二字头分析看来，《御制增订清文鉴》（1771）的刊行虽然比《清文启蒙》（1730）晚，但作为《御制清文鉴》（1673）的增订本，其音系由三合切音构成是规范的满语正音标准，具有满语文语音的性质。而相对的《清文启蒙》音系，因为受到汉语北京音的同化影响，可谓是当时满语北京口语音的代表。两者的不同大体上相当于汉语官话正音与官话代表方言点口语音的关系。具体表现在：

第一，e，o，u，ū 合流与否问题。

“京本子”与“皇本子”的不同，主要是元音 e，o，u，ū 合流与否。从《清文启蒙》看，这种合流分三种情况。

（1）noi = nūi = ［nɷi］　　toi = tui = ［t‘ui］

dui = dui = ［tui］　　loi = lūi = ［lɷi］

yoi = yūi = ［jɷi］　　šoi = šūi = ［ʂɷi］

tsoi = tsui = ［ts‘ui］　　dzoi = dzui = ［tsui］

（2）coi = cui = cūi = ［tʂ‘ui］　　joi = jui = jūi = ［tʂui］

soi = sui = sūi = ［sui］　　ɾoi = ɾūi = ［ɾɷi］（震之音）

（3）bei = boi = bui = būi = ［bəi］　　pei = poi = pui = pūi = ［p‘əi］

mei = moi = mūi = ［məi］　　fei = foi = fui = fūi = ［fəi］

众所周知，元音和谐是满语最重要的特征之一。第一和第二组阳性元音 o，u，ū 尚且遵循元音和谐的规律。但是第三组阴性元音 e 在唇音（唇齿音）后与阳性元音 o，u，ū 合流，最后所有的变为 e。这在满语正音标准的《御制增订清文鉴》中是不可能的，因为其必须坚守元音和谐规律。《清文启蒙》能打破元音和谐规律，以致阴阳元音也混同起来，成为名副其实的“杂合面儿”，究其原因，只能是入关前后汉语的影响。实际上，现代东北方言仍 o，e 不分。据山崎雅人（1990）研究，《八旗通志初集》（1738）资料中，有“西佛 hife”这样的例子。[①] 现在日语中锡伯族有“シベ语［sibe］/シボ语［sibo］”两种称呼，亦是典型的反映。

第二，关于 ioi 行的字头音。

《御制增订清文鉴》中 ioi、nioi、lioi、kioi、gioi、hioi、jioi、cioi、sioi 等九个音，在《清文启蒙》中有 yoi 哟衣切［joi］=yūi 哟衣切［jɷi］的标记，此外在北京第一历史档案馆所藏《康熙奏折》中，对徐元梦的名字、巡抚分别标记为（sioi yuwan meng）（siyūn fu），从这些资料出发，我们认为当时汉语［y］尚未形成，仍处于［iʉ］的阶段。尽管满语借音与当时汉字音不能等同视之，但至少 1730 年以前《等韵图经》《韵略汇通》《五方元音》《音韵阐微》等韵书不必然支持［y］已形成的观点。

表 3　明清时代韵书［y］韵母形成音值调查拟测

洪武正韵（1375）	iɯ	中原音韵（1324）	iʉ
韵略易通（1442）	iʉ	等韵图经（1606）	iu/y
西儒耳目资（1625）	iʉ	五方元音（1654-1664）	y
韵略汇通（1642）	y	音韵阐微（1715-1724）	y/iʉ

第三，关于个别复杂入声字的标记。

《御制增订清文鉴》中，其三合切音的性质使得一些入声字的标记较为复杂。详见表 4。

表 4　《御制增订清文鉴》复杂入声字标记

咸摄	劫 giyei ［kiɛː	怯 kiyei kʻiɛː	协 hiyei xiɛː	叶， ye jɛ	减 giyan kiɛn	嵌 kiyan kʻiɛn	馅 hiyan xiɛn	淹 yan jɛn］

① 〔日〕山崎雅人：《満文〈大清太祖武皇帝実録〉の借用語表記から見た漢語の牙音・喉音の舌面音化について》，《言語研究》1990 年第 98 期，第 66~85 页。

续表

深摄、山摄	十 ši [ʂï	入 žu ʐu	急 gi ki	吸， hi xi		跌 diyei tiɛː	捏 niyei niɛː	缺 kiowei k'iʉɛː	掘 giowei kiʉɛː]
臻摄、宕摄	律 lioi [liʉː	戌 sioi ʃiʉː	橘 gioi kiʉː	屈， kioi k'iʉː		略 liyo lio	爵 jiyo tʃio	嚼 jiyao tʃiau	削 siyao ʃiau]
江摄、曾摄	角 giyo [kio	壳 kiyo k'io	乐 lo lo	学， hiyo xio		国 guwe kuə	或 ho xo]		
梗摄、通摄	掷 jy [tʂʅ	只 jy tʂʅ	尺 ċy tʂ'ʅ	射 še ʂɛ	释， ši ʂï	菊 gioi kiʉː	曲 kioi k'iʉː	局 gioi kiʉː	玉 ioi iʉː]

从这些三合切音的入声字表记来看，元音拖长，汉字的入声韵尾已消失。

第四，汉语儿化的问题。

汉语的儿化问题与满语有关系吗？回答当然是肯定的。黄锡惠 1985 年考证了一系列的东北地名发表在《满语研究》上，他认为清代《清实录》《吉林通志》《辽海丛书》《钦定盛京通志》《黑龙江舆图说》等文献中，女真、满语地名有三万条以上，这些词汇音节中，女真、满语单独辅音［r］［l］的词尾形［le］［re］翻译成汉语时，无一例外都成了［ɚ］。① 如：

silha（锡勒哈→锡尔哈）［ɕi ɚ xa］　yalha（雅勒哈→雅尔哈）［ja ɚ xa］

torki（多尔吉→脱尔吉）［t'o ɚ tɕi］　furha（富勒哈→富尔哈）［fu ɚ xa］

guile ri（贵埒里→贵埒尔）［kui lə ɚ］　ule（乌勒→乌尔）［u ɚ］

以上用例可说明满语［-r］字头与［-l］字头所属字在清代后期区别消失。这与《清文启蒙》中 r 行与 l 行反切字已混同是一致的。汉人不会发满语、蒙古语的滚舌音 r，结果都发成了舌边音 l。满语有“重音前移”的特征、词尾［le］［re］被弱化。对译汉语最终变成了［ɚ］。在满汉融合的大背景下，满语字头 r、l 行音对汉语儿化的形成与发展起了重要的作用。

---

① 赵杰：《北京话的满语底层和“轻音”“儿化”探源》，北京燕山出版社，1996，第 195～196 页。

第五，从满文对音看汉语精组、见组字腭化的问题。

精见组字的腭化与合流是近代汉语史上的一个重要问题。一般说来学界比较认可该现象完成在《圆音正考》（1743）前后。

《清文启蒙》十二字头辅音 ki，gi，hi、特殊辅音 k̇i，ġi，ḣi 几乎都标有“咬字念”三字。其释文为“咬字者，舌尖下贴，舌根上贴也”。赞井唯允（1980）的《音韻逢源と等音》[①] 认为咬字念是发成舌面音。岩田宪幸（1988）的《〈音韻逢源〉の音系——現代北京語音との比較》（上）[②] 认为是强调发舌根音。我们赞同岩田之说，认为“咬字念”是强调牙音、介音性质和发音方法。结合《圆音正考》（1743）原序文重点提示强调的“咬字念”逆推，我们认为《清文启蒙》时代，汉语团音已经有不可逆转的腭化趋势，为了避免发生混淆，才特殊强调要“咬字念”。

另一方面，《清文启蒙》中 si、ši 行音，在词头、词中、词尾形时、“诗”“西”皆可，但单独形时是“西”。根据山崎雅人（1990）的论述[③]，连后金国初年的《大清太祖武皇帝实录》（1636）、顺治年间《大清太宗文皇帝实录》（1655）满语对应的汉字音已然是精组、见组均腭化，自然到18世纪30年代成书的《清文启蒙》及后来乾隆年间完成的《满洲实录》更不必说。从《清文启蒙》所反映的实际看，见组腭化已定型，精组腭化似尚在演变之中。

第六，汉语卷舌化的问题。

郑仁甲《汉语卷舌声母的起源和发展》（1991）中指出：知庄章合流是由于女真-满语的影响。女真-满语存在塞擦音 j、c 与擦音 š、s，女真人、满人读汉语时，只读卷舌音 tʂ、tʂ‘、ʂ。其影响波及长期在北方杂居的汉族人，北方汉语卷舌音就渐渐多了起来。汉语卷舌化最终的完成时间正好是后金达海（1632）创制特殊齿头音 ts、ts^h 之时。对此，结合高本汉（汉魏说），王力（15世纪说），罗常培（唐五代说），陆志韦（明末清初说），周祖谟（宋代说），李新魁、李行杰（南宋说）等诸家之见，北方阿尔泰语系

① 〔日〕赞井唯允：《音韻逢源と等音》，东京都立大学人文学部《人文学報》1980年第140期。

② 〔日〕岩田宪幸：《〈音韻逢源〉の音系——現代北京語音との比較》（上），《近畿大学教養部研究紀要》19卷3号，1988。

③ 〔日〕山崎雅人：《満文〈大清太宗文皇帝実録〉の借用語表記から見た漢語の牙音・喉音の舌面音化について》，《文化》第3、4号，1990，第19~37页。

是影响汉语发生卷舌化的重要因素。[①] 因此我们拟测《御制增订清文鉴》特殊字符音值时，可参照汉语音把 j、c、s、š 在［i］［ɛ］前拟成舌叶音，其余拟成卷舌音；知庄章组韵母［ʅ］［ʅ］［ï］三分。

第七，l 行、r 行、ž 行音与汉语日母字。

l 行卷舌音与 r 行滚舌音在满语资料《御制增订清文鉴》《清文启蒙》中都有严格的区别。不过《清文启蒙》l 行、r 行反切用字完全相同，r 行音下注有“滚舌音”。如表 5 所示。

表 5 《清文启蒙》《御制增订清文鉴》l 行卷舌音与 r 行滚舌音区别

《清文启蒙》	《御制增订清文鉴》
loi 啰衣切［loi］ =lūi 啰衣切［lɷi］	loi 罗鄂衣［loi］ ≠lūi 洛谔衣［lɷi］
roi 啰衣切［ɾoi］ =rūi 啰衣切［ɾɷi］（震之音）	roi 啰鄂衣［roi］ ≠rūi 嚧谔衣［rɷi］（震之音）
žong 容［ʐoŋ］ =žūng［ʐɷŋ］	žong 容［ʐoŋ］ ≠žūng［ʐɷŋ］
or 窝尔［oɾ］ =ūr 窝尔［ɷɾ］	or 鄂呼［or］ ≠ ūr 谔呼［ɷr］

可见，当时汉人在学满语时，像［r/ɾ］这样的滚舌音无论如何也发不到位，至多发成［l/ɭ］。究其原因，当然有满语标记上的工夫努力，满语为了清楚地标记汉语日母字，直接从汉语借音，创制了 ž/ʒ，ʐ 等特殊字母。另一方面，或还是由于当时北京音已不做区分。

第八，w 行音与汉语 v 母的问题。

《音韵阐微》编纂者李光地在《榕树集》中说满语无微母［v］。[②] 清代满语只有 w 行音（wa、we）、f 行音（fa、fe、fi、fo、fu）。对应汉字音时，wa 对应［ua］、we 对应［uə，uo］。即汉字音微母字［vi］在满语资料中已然以开口化的［wei］与之相对应，汉字音 wu、wo 则保留［u］、［o］。在《御制增订清文鉴》中 wei≠wui≠woi≠wūi。《御制增订清文鉴》是受敕命编撰的具有正音性质的满文词典，多见古音残存。《清文启蒙》中 wei=wui=woi=wūi，说明 1730 年前后汉语微母［v］已不复存在，满语元音和谐规律已被打破。

---

① 袁宾、徐时仪、史佩信、陈年高编著《二十世纪的近代汉语研究》（上册），书海出版社，1996，第 100 页。

② 林庆勋：《〈音韵阐微〉音韵韵研究》，（台湾）学生书局，1988。

第九，全浊音的问题。

如果说我们承认女真语是满语祖语的话，道吉尔、和希格研究已得出“女真译语无全浊音”的结论①，尽管有的日本学者认为满语有全浊音，但我们支持道吉尔他们的结论。

第十，汉语的轻声问题。

清代汉语的轻声、儿化与满语轻音亦有密接的关系。汉字作为书面语是表意文字。关于汉语轻声是何时产生的问题，学界张洵如（1947，语法视角）、赵元任（1968，词汇视角）、英国巴维尔《北京话正常话语里的轻声》（《中国语文》1987 年第 5 期，音韵视角：重音的前移）等均做了有益的探索，但并未取得理想的结论。② 赵杰从满语的轻音影响出发，对此问题做了详细的讨论。他认为满语音节特征是重音几乎在词头，词尾一般发生轻音化。在位于多音节的词形中时也可发生轻音化时长变短。即满语有“重音前移”韵律特征。如：wesimbume［ˈweːsimpumə］（上奏，动词）、wesimburengge［ˈweːsimpurəŋə］（上奏，名词）、wesimbufi［ˈweːsimpufi］（上奏，动名词）、wesimbure［ˈweːsimpurə］（上奏，过去式）等。北京话轻重音类型分为重、次重、次轻、最轻四种，其中“重、最轻”与满语的重音特点相一致。据此，其得出汉语轻声的形成是受了满语的影响。③ 而且，实验语音学得出的汉语的轻重音并非为音高、音强的特质，而反映出的是音长的要素，这一结论与满语的音节重音相一致。因此，赵杰认为轻音是构成“平、升、曲、降、轻”五个超音段音位之一。

以上从《御制增订清文鉴》的三合切音、京城满语《清文启蒙》等资料与清代汉语的对音比较中，我们看到了满汉融合“清代汉儿言语”的特征，诚然，满语中不乏［fi］这样的非清代的语言形式杂糅其间，可见汉儿言语亦存在历时痕迹。

四　东北官话中的底层表现

在今天语保工程东北汉语官话方言的调查过程中，满语或阿尔泰民

---

① 道吉尔、和希格：《女真译语研究》，《内蒙古大学学报》增刊，1983。

② 赵杰：《北京话的满语底层和“轻音”“儿化”探源》，北京燕山出版社，1996，第 182 页。

③ 赵杰：《北京话的满语底层和“轻音”“儿化”探源》，北京燕山出版社，1996，第 188 页。

族语言的语音已沉积在东北官话方言的底层而习焉不察，或是因为我们的语言能力有限，不能再轻易剥离出这些底层，但我们不妨从以下视角努力。

1. 元音和谐规律与汉语轻声儿化

众所周知，阿尔泰语言受元音和谐规律的支配，即阴性、阳性、中性元音会有各自的组合规律。而这些音节或发生了弱化、脱落现象，这些现象被映射到汉语中，或促成了汉语轻声儿化的产生。在东北汉儿言语的词汇中，我们认为有一些音节是为了凑足音节缀合而成，本身无任何意义。如：

（1）轻声音节

稀胡马哈；吭哧瘪肚；猫腰躬脊；精泞吧唧；酸吧留丢；碎末糟糠；含糊气哧；笑瞑应地；格色巴拉；眼泪吧差；

（2）儿化音节

（l，r，ǿ 音节）搁楞啦撒；膈应巴拉；膈了巴碜；囊了呼哧；吭了气哧；搁楞吧碜；磕楞巴碜；埋了巴汰、甜了吧唧；水了咣当；吊了郎当；瘪了嗑叽；葫芦巴图；楞了呼哧；傻啦吧唧……

（3）塞尾辅音音节复音节化

高晶一的《单字双音节古音遗存集考》① 认为汉语燕方言中存在一些“单字双音节白读”，而入声字在其中也比较常见，我们认为这或是受阿尔泰民族语言元音和谐的影响。如：

p 尾（30 字）：磕（～巴［kɤ̝pa］），掐（～巴［tɕʰia̝pa］），诒（哈巴［xa̝pa］），拾（～巴［ʂʅ̞pa］），眨（～巴［tʂa̞pa］），褶（抽吧［tʂəu̝pa］），折（支［tʂʅ̝pa］/撕巴［ʂʅpa］），插（～巴［tʂa̝pa］），迭（～巴［tiɛ̞pa］），杂（～巴［tʂa̞pa］），摄（捏把［ȵiɛ̝pa］），压（～巴［øya̝pa］）；埽（扫巴［sɔ̞pa］），修（～啵［ɕiou̝pə］），烧（～巴［ʂɔ̝pa］）；区（约巴［øyɛ̝pa］）；

t 尾（13 字）：盻（嘎嗒［ka̝ta］），蹶（尬嗒［ka̞ta］），结/疥（疙瘩［kə̝ta］），蕨（菇嘟［ku̝tu］），撅（股度/鼓动）［ku̞tɔ］，挈（克嗒/磕打［kHə̝ta］），阙（呼嗒［xu̝ta］），叱（呲哒［tsʅta］），蔑（嘛嗒/瞙

① 高晶一：《单字双音节古音遗存集考》，《南开语言学集刊》2014 年第 1 期，第 28~39 页。

嗒［ma̞ta］），劣（邋遢［la̞tʰa］/肋腻［lə̞tʰə］）；

ts 尾（9 字）：割（喀呲［kHa̞tsʰʅ］），喟（呼哧［xu̞tʂʰʅ］），䛁（呼哧［xu̞tʂʰʅ］），溅（吗嚓［ma̞tsHa］/抹呲［ma̞tsHʅ］）；

k 尾（12 字）：格（乍古［ka̝ku］），刺（扎咕［tsa̞ku］），啧（即咯［tɕi̝kə］），塞（塞咕［sɛ̞ku］），招（嗒咕［ta̞ku］），诏（叨咕［tɔ̞ku］），啁（嘚咕［tə̞ku］），谛（嘀咕［ti̞ku］），触（对咕/怼咕［tuəi̝ku］），詻（拉咕［la̞ku］）。

2. 相关的音变，或是阿尔泰语言词形变化形式的映射

（1）［A］音变

词缀 ~拉/楞/弄：划拉、刮拉、沥拉、搁楞、格弄、觑拉、瞙拉（眊拉）、斛拉、豁楞等或是阿尔泰语言以 ra、la、da 等表示自动词形式的汉儿言语的标记，现在作为方言词缀均读为轻声，用字一般可因弱化表现不同而变得暧昧模糊和互相替代；

词缀 ~哒/嗒/打：呲呲哒哒、摔摔哒哒、磕磕嗒嗒、瞙瞙哒哒、滴滴嗒嗒、吧嗒吧嗒、劈劈啪啪、蹦跶、跳哒、蹿哒、嗽嗒巴拉、比比画画等，由动词+词缀构成，形成重叠 ABAB 式或 AABB 式、~巴拉式后，生成表样态的语法功能和意义；

（2）［u］音变

词缀　dl-u~嘟噜：嘀了嘟噜；

tl-u~秃噜：踢了秃噜；

kl-u 库鲁：饥了咕噜，急哩咕噜，急了轱辘，蒺藜轱辘；

r/Ǿ-u 愚顾；

（3）［s］音变—ci/si/ki/gi/kʰi

词缀~呲：呼了吭呲，瘪瘪呲呲，咸了呼哧，蔫了呼哧，吭了气哧，含糊气哧；

词缀~叽：磨叽，吧唧，啪叽，咩叽、唧叽，嚷叽，嚷叽，咔叽、咣叽，哐叽，咯叽，哽叽，嗑叽，哼叽、吭叽等表拟声拟态、程度加深意义；甜了吧唧、酸了吧唧，蔫了嘎吉，黏了嘎吉，笨了咔叽，激楞咣叽，嫩留巴梢，喜巴留丢，哏巴留丢；

（4）鼻音变—ang，eng，ing，ong

1）前鼻：肉了呼扇，软了呼扇，翕了呼扇；

2）后鼻：

~啷当：吊了啷当，提了嘡啷；

~咣当：亮了咣当，漾叽咣当；

~挺：闹挺，酢挺，讪挺，苕挺；

~登：倒腾，淘登，虎巴愣登，二目冷腾，傻巴愣登；

~应/楞：膈应，搁楞；

~弄/楞/拢：糊弄，玩弄，摆弄，搁弄，拨弄；

~咚：咕咚，固咚，顾拥。

这些音变或反映阿尔泰语言词形变化形式，在某种意义上，这些音缀或赋予了东北方言构词构形的某些特点。这也是东北话阿尔泰化，即东北“汉儿言语”的重要表现。

结　语

在东北亚汇聚着农耕、游牧、渔猎三种文化类型。汉语与北方阿尔泰民族语言充分接触。满语作为其嫡传，承袭并集北方阿尔泰民族语言之大成，与汉语相互影响，在入关前后达到了接触融合的顶峰，本文只从语音及与其相关的词汇、词法角度，窥其一斑。汉语向来是以北方话为基础方言的，在始终以汉语文化为其基础优势语言文化向周边辐射的同时，也吸收有胡言夷语的某些成分，汉语史上的清代汉语、方言史上的东北方言，长城内外都呈现了汉儿言语的底层，揭开这层面纱，对于深入研究汉语，认识中华民族多元一体的格局，使汉语实现从现代汉民族共同语升华为中华民族通用语的语言交际功能，具有重要意义。

参考文献

高晶一：《从沈阳话单字双音节白读看其塞尾音的遗存》，《语言研究》2013 年第 4 期。

〔日〕永岛荣一郎：《近世支那語特に北方語系統に於ける音韻史研究資料に就いて（続）》，《言語研究》1941 年第 9 号。

〔日〕池上二良：《満漢字清文啓蒙に於ける満洲語音韻の考察（Ⅰ-Ⅲ）》，《札幌大学女子短期大学部纪要》1986 年第 8 号、第 9 号、第 10 号。

〔日〕羽田亨：《満和辭典》，国书刊行会，1972。

〔日〕河野六郎:《満州国黒河地方に於ける満洲語の一特色——朝鮮語及び満州語の比較研究の一報告》,《河野六郎著作集Ⅰ》,平凡社,1979。

〔日〕庄垣内正弘:《〈五体清文鑑〉18世紀新ウイグル語の性格について》,《言語研究》1979年第75号。

〔日〕落合守和:《〈西域同文志〉三合切音の性格》,《静岡大学教養学部研究報告人文・社会科学篇》1984年第19卷第2号。

〔日〕落合守和:《〈増訂清文鑑〉十二字頭の三合切音》,《静岡大学教養学部研究報告人文・社会科学篇》1985年第20卷第2号。

〔日〕落合守和:《〈清漢対音字式〉に反映した18世紀北京方言の音節体系》,《静岡大学教養学部研究報告人文・社会科学篇》1986年第21卷第2号。

〔日〕落合守和:《〈満漢字清文啓蒙〉に反映された18世紀北京方言の音節体系》,《静岡大学教養学部研究報告人文・社会科学篇》1987年第22卷第2号。

照那斯图、杨耐思:《蒙古字韵校本》,民族出版社,1987。

穆晔骏:《十二字头拉林口语读法解》,《满语研究》1987年第1期。

〔日〕岩田宪幸,1988/1989,《〈音韻逢源〉の音系——現代北京語音との比較》(上)(中)(下1)(下2),《近畿大学教养研究纪要》第19卷3号,20卷1号、2号、3号。

林庆勋:《刻本〈圆音正考〉所反映的音韵现象》,《声韵论丛》第三辑,学生书局,1991。

〔日〕山崎雅人:《音韻変化に反映した近代漢語の声母構造について》,《中国語学》1990年第237号。

爱新觉罗·乌拉熙春:《满语元音的演变》,《民族语文》1990年第4期。

爱新觉罗·乌拉熙春:《满洲语语音研究》,玄文社,1992。

竺家宁:《近代音论集》,台湾学生书局,1994。

竺家宁:《音韵探索》,台湾学生书局,1994。

王承礼编著《中国东北的渤海国与东北亚》,吉林文史出版社,2000。

叶宝奎:《明清官话音系》,厦门大学出版社,2001。

〔日〕津曲敏郎:《满州语入门20讲》,大学书林,2002。

〔日〕佐藤昭:《中国語語音史——中古音から現代音まで》,白帝社,2002。

杨春宇:《社会语言学视点下的清代汉语与其他言语的对音研究——以日本近世唐音资料・满语资料・罗马字资料为中心》,辽宁师范大学出版社,2017。

文字结构模型中的方块字

——以科学技术分析手段探究汉字之二

潘家汉

提　要： 本文提出两种文字结构模型，运用排列组合与信息论的方法来处理文字问题。从模型中认识中外文字的区别，认识到汉字各种特征产生的原因。并从理论上认识方块字在世界文字体系中的地位。

关键词： 文字结构模型；独立文字符号；方块字；排列组合；信息量

前　言

所有文字都是由一定形态的符号组成。人们阅读文字的过程是先见到文字的形态，然后才有音和义。因此，形态是文字的基本属性。并且，文字的结构形态还与文字在数学上与信息科学上的特性密切相关。因此，对文字的结构形态问题应该进行深入的研究。

本文提出两种文字结构模型，采用排列组合与信息科学的方法，通过分析推演来揭示这两种模型所代表的文字在结构形态上的各种特征。其中，在模型二中，我们从最简单的假设出发，导出了汉语方块字的几乎所有的主要形态特征，包括复杂的内部结构，以直线为主的基本线条，平面排布的组字方式，较高的信息含量，较高的节约化程度，难于学习，难于输入电脑等。通过这种分析推演的过程，我们能够深刻地认识到方块字在结构形态上的各种特征产生的原因，其在逻辑上的必然性，亦即其合理性。并从理论上认识方块字在世界文字体系中的独特地位。

一　两种文字结构模型

假设现有 1000 个不同的单词，要用一定数量的独立文字符号来构成它们。在这里，独立文字符号是指那些在书籍、报刊、文件等印刷品里的相同级别的文字中，大小、形状不变，占据一行的整个上下视野，相互之间有一定左右间隔的易于识别的最小文字符号。例如，英语字母、汉语方块字……。汉字部件不是独立文字符号，因为部件的大小、形状不是固定不变的，并且，部件不一定占有一行的整个上下视野，相互之间也不一定具有左右间隔。这里，级别是指不同层次的大、小标题，以及除去大、小标题以外的文件的本体部分。它们都各自构成不同的级别。

我们提出如下两种模型来构成 1000 个单词。

模型一：设定 10 种独立文字符号。所有 1000 个单词都由这 10 种独立文字符号在左右方向的直线上排列而成。我们借用 0，1，2，…，9 十个数字符号来表示这 10 种独立文字符号。

在这 10 种独立文字符号的各种左右排列中，含有 1 个独立文字符号的全排列的排列总数为：

$10^1=10$（种）。

即从“0”至“9”十个独立文字符号各自单独构成一种排列。共 10 种排列。

含有 2 个独立文字符号的全排列的排列总数为：

$10^2=100$（种）。

即从 00，01，…，99，共 100 种排列。

含有 3 个独立文字符号的全排列的排列总数为：

$10^3=1000$（种）。

由于：

$10+100=110<1000$，

而

$10+100+1000=1110>1000$，

因此，只靠含有 1 个与 2 个独立文字符号的排列无法构成 1000 个单词，必须主要依靠含 3 个独立文字符号的排列，才能构成 1000 个单词。我们即取含有 3 个独立文字符号的 1000 种排列来构成 1000 个单词。

从信息论的角度看，信息量的基本的计算公式为：

$$I(A) = -\log P(A)。$$

式中，I（A）为A事件所提供的信息量，P（A）为A事件发生的概率。下面我们计算在模型一中一个独立文字符号的信息量。根据上式，要计算一个独立文字符号的信息量，必须知道它出现的概率。各个文字符号出现的概率与它们参与构成的各个单词出现的概率有关。在实际情况下，各种文件中各个单词出现的概率是不相等的。这样，我们就必须先统计出各个单词出现的概率，然后才能推算出各个独立文字符号出现的概率。这是一件相当麻烦的事。为此，我们做简化处理，我们规定：在两种模型中，各个单词出现的概率都相等。这样，在以模型一所设定的方法来组成单词的条件下，10个独立文字符号出现的概率都相等，都是1/10。则在模型一中一个独立文字符号的信息量为：

$$I_1 = -1g\ P_1, = -1g(1/10) = -(-1)$$
$$= 1(hat)。$$

式中，I_1为模型一中一个独立文字符号的信息量，P_1为这个独立文字符号出现的概率。在这里，我们取的是以10为底的对数，因而，得出的信息量的单位是“hat”，中文名为“哈脱来”。常用的信息量单位比特是采用2的对数得出的，因此

1hat = 3.22 bit（比特）。

下面，我们计算一个单词的信息量。单词的总数为1000个。根据前面的设定每个单词出现的概率都相等。这样，每个单词出现的概率都是1/1000。则每个单词的信息量为：

$$I_2 = -lg\ P_2 = -lg(1/1000) = -(-3)$$
$$= 3(hat) = 3I_1。$$

式中，I_2为1个单词含有的信息量，P_2为1个单词出现的概率。在这里，我们得出：在模型一中，一个单词的信息量是一个独立文字符号的信息量的3倍。因而，一个单词需用3个独立文字符号来构成。这与我们用排列组合的方法得出的结论是一致的。

模型二：直接采用1000个不同的独立文字符号来构成1000个不同的单

词。即每个独立文字符号对应一个单词。在这里，由于独立文字符号的个数与单词的个数相等，且一一对应，根据我们前面设定的条件，每个单词出现的概率都相等，因而，每个独立文字符号出现的概率也都相等，都是1/1000。因而，一个单词的信息量与一个独立文字符号的信息量，都是3hat = $3I_1$。这就是说模型二中的一个独立文字符号的信息量是模型一中的一个独立文字符号的信息量的3倍。

二 对两种模型的分析评论

（一）对模型一的分析评论

1. 对于模型一中的10种独立文字符号而言，它们是很容易辨别的。其原因一方面是由于独立文字符号的种数较少。任一个群体，如果其中所包含的个体数量较少，就比较容易辨别。反之，则不易辨别。例如，在军队里，一个班长很容易辨别班里的10名战士，而一个师长就难以辨别师里的10000名官兵。另一方面，由于独立文字符号的种数较少，它们相互之间只需要较少的结构形态上的差异就能加以区分。这就是说，各个独立文字符号不需要复杂的内部结构，结构简单了，也就易于辨别了。

2. 对于1000个不同的单词而言，这10种易于辨别的独立文字符号作为它们的简单清晰的次级结构，使其易于学习，易于书写，易于编排字典，易于输入计算机。正是由于模型一提供了一种易于学习，易于书写的独立文字符号系统，因而，在使用符合模型一特征的文字的人群中，易于普及教育。

3. 每个独立文字符号的信息量较低，因而，构成一个单词所需的独立文字符号较多，大多数单词都需要用3个独立文字符号来构成，这就增大了单词所占用的面积，降低了节约化程度。并且，由于要辨别一个单词需要辨别较多的独立文字符号，因而降低了阅读效率。

如果我们增加独立文字符号的种数，则可以增大一个独立文字符号所含的信息量。减少构成一个单词所使用的独立文字符号的数量，提高文字的节约化程度与阅读效率。例如，我们将独立文字符号的种数由10个增加到32个，由于在32种独立文字符号中任选2个的全排列的排列总数为：

$32^2 = 1024 > 1000$，

因而，我们只需使用 2 个或 2 个以下独立文字符号的排列即可构成 1000 个单词。这就降低了所需的书面面积，提高了文字的节约化程度与阅读效率。但是，学习 32 种独立文字符号比学习 10 种独立文字符号困难。因而，在这里，提高文字的节约化程度与阅读效率是以增加学习难度为代价的，两者是负相关的。所采用的独立文字符号的种数越少，越易于学习，却不利于提高文字的节约化程度，不利于提高阅读效率。反之，所采用的独立文字符号的种数越多，越难于学习，但有利于提高文字的节约化程度，有利于提高阅读效率。在模型二中，采用 1000 种独立文字符号构成 1000 个不同的单词，最有利于提高文字的节约化程度与阅读效率，却是最难学习的。因此，想要既利于提高文字的节约化程度与阅读效率，又利于初学者学习是困难的。在这里，鱼与熊掌难以兼得。

4. 独立文字符号的种数太少，一眼看去，满纸都是这 10 种独立文字符号，它们在单词中重复率太高，特异性不强。因此，就 1000 个单词这个群体而言，内在清晰度不高。①

（二）对模型二的分析评论

1. 由于独立文字符号的种数较多，每个独立文字符号所包含的信息量较大，因而，构成一个单词只需 1 个独立文字符号，与模型一相比，可以减少表达相同内容的文件所需要的印刷面积，有利于提高节约化程度。

2. 由于模型二中每个独立文字符号的信息量是模型一中每个独立文字符号的信息量的 3 倍，因而阅读一个独立文字符号所获得的信息量较大，要辨别一个单词只需辨别一个独立文字符号。相对于模型一中辨别一个单词需辨别 3 个独立文字符号而言，有利于提高阅读效率。在这里必须说明，阅读效率的高低，涉及多种因素，一个独立文字符号所含信息量的高低只是其中的一个重要因素。

3. 独立文字符号的种数较多，在不同单词中不会重复出现。每个独立文字符号的特异性强。使得由这种类型的单词构成的文章的内在清晰度较高。②

① 《北斗语言学刊》第六辑，凤凰出版社，2020，第 13~17 页“汉字形体特征的形态学分析”四、（一）方块字具有较高的内在清晰度。

② 《北斗语言学刊》第六辑，凤凰出版社，2020，第 13~17 页“汉字形体特征的形态学分析”四、（一）方块字具有较高的内在清晰度。

4. 由于独立文字符号的种数较多，各个独立文字符号之间需要较多的差异点才能加以区分。这就要求独立文字符号的内部结构比较复杂，独立文字符号的种数多且结构复杂，因而难于辨别，难于学习。

5. 模型二中的单词没有简单清晰的次级结构，因而不便于书写，不便于输入电脑。不过，笔者相信，随着计算机技术的发展，对于含有较多种独立文字符号的文字系统，人们终究会设计出适合于使用这类文字系统的计算机。毕竟，这只是一个技术问题。

6. 如前所述，由于独立文字符号的种数较多，各个文字符号之间必须有较多的差异点，才能将它们加以区分。这就需要各个独立文字符号具有较复杂的内部结构。具体地说，就是含有较多的实线，包括直线和曲线，这样才能形成复杂的内部结构。在这里，直线与曲线有较大的差异。直线之间可以重叠、并列、交叉、围合等，有利于密集排布，使得一个独立文字符号可以包含较多的实线，形成较多的差异点，用以区分较多的独立文字符号。例如，在汉语方块字中，由于构成方块字的基本线条以直线为主，因而，一个方块字中包含较多的主要由直线构成的笔画。在国家语委所界定的一、二级常用汉字中，平均每个字有 9.74 画。[①] 而曲线之间则不便于重叠、并列、交叉、围合，难以密集排布，因而，以曲线为主的独立文字符号难以包含较多的实线，以英语字母为例，由于英语字母中曲线较多，因而，平均每个印刷体小写字母中只含有 2.0 个形元[②]，难以形成足够多的差异点，用以区分数量众多的独立文字符号。因此，要使独立文字符号含有较多的实线，构成较多的差异点与复杂的内部结构，就必须以直线为主来构成各个独立文字符号。所以，在我们的模型二中，必须以直线为主来构成 1000 种独立文字符号。以直线为主的另一层好处是直线之间可以密集排布，提高了文字的实线密度，节省了书写所占用的面积，提高了文字的节约化程度。

总　结

讨论到这里，细心的读者会发现，模型二中的独立文字符号从特征上

---

① 参见孟繁杰、陈璠《对外汉语阅读教学法》，厦门大学出版社，2016，第 54 页。

② 参见《北斗语言学刊》第六辑，凤凰出版社，2020，第 7 页，第 5～12 行《汉字形体特征的形态学分析》三、（二）以及第 31 页附录⑧。

看很像方块字，例如：数量众多，每个字的信息量大；以直线为主的基本线条；复杂的内部结构；在形态上，组成单词的成分是在平面上排布的（在模型一中，独立文字符号是在直线上排列成单词的，因而，构成的单词呈长条形。而在模型二中则不存在这种独立文字符号在直线上排列构成单词的过程）；难于学习，难于输入计算机。

这些特征与方块字的结构形态特征高度相似。它们正是方块字的主要的结构形态特征。实际上，本文所提出的模型二就是为方块字量身定制的。值得注意的是，由模型二所导出的方块字的各种主要结构形态特征都是从一个最简单的假设推演出来的。这就意味着方块字的各个特征之间具有紧密的内在联系，或者说，它们具有逻辑上的必然性、合理性。

至于模型一，则是反映了那些由数量不多，结构相对简单的字母或其他类似成分以在直线上排列的方式所构成的文字在结构形态上的特征。

在这里，还要说明一下，实际上，在现代汉语中，单个方块字往往并不直接构成词。一个词中，常常包含几个方块字。同样在模型一所代表的文字中，例如，在拉丁语中，字母也并不直接组合成单词。而是先组成音节，再由音节构成单词。在这后面的一步中，不论是方块字还是音节，都是以在直线上左右排列的方式构成单词的。两者在排列方式上没有什么区别。因此，在我们的文字模型中就没有必要再讨论了。毕竟，模型只是模型，只要能将我们感兴趣的差异之处反映出来就可以了。

至于这两种模型所代表的各种文字，应该说，各有所长。如前所述，模型一所代表的文字易学，易于输入计算机，对教育的普及起到促进作用。但单个独立文字符号信息量低，不利于提高节约化程度，不利于提高阅读效率。模型二所代表的文字难学、难写，难于输入计算机。但单个独立文字符号信息量大，有利于提高节约化程度，提高阅读效率。鱼与熊掌难以兼得。各个民族或不同的国家、地区，在不同的历史时期分别采用了类似于模型一或模型二的文字，这是由不同的民族或国家、地区不同的历史、地理、社会条件所形成的，都具有合理性。中国人在享受方块字所带来的提高阅读效率与节约化程度方面的利益的同时，必须承受方块字难学、难于输入计算机带来的不便。特别是在幼儿与中小学阶段，这是人们学习母语的语言文字的主要阶段，必须承受学习方块字的艰难。这是享受方块字的利益所必须付出的代价。展望未来，随着中国人的预期寿命越来越长，以使用语言文字为主的时间与以学习语言文字为主的时间之比也越来越大。这时天平会向一边倾斜。如果人们以学习母语的语言文字为主的时间是在20岁以前的20年，人们的平均寿命是60岁，则以使用语言文字为主的时间为40年，这时，使用语言文字为主的时间与学习语言文字为主的时间之比为2∶1。如果人们的平均寿命延长到80岁，则使用语言文字为主的时间将延长到60年，比40年多出50%。以使用为主的与以学习为主的时间之比提高到3∶1。而以学习为主的阶段是人们承受方块字难学、难写的困难的主要阶段，以使用为主的阶段则是人们享受方块字在提高阅读效率与节约化程度方面的利益的主要阶段。承受困难的时间基本不变，而享受利益的时间则延长了50%，这就好比企业的投资与收益的关系，投入的资金不变，而收益则提高了50%，则投资的收益率就高了。届时，人们享受方块字的利益的时间将更长，方块字的长处将会更充分地显现出来，为中华民族的伟大复兴做出贡献。

参考文献

潘家汉：《汉字形体特征的形态学分析——以科学技术分析手段探究汉字之一》，《北斗语言学刊》2020年第6辑。

孟繁杰、陈瑶：《对外汉语阅读教学法》，厦门大学出版社，2006。

《思溪藏》随函音义所见疑难俗字札考*

谭　翠

（中华女子学院汉语国际教育系，北京，100101）

提　要：随函音义是指附于佛经函末或卷末，对佛经中疑难字词进行注音、辨形和释义的一种音义体。现存《思溪藏》附载有大量随函音义，其中保存有众多佛经疑难俗字形体，由于其采取随经注释的形式，这些疑难俗字很容易还原到所出经文原文中去识别，从而使得这些字更具生命力，这对汉语俗字研究、大型字典的完善和汉文佛典的校勘整理都具有重要价值和意义。

关键词：《思溪藏》；随函音义；疑难俗字

佛经音义在疑难俗字的收录和整理上的价值越来越受到学界的重视，相关研究成果正源源不断地产生，但这些成果主要集中在音义专书方面，而分布于经律论三藏中为数众多的随函音义迄今尚未引起足够的关注。其实这些随函音义采取随经注释的形式，所收录的疑难俗字都是从附载的经卷中摘录出来，更容易还原到佛经原文中去，通过佛经原文上下文来理解或与不同版本的异文进行对比，这些疑难俗字更容易识别，也更具有生命力。随函音义所见疑难俗字既可补充历代大型字典漏收的形体，也可为历代大型字典收录的音义不详或音义可疑的疑难俗字补充书证或例证，这对于汉语俗字研究、大型字典的完善和汉文佛典的校勘整理都具有重要价值和意义。

* 基金项目：国家社科基金青年项目“《思溪藏》与《碛砂藏》随函音义比较研究”（15CYY030）；国家社科基金重大项目“历代汉文佛典文字汇编、考释及研究”（16ZDA171）。

【⿱宀⿰亻臬】

该字形见于《思溪藏》随函音义，乃“寱”之俗字。《思溪藏》本《十诵律》卷一五随函音义：“⿱宀⿰亻臬，音义。”今查《思溪藏》本对应经文作“寱”，原文如下：“年少比丘及诸沙弥，在说法堂中宿，不一心卧，鼾眠寱语，大唤掉臂。”即此字所出。《大正藏》本对应经文则作“寱”（T23，p0105b）。[1]“寱”何以会写作“⿱宀⿰亻臬”呢？推其产生之由，窃疑因俗书“丬”“亻”旁常相乱，据《可洪音义》卷一《大般若经卷第五会序》音义：“寑⿱宀⿰亻未，上七朕反，下弥二反，正作寢寐。”（59/565c）“寝”在此俗写作“寑”。又《思溪藏》本《方广大庄严经》卷二随函音义：“寑⿱宀⿰亻未，上七锦反，下密二反。”今《思溪藏》本对应经文原文有“每于寑⿱宀⿰亻未时，诸天来赞我”句，即此字所出，其中“寝”俗写作“寑”，亦可资比勘。据此，“⿱宀⿰亻臬”成为“寱”之俗字，殆因“丬”“亻”旁在俗书中互混，“寱”先换旁作“⿱宀⿰亻臬”，再讹写作“⿱宀⿰亻臬”。

【⿱龰皇】

此字见于《思溪藏》随函音义，乃“壻”之俗字。《碛砂藏》本《舍头谏经》随函音义：“⿱龰皇，音细。”今查《思溪藏》本对应经文作“⿱龰皇”，原文如下：“其我母者持大神咒，令斯仁者为吾夫⿱龰皇。”而《大正藏》本对应经文则作“聟”（T21，p0410b）。又《思溪藏》本《六度集经》卷四随函音义：“排聟，上步皆反，推~也。”今查《思溪藏》本对应经文亦作“排⿱龰皇”，原文如下：“妇睹山高谷深，排⿱龰皇落之，水边有神，神接令安。”而《大正藏》本对应经文则作“排壻”（T03，p0018b）。据此，“⿱龰皇”乃“壻”之俗字。“⿱龰皇”之所以成为“壻”之俗字，盖为“聓”字讹写，而“聓”则是“壻”之俗字。[2]考《干禄字书》去声：“聟聓壻：上俗中通下正。”[3]斯 388 号

---

① 本文所引佛经来自《大正藏》者，括号中“T”指《大正藏》册数，“p”表示页码，“a b c”分别表示上中下三栏；所引《中华大藏经》者，括号中前一个数字表示册数，后一个数字表示页码，“a b c”分别表示上中下三栏。

② 张涌泉：《敦煌俗字研究》（下编）“婿”条，上海教育出版社，1996，第 218 页；张小艳：《敦煌书仪语言研究》，商务印书馆，2007，第 204 页。

③ （唐）颜元孙：《干禄字书》，紫禁城出版社，1990，第 48 页。

《正名要录》“右正行者楷，脚注稍讹”类“罣㲎”下脚注“㲎”，皆为其明证。

【㛒】

此字大型字典未载，《思溪藏》本《顺权方便经》卷下随函音义：“㛒，音细，女夫也。”今查《思溪藏》本对应经文作“㛒”，原文如下：“于是，须菩提谓女言：‘姊宁出门有夫㛒乎？’”《大正藏》本对应经文作“婿”（T14，p0926a），又《说文·士部》：“壻，夫也。从士，胥声。……读与细同。婿，壻或从女。”[①] 故“㛒”应即“壻”在俗写中发生偏旁易位而产生的俗字。

【闀】

该字见于《思溪藏》随函音义，乃“闀”之讹。《思溪藏》本《佛说菩萨行方便境界神通变化经》卷下随函音义：“牖嚮，下音向，窗也，正作闀。”《思溪藏》本对应经文作“牖嚮”，原文如下：“有百千万阎浮檀金网，以为庄严而遍覆之，有百千万摩尼之宝间错观台，有百千万过师子摩尼宝，庄严牖嚮。”《大正藏》本对应经文则作“牖響”，校勘记称“圣、宫、宋、元、明本作嚮”（T09，p0313c）。据经文可知，“牖嚮”的意思是“窗户”，如《荀子·君道》：“便嬖左右者，人主之所以窥远、收众之门户牖嚮也。”[②] 而随函音义云“正作闀”，盖因“闀”亦有“窗户”之义，如《广雅·释宫》：“窗、牖，闀也。”[③] 据此，“闀”应为“闀”偏旁类化而产生的俗字。

【揷】

大型字典未收此字形。《思溪藏》本《佛本行集经》卷二八随函音义：“揷揷，楚夹反，二同。”今《思溪藏》本对应经文正作“揷”，原文如下：“奇异摩尼为宝鬘，作花持以揷其上。”《大正藏》本对应经文则作“插”，

---

① （汉）许慎撰，（宋）徐铉校定《说文解字》，中华书局，1963，第 14 页。
② （清）王先谦：《荀子集解》，沈啸寰、王星贤点校，中华书局，1988，第 244 页。
③ （清）王念孙：《广雅疏证》，钟宇讯整理，中华书局，2004，第 210 页。

校勘记曰“圣本作捶”（T03，p0782a）。考《龙龛手镜·手部》：“插，俗；揷，正；捛，今；初洽反，刺入也。”[①] 据此，“挿”乃“插”之俗字，推其产生之由，盖因“插”俗写作“揷”，后又进一步讹变作“挿”，故《大正藏》校勘记云“圣本作捶”，盖亦为“揷”字之讹。又《思溪藏》本《苏婆呼童子经》卷下随函音义亦有：“挿揷，二同，楚夹反。”今《思溪藏》本对应经文作“捶”，原文如下：“及以五宝并赤莲花诸杂草花香者皆充供养，果树嫩枝等皆捶瓶内。”《大正藏》本对应经文则作“插”（T18，p0724c），亦为其明证。

【㾜】

此字见于《思溪藏》随函音义，《思溪藏》本《说无垢称经》卷一随函音义：“㾜，鱼陵反。”今查《思溪藏》本对应经文作“疑”，原文如下：“佛以一音演说法，或有恐畏或欢喜，或生厌离或断疑，斯则如来不共相。”今《大正藏》本对应经文亦同。据此，“㾜”乃“疑”之俗字，为“疑”发生部件类化所致。

【鑿】

此字形见于《思溪藏》随函音义，乃“醫”字之讹。《思溪藏》本《大方广宝箧经》卷下随函音义：“明鑿，下疑是醫字，书误也。”今查《思溪藏》经文原文有“有大明醫饮彼人酥，热病即愈止，不妄说”句，即此字所出。《大正藏》本亦同。“醫”在俗书中常换旁写作“毉”，如《可洪音义》卷二《菩提资粮论》第五卷随函音义：“毉论，上于其反。”（59/957c）又如《可洪音义》卷二六《大唐西域记》第十卷音义：“毉，于其反，正作醫、毉二音。”（60/413c）皆是其证。又“毉”在俗书中还常与“鑿”混同，如《可洪音义》卷一一《大乘庄严经论》音义：“掘毉，上巨月反，下自作反。”（59/958c）且“鑿”在俗写中还可误写作“鑿”，如《可洪音义》卷二《胜天王般若经》第六卷音义：“鑿，音昨。”（59/586c）据此，随函音义所言不虚，“鑿”应是“醫”字讹写形成的俗字。推其致误之由，盖“醫”常换旁俗写作“毉”，又因“毉”与“鑿”在俗书中同为

① （辽）释行均编《龙龛手镜》，中华书局，1985，第216页。

“鑿”之俗字，故“鑿”在此处与“鑿”发生混同，成了“醫”之俗字。

【鞅】

此字见于《思溪藏》随函音义，《思溪藏》本《大智度论》卷三五随函音义：“鞅，正作央字。”今查《思溪藏》本对应经文原文有“善男子、善女人闻菩萨不从一世、二世而得成道，无央数世往来生死”句，即此字所从出。《大正藏》本对应经文原文亦同，校勘记称“石本作鞅”（T25，p0316a）。据此，“革”旁盖受字形内部构件“央”之影响，类化讹写作“𦱀”，“鞅”应为“鞅”之俗字。

【孙】

此字见于《思溪藏》随函音义，乃“彌”之俗字。《思溪藏》本《入楞伽经》卷六随函音义：“浮孙，下正作弥。”今《思溪藏》本对应经文作“彌”，原文如下：“譬如释提桓因、帝释、王、不兰陀罗，手抓、身体、地、浮彌、虚空、无碍，如是等种种名号名异义一。”《大正藏》本亦同。“彌”何以会写作“孙”呢？今考《宋刻集韵·支韵》：“彌，或作弥。”[①]又《碑别字新编》载“彌”字《魏党法端造像》写作“㳽”[②]，《可洪音义》卷二《阿閦佛国经》上卷随函音义中作“㳽”（59/609a），均为“彌”之手书讹写字，故“彌”之所以俗写作“孙”，窃疑盖因“彌”常俗写作“弥”，又讹变作“㳽”“㳽”，在随函音义刊刻过程中进一步讹变作从“子”旁的“孙”。

【蝱】

该字见于《碛砂藏》随函音义，乃“蝱”之俗字。《思溪藏》本《摩诃僧祇律》卷二三随函音义：“蚊蝱，上音文，下莫庚反，又正作蝱。”今《思溪藏》本对应经文作“蚊蝱”，原文如下：“沙门出家修梵行在树下苦，昼则风吹日炙，夜则蚊蝱所螫。”《大正藏》本则作“蚊虻”（T22，p0414a）。今考《宋刻集韵·庚韵》：“蝱虻，《说文》啮人飞虫，或省。”[③]

① （宋）丁度等编《宋刻集韵》，中华书局，1989，第10页。
② 秦公辑《碑别字新编》，文物出版社，1985，第379页。
③ （宋）丁度等编《宋刻集韵》，中华书局，1989，第67页。

又《正字通·虫部》："蝱，俗蝱字。"[①] 又《思溪藏》本《摩诃僧祇律》卷三八随函音义："蝱，莫庚反，正作蝱" 据此，"𧊒"为"蝱"之俗字。然"蝱"为何会写作"𧊒"呢？考《玉篇·䖵部》："蝱，俗作虻。"[②] 又《字汇补·虫部》："𧈪，音义与虻同。"[③] 窃疑随函音义刊刻者由"𧈪"联想到"強"字，遂将"蝱"字误刻作"𧊒"。

【䀹】【䀹】

大型字典未收录此二字形，见于《思溪藏》随函音义，均为"眵"之俗字。《思溪藏》本《伅真陀罗经》卷下随函音义："頞䀹，上乌割反，下正作眵，昌之反。"今《思溪藏》本对应经文原文如下："随其习俗语祝曰：'……波利𥄕陀那尼𢿣䀹波𡚽散那吚和吚和惟利頞䀹妲䀹妲摩罗伊陀。'" 据此，"䀹"为佛经咒语译音专用字，在《思溪藏》这段经文中共出现四次，有"𥄕""䀹""䀹"三种写法，推其产生之由，窃以为"䀹"当为"眵"之手书俗写，盖因"多"俗写作"彐"所致，如《思溪藏》本《大树紧那罗王所问经》卷二随函音义："彐，多字。"即其明证。

至于"䀹"字，之所以成为"眵"之俗字，盖因在俗书中"彐"亦为"㑅"之俗字，该字在汉朝前后隶变作"𦥑"，六朝前后省变作"彐"，"𦥑""彐"上部构件俗书或用"マ""ク"等省替符代替，于是便有了"彑""𠂊""⺈"等俗体。[④] 故"䀹"进一步讹变作"睕"和"䀹"，《龙龛手镜·目部》："睕，女洽反，旧藏作眵。"[⑤] 亦可资比勘。

至于"𥄕"字，据今考，《可洪音义》卷五《伅真陀罗所问经》第三卷音义中对应有"𥄕𨑨"条，该条目下有"𥄕，车支反，正作眵也，悮"（59/724c）。据此推知，可洪所见的经文中此处亦有写作"𥄕"者，之所以写成"𥄕"，窃疑为"眵"之另一俗体"眵"的讹写，据《龙龛手镜·目部》："眵，俗；眵，正。"[⑥]"眵"盖为"眵"从目、支声的换旁俗字，在刊刻过

---

① （明）张自烈、（清）廖文英编《正字通》，中国工人出版社，1996，第996~997页。
② （梁）顾野王：《大广益会玉篇》，中华书局，1987，第119页。
③ （清）吴任臣主编《字汇补》第9册，清康熙年间影印本，第23页上。
④ 张涌泉：《汉语俗字研究》，商务印书馆，2010，第78页。
⑤ （辽）释行均编《龙龛手镜》，中华书局，1985，第424页。
⑥ （辽）释行均编《龙龛手镜》，中华书局，1985，第417页。

程中，"肢"容易讹变为"**眄**"。今查前揭经文，《大正藏》本四处均作"眄"（T15，p0367a），前三处有校勘记，第一处校勘记称"元、明本均作眵"，第二处校勘记曰"宋本作眵，元、明本作哆"，第三处校勘记则曰"宋、宫本作眵，元、明本作哆"。校勘记称"作哆"者，当为"眵"字之误。而《大正藏》本经文原文之所以作"眄"，盖因"**眄**"又为"眄"之俗字，如《龙龛手镜·目部》："**眄**，通；眄，正。"① 刊刻者不明经义，遂改作"眄"，从而一讹再讹。大型字典"**眄**""眄"下应增补"同眵"之义项。

【跳】

大型字典未见此字形，《思溪藏》本《普曜经》卷六随函音义："**跳蹀**，正作跳碟，上音条，下音蹀。"今查《思溪藏》本对应经文作"跳蹀"，原文如下："十二、迭相捻挃。十三、正住羊听。十四、在前跳蹀。"今《大正藏》本对应经文亦同。据此，"**跳**"乃"跳"之俗字。今考《碑别字新编》载《隋造龙华碑》"兆"作"**兆**"，《隋□顺墓志》作"**兆**"②，可资比勘。由此推知，"**跳**"之所以会成为"跳"之俗字，盖是手书中上述两种形体进一步讹写的结果，其为"跳"之俗字应无疑问。

以上我们只择取了一小部分《思溪藏》随函音义疑难俗字进行考释，希望能抛砖引玉，引起学界对随函音义文字学研究的关注，进一步推进其研究的深入。

参考文献

大正一切经刊行会：《大正新修大藏经》，1922~1933年版，台北新文丰出版有限公司，1996。

韩小荆：《〈可洪音义〉研究——以文字为中心》，巴蜀书社，2009。

张涌泉：《敦煌俗字研究》，上海教育出版社，1996。

张涌泉：《汉语俗字研究》，商务印书馆，2010。

郑贤章：《新集藏经音义随函录》研究，湖南师范大学出版社，2007。

《思溪藏》国家图书馆藏胶卷。

《影印宋碛砂藏经》，宋版藏经会，1936。

《中华大藏经》，中华书局，1984~1997。

---

① （辽）释行均编《龙龛手镜》，中华书局，1985，第421页。

② 秦公辑《碑别字新编》，文物出版社，1985，第19页。

释“殗殜”*

马　乾　周艳红
（西北大学文学院，西安，710117；
陕西中医药大学人文管理学院，咸阳，712046）

提　要：中医文献对“殗殜”释义多据《方言》及郭璞注训“微病、病半卧半起”，但文献用例多与此不同。“殗殜”以衰微、虚弱为词义特征，中医学用其指传尸、骨蒸类慢性传染疾病，文献中常用来表示身体虚弱、病久、病重、濒临死亡等义。《汉语大词典》《中医大辞典》等工具书的释义补正。

关键词：殗殜；训诂；衰微；引申

一　引言

“殗殜”作为传尸、骨蒸等病的异名，往往指的是一些具有家族聚集性特点的传染病。唐代王焘《外台秘要方》卷十三《传尸方四首》：“文仲论传尸病，亦名痎疟、遁疰、骨蒸、伏连、殗殜，此病……大都头额颈骨间寻常微热，翕翕然死，复家中更染一人，如此乃至灭门。”古代医者还注意到这种病往往能绵延数代不绝，如明代龚居中《痰火点雪》卷二《传尸鬼疰》曰：“惟递相传染，累世不绝，有伏连、殗殜等名，总曰传尸病也。”

* 基金项目：陕西省哲学社科项目“朱骏声汉字学思想研究”（2019M104），西北大学2021年度“国家社科基金孵化计划项目”“金元中医古籍疑难俗字整理与研究”。
本文曾得到北京中医药大学王育林教授、宁静副教授指导，天津大学朱生玉博士亦多有赐教，谨致谢忱。

现代中医学认为肺结核（又称肺痨、痨瘵）等消耗类疾病当属于传尸之类。

扬雄《方言》卷二曰："殗殜，微也。宋卫之间曰殗，自关而西秦晋之间，凡病而不甚曰殗殜。"郭璞注："病半卧半起也。"王焘《外台秘要方》卷十三《灸骨蒸法图四首》："骨蒸病者，亦名传尸，亦谓殗殜。"《中医大辞典》据《方言》及《外台秘要方》释"殗殜"为"古即骨蒸、传尸之异名。或指传尸之初起不甚者"。中医古籍校注整理者或据《方言》释为"微病貌"，或据《外台秘要方》释义为"疾病""病名"等。然而训"传尸之初起不甚者"与"殗殜"为传尸、骨蒸之异名不相符合，训"微病貌"更与传尸病"至深至重"且致死率较高的特征不尽相符。

张纲认为将传尸称为"殗殜"是"以传尸之病虽至深重，染者多死，而其'半卧半起'、'神色如常'之状貌，又至轻浅，一似于'欲似无病'之'佯病'者。故因其外观之轻浅貌，而命之以声训轻微之殗殜名"（《中医百病名源考》，第103页）。然而患传尸病者并非仅仅表现出"半卧半起""神色如常"等，如清人莫枚士《研经言》卷一《传尸劳论》下曰："传尸劳者，合尸、疰、痟、蒸四大症以名之也。初以体虚受邪，入感尸虫，于是沉沉默默，无处不恶，而不能的言所苦，此时名之为尸，可也。甚而发热、喘促、颧赤，名之为蒸，可也。及其项间生块、唇口喉舌皆疮，名之为痟，可也。至差而复剧，死而传人，则为注矣。备此四症，故方法不一，各据见在为言也。古人殗殜、无辜、伏连、尸注等称，亦各据一端为言也。"以张纲所谓"外观之轻浅"与莫氏所论恶、苦、剧等多有不合。故张氏所论不可尽信，部分校注者据张纲所论的注释也不够准确。

中医文献中"殗殜"亦用来描述病患的症状，而非病名。莫枚士《研经言》卷三《蛊怚解》下曰："若更中于虚邪，必皆致羸瘦、咳嗽、沉默、殗殜，为风虚劳、传尸劳等症。"据此可知"殗殜"又为传尸劳等病的症状，以前文"半卧半起"释之，稍显不足。《汉语大词典》亦据郭璞注《方言》及《广韵》释"殗殜"为"病不太重，时卧时起的样子""不动貌"（第167页）。《汉语方言大词典》据郭璞注《方言》释"殗殜"为："病情较轻微。"（1999年版，第5965页）此处的释义也不能准确解释"殗殜"的具体所指。

由此可见，我们有必要继续探究"殗殜"的词义，解释"殗殜"的命名理据，并校正对"殗殜"的相关注释。

二 “殗殜”词义考

（一）“殗殜”本义考

“殗殜”一词首见于《方言》卷二，扬雄曰：“殗殜，微也。宋卫之间曰殗，自关而西秦晋之间，凡病而不甚曰殗殜。”郭璞注：“病半卧半起也。”此即以“殗殜”为病名的最早用例，郭璞的注释为中医古籍所传承，如王焘《外台秘要方》卷十三《传尸方四首》：“传尸，亦名转注，以其初得半卧半起号为殗殜，气急咳者名曰肺痿，骨髓中热称为骨蒸，内传五藏名之伏连。”王焘此训释当本于郭璞注《方言》。清钱绎《方言笺疏》以为“殗殜”的词义特征是微、轻、薄等。钱氏曰：“《玉篇》‘𤶃’作‘㱤’、又作‘殗’，同。㱤之言㬎也，《说文》：㬎，察微杪也。㱤从歹，病以显者为轻，故殗为微也。……殜之言枼也。《说文》：枼，楄也，薄也。……薄与微义相近也，合言之则曰㬎枼。㬎枼与殗殜声近义同。”[①] 钱绎所论与中医文献所载殗殜的症状相通。

中医文献对于传尸、骨蒸等病症的描述也以消瘦、虚弱、无力等为主，如《外台秘要方》卷十三《骨蒸方一十七首》：“患殗殜等病必瘦，脊骨自出。”此言患者因病而形体消瘦。又明代胡慎柔《慎柔五书》卷四《痨瘵》“骨蒸劳”条下：“其形羸瘦、泄痢、肢体无力。”此言患者表现出形体消瘦、腹泻、四肢无力等症状。《圣济总录》对患有传尸、骨蒸的病征描述极为详细，是书卷九十三《骨蒸传尸门》“传尸劳”条下：“传尸劳者，骨蒸之病，流传五脏也，其证殗殜，半卧半起，旦即醒然，午后微热，情常不悦，心多惊悸，夜即盗汗，梦与鬼交，两颊红赤，唇如血色，欲睡不得眠，欲食不能食。或喘急咳嗽，心胸满闷，背髆烦疼，两目精明，四肢无力，脊吕拘急，膝胫酸疼，两肋虚胀，时或微利，鼻干口燥，渐至尫羸，虽死在须臾，精神尚爽，是其候也。治之若缓，犹如水涸，不觉其死。”此处对于患有传尸、骨蒸病的描述中患者即表现出了精神衰弱、饮食不佳、形体消瘦、四肢无力、气血不畅等症状，“其证殗殜”之“殗殜”当取虚弱、衰弱之义，与后文“半卧半起”语义相承。

---

① （清）钱绎：《方言笺疏》，光绪十六年刻本。

现代中医学认为骨蒸、传尸、殗殜等疾病的发病机理是体质虚弱，临床虽有气虚，但以阴虚为常见，症见潮热、骨蒸、盗汗、自汗、咳嗽、咯血、食少、形瘦等，这与《圣济总录》等所论基本一致，也与“殗殜”的以轻、微、薄等为主一致。据此我们可以判定，以殗殜称呼传尸、骨蒸等病的原因当与患者气虚所致的精神萎靡、形体消瘦、四肢无力等病症相关，这与传统中医学的类思维相关。由此可知，《方言》所训“微也”之“微”不是病情轻微之微，而是身体衰弱、营气微弱之衰微。方言中仍存有此义，如清代胡文英《吴下方言考》卷十二“黠韵”下曰：“殗殜，音抑息。……案，殗殜，微病不能自振之状。今谚谓病而不能大动者曰殗殜。”（“抑”“殗”为影纽双声关系，“息”“习”为心邪旁纽、职缉通转关系）“不能自振”“不能大动”即指形体消瘦、四肢无力等衰微的情状，李鼎超《陇右方言·释言》：“今谓无精神曰殗殗殜殜，读如‘奄奄代代’。”① “殗殗殜殜”即“殗殜”之叠音，亦精气不佳、身体虚弱之状。

（二）“殗殜”文献词义考

“殗殜”以轻、微、薄为词义特征，故于文献中“殗殜”可用来表示病人身体虚弱的情态，如明代黄省曾的《闺哀赋》：“方殗殜而望瘥兮，俄笃侵而愦吁，命凋短而蹇折兮，悲冉冉以告徂。”（《五岳山人集》卷一）袁枚《祭妹文》：“前年余病……后虽小差，犹殗殜。”（《小仓山房文集》卷十四）此处的“殗殜”即身体虚弱、精气不佳的意思。郭璞注《方言》曰：“病半起半卧也。”即因身体虚弱、精气不佳而缠绵于床笫之义，此于文献亦有用例，如清代俞樾《徐母章太淑人七十寿序》：“太淑人驰书请归，归而殗殜床蓐，历久不瘳，历三月之久。”（《春在堂杂文》四编卷八）“殗殜床蓐”即缠绵于床笫，呈半卧半起的状态。

身体因气虚而衰微，盖有二因：一因病久不愈，一因病重、濒死。“殗殜”于文献中亦有此义：

“殗殜”训病久不愈多见于方言类文献，如桂馥《札朴》卷九“疾病”条下：“病久曰痷殜。”② 又如姜亮夫《昭通方言疏证·释词》“殗殜”条

---

① 陇右地区读“殜”若“代”者，当因从枼声字多在定纽盍部。

② （清）桂馥：《札朴》，清嘉庆十八年刻本。桂氏又曰：“乡语以病久为淹缠，语讹也。”“缠”为元部字，其与“殜”为元盍通转关系“淹缠”即“殗殜”之音转。

下：“今昭人谓病不剧而久不痊曰淹牵（或作迁），或曰淹淹牵牵。淹牵以通俗语易专门语也。又言小儿不利落、或萎靡多病亦用此词。”“淹牵”即“殗殜”之音转[①]，指病程久而不愈。《圣济总录》称患传尸、骨蒸者“治之若缓，犹如水涸，不觉其死”。此与方言类文献所载正同。

“殗殜”训病重见于朱谋玮《骈雅》卷二《释训》：“殗殜，病甚也。”明代汪机《石山医案》卷中《会萃》载医案曰：“诊之左脉，似有似无，右脉浮濡无力，予曰平素左脉不如此，今忽殜，深为之惧。”[②] 此处的“殜”即“殗殜”之省，汪机用来描述其脉搏似有似无、浮濡无力的症状，此即病重之状。

“殗殜”训濒死多见于多用于墓志、祭文、悼词等，描述其临死前身体极度衰微的状态。如明罗玘《圭峰集》卷十九《吴母骆氏孺人墓表》：“遘暴疾，奄奄神魄，殗殜无几。”“殗殜”同“奄奄”，即精神、身体衰微，濒临死亡之貌。“殗殜”亦可作“殜殜”，如唐张鷟《朝野佥载》卷二载：“又令诸司百官射，箭如猬毛，仍气殜殜然微动。”[③]《异闻总录》卷二：“驭吏追及之，则面目俱拜，血肉模糊，不可辨识。昇归舍，气息殜殜，经一日而绝。”[④]“气殜殜”即“气息殜殜”，与气息奄奄同，“殜殜”亦为衰微之义。“殗殜”又作“殗殗”，宋苏舜钦《送外弟王靖叙》：“对之殗殗如在九泉之下。吁，可悯也。”（《苏学士集》卷十三）此处的“殗殗”也是衰微如死之状。

三 “殗殜”异形词汇释

“殗殜”作为传尸、骨蒸的异名，文献中常见，但词形非一。其中部分词形见于古代的辞书文献，有些则见于中医文献等古代应用文本文献。

---

① “牵”与“殜”为真盍旁对转关系；“噆”与“殜”为缉盍旁转关系。《汉语方言大词典》收录“恹气”“恹牵（恹恹牵牵）”（训寂寞、倦怠无神、没精打采、百无聊赖）、“恹恹趄趄”（训形容人萎靡不振的样子）（以上第4355页）、“淹践”（训煎熬得使人憔悴）、“淹潜”（训疾病缠绵）（以上第5760页），《联绵词大词典》收录“淹渐”“淹尖”“淹煎”“恹煎”（均训疾病久拖不愈貌、精神委顿貌）（第836页），《新修玉篇·心部》所收“懨憸”其与桂馥记山东方言“淹缠”同，亦为“殗殜”之音转。

② （明）汪机：《石山医案》，《文渊阁四库全书》本。

③ （唐）张鷟：《朝野佥载》，《丛书集成初编》本。

④ （宋）阙名：《异闻总录》，《丛书集成初编》本。

（一）古代辞书文献中的“殗殜”异形词

（1）痷殜、⿰歹㬎殜

《玉篇·疒部》：“痷，痷殜，半卧半起，病也。亦作殗。”《玉篇》的注释当本于郭璞注《方言》。又《玉篇·歹部》：“⿰歹㬎，于劫切。⿰歹㬎殜，病。殗，同上。”“⿰歹㬎殜”又作“殗殜”。据此则“痷殜”“⿰歹㬎殜”同“殗殜”。“⿰歹㬎”“殗”为声符不同的异体字（㬎、奄于上古音元谈通转）；“痷”为“殗”改换形符所造的异体字（形符疒、歹义通）。

（2）殗⿰歹業

《广韵·业韵》“余业切”：“殜，殗殜，亦作⿰歹業。《集韵·业韵》“余业切”下曰：“⿰歹業，殗⿰歹業，病也。或作殜。”据此可知，“殗⿰歹業”同“殗殜”，“⿰歹業”“殜”为声符不同（“⿰歹業”即业韵字）的异体字。

（3）痷⿰歹枽

（清）桂馥《札朴》卷九“疾病”条下：“病久曰痷⿰歹枽。”桂馥《说文解字义证·疒部》“瘟”字下引《玉篇》曰：“痷⿰歹枽，半卧半起，病也。”各本《玉篇》均作“痷殜”，“痷⿰歹枽”即“痷殜”之变（⿰歹枽、殜形近混同）。

（4）痷（痷）⿸疒枼

《类篇·疒部》：“⿸疒枼，痷⿸疒枼，疫病。”（《集韵·支韵》讹作“痷⿸疒枼”）“痷⿸疒枼”训疫病即就传尸、骨蒸等病具有传染性而言，中医学很早就意识到了传尸具有较强的传染性，如《华氏中藏经》卷上《传尸论》：“传尸者非一门相染而成也，人之血气衰弱，脏腑虚羸，中于鬼气，因感其邪，遂成其疾也。”“痷⿸疒枼”亦为“殗殜”之变。

（5）⿰歹業殗、殜殗

《广雅·释诂》：“⿰歹業殗，病也。”《广雅》所训当本于《方言》。王念孙疏证校改作“殜殗”，并注曰：“殜，各本讹作⿰歹業，盖因曹宪音内葉字而误；考《方言》《玉篇》《广韵》《集韵》《类篇》俱作殜，不作⿰歹業。今订正。”“⿰歹業殗”同“殜殗”，二者为“殗殜”之倒文，明张自烈《正字通·歹部》：“⿰歹業，俗殜字。”据此可知“⿰歹業”“殜”为声符不同的异体字（二者均谐世声）。《广雅》的训释被《集韵》《类篇》等所传承，故《集韵·叶韵》“弋涉切”下曰：“殜，殜殗，病也。一曰微也。”同韵“直涉切”又曰：“殜，殜殗，病也。”《类篇·歺部》：“殜，殜殗，病也。一曰微也。”

（二）中医文献中的“殗殜”异形词

“传尸”于中医文献中多有记载，作为其异名，“殗殜”一词也常见于中医文献等，但其词形非一，典型异形词如下：

（1）碖殜

苏轼、沈括《苏沈良方》卷五“苏合香丸”条：“治肺痿、客忤、鬼气、传尸、伏连、碖殜等疾。”[①]盖由于“歺”与“石”形近而混。民国大东书局排印本《足本苏东坡全集》所收《苏沈良方》即校改作“殗殜”，甚确。

（2）殗殜

宋许叔微《类证普济本事方》卷六《金疮痈疽打扑诸疮破伤风》载宣和时医案：“苏合香圆……此药居家不可缺也，气厥、鬼邪、传尸、心痛、时疾之类，皆《治良方》载甚详，须自合为佳尔。”许氏于“鬼邪”下校注曰：“殗殜。”[②]“苏合香圆”即“苏合香丸”，为治疗气厥、传尸之类疾病的良方，如明李时珍《本草纲目》卷三十四《木部》“苏合香”下曰：“苏合香丸治传尸、骨蒸、殗殜、肺痿……。”[③]据此亦可知“殗殜”即“殗殜”。“殗”即“殗”之形讹，奄、龟形近混同；“殜”为“殜”之异体“殜”的书写变异。

（3）㱦殜

明王肯堂《证治准绳》卷二《杂病·诸伤门·虚劳》“附水丘先生紫庭治瘵秘方”条：“人有传尸、㱦殜、伏连、五劳、七伤、二十六蒸，其候各异，其源不同。”[④]“㱦殜”与“传尸”连文，据前文《外台秘要方》及金陵本《本草纲目》等，“㱦殜”为病名“殗殜”之变无疑，“㱦”当为“殗”改换声符（厭与殗音同，二者于《广韵》同属影母业韵）而造的异构字。

---

① （宋）苏轼、沈括：《苏沈良方》，《文渊阁四库全书》本。
② （宋）许叔微：《类证普济本事方》，《文渊阁四库全书》本。
③ （明）李时珍：《本草纲目》，金陵初刻本。
④ （明）王肯堂：《证治准绳》，《文渊阁四库全书》本。

（4）殗殜

明虞抟《医学正传》卷三《劳极》："其侍奉亲密之人，或同气连枝之属，熏陶日久，受其恶气，多遭传染，名曰传尸……曰殗殜……盖表其传注酷虐，而神妙莫能以测之名也。"①"殗殜"与"传尸"并举可证"殗殜"亦为"殗殜"之变，"殗"改换声符作"殗"（盍、奄于上古音盍谈对转）。

（5）殗殢

李时珍《本草纲目》卷五十一《水獭》"肝"下："张仲景治冷劳有獭肝丸，崔氏治九十种蛊疰、传尸、骨蒸、伏连、殗殢、诸鬼毒、疠疾。""崔氏治九十种蛊疰"条又见于宋代唐慎微《证类本草》卷十八"獭"条、明代缪希雍《神农本草经疏》卷十八"獭"条等，"殗殢"均作"殗殜"，"殢"当为"殜"之形讹（枼、柴形近混同）。

（6）殗殢

李时珍《本草纲目》卷三十四《木部》"苏合香"下曰："苏合香丸治传尸、骨蒸、殗殜、肺痿……"（金陵初刻本），《文渊阁四库全书》本传抄作"殗殢"。"殗殢"又见于明李中梓《删补颐生微论》卷三《药性论·兽部》"獭肝"条下（明崇祯刻本）、明胡慎柔《慎柔五书》卷四"痨瘵各症论"条等，胡氏于"殗殢"下注曰："半卧半起之谓。"（清顺治石震刻本）此处释义与《方言》郭璞注、《玉篇》等同。据此可知"殗殢"正当作"殗殜"，"殢"当为"殜"之讹误（带、枼形近混同）；郭君双等校注《本草汇》时，于"殗殢"下注曰："yān tì 淹替：病极重貌。《玉篇·歹部》：'殗，病也。''殢，极困也。'"此注释有误，当据《方言》《玉篇》《本草纲目》《汉语大词典》等校注。

结　语

"殗殜"首见于扬雄《方言》，据此可知西汉晚期即有此词，其本义为描述病人虚弱、衰微的情状，基于类思维，传统中医学将导致患者羸瘦、精神萎靡、身体衰微等情状的传尸、骨蒸、痨瘵等疾病称为殗殜，故中医文

① （明）虞抟：《医学正传》，明万历五年本。

献多将其与传尸、骨蒸等并举。文献中“殗殜”除了专指病名外，还表示身体虚弱、病久不愈、病重濒死等义，其均由衰微、衰弱义引申而来。古代辞书文献与中医文献中“殗殜”常见，但受到汉字异写、汉字异构等规律的影响，“殗殜”词形多变，但其词义仍以“身体虚弱、衰微”为主，部分校注整理者对于这些异形词的注释有误，当据此校正。

参考文献

高希言、朱平生、田力：《中医大辞典》，山西科学技术出版社，2017。

郭君双等：《本草汇校注》，中国中医药出版社，2015。

姜亮夫：《昭通方言疏证》，云南人民出版社，2002。

李鼎超：《陇右方言》，兰州大学出版社，1988。

（明）李时珍：《本草纲目》，日本国立公文图书馆藏金陵刻本。

（明）李时珍：《本草纲目》，《文渊阁四库全书》本。

罗竹风主编《汉语大词典》，上海辞书出版社，2011。

（清）钱绎：《方言笺疏》，光绪十六年刻本。

（清）王念孙：《广雅疏证》，中华书局，1983。

徐振邦：《联绵词大词典》，商务印书馆，2013。

许宝华、〔日〕宫田一郎：《汉语方言大词典》，中华书局，1999。

张纲：《中医百病名源考》，人民卫生出版社，1997。

明清刻本文献疑难字考释*

王亚彬

（河北大学文学院，保定，071000）

提　要：明清刻本文献是我国传世文献的重要组成部分。明清刻本与写本文献相较，虽然文字的规范化程度较高，但是依然存在不少的异体俗字。这些异体俗字在研究汉字字形的历时演变、大型字书的编纂与修订、古籍善本的整理等方面，存在较高的价值。笔者在整理明清刻本文献的过程中，对其中的疑难俗字进行整理，指明正字，梳理讹变缘由。

关键词：明清刻本文献；疑难字；考释

明清刻本文献是我国传世典籍中的大宗。刻本文献数量巨大，与写本文献相较，文字的规范化程度高，但是其中仍然存在大量的异体俗字。这部分异体俗字对研究汉字字形的历时演变、大型字书的编纂与修订等都具有较高的价值。尤其是整理明清刻本文献中存在的异体字、疑难字，可以为我国传世古籍的数字化工作，为传统文化的传承与传播提供便利。目前学界对明清刻本文献的整理还有待加强，相关研究主要集中在明清刻本小说上。较早的研究有刘复、李家瑞的《宋元以来俗字谱》，近年来又有周志锋、曾良对明清小说俗字的研究，如周志锋《明清小说俗字俗语研究》、曾良《明清小说俗字研究》《明清小说俗字典》等。但是从总体上来看，对明清刻本文献的研究在类型方面还相对单一，基础方面还相对薄弱。笔者在整理明清刻本文献的过程中，对其中的疑难俗字进行了考释，

* 本文受到国家社科基金青年项目“《广弘明集》历代佛经音义比较研究及数据库建设”（21CYY021）、国家社科基金专项“西域古写经文献汉字的整理、考释与研究”（21VXJ020）的资助。

指明正字，梳理讹变缘由。虽属管窥蠡测，然或可见一斑。不当之处，敬请方家指正。

1. 輀

清张潜之辑《国朝昆山诗存》卷十《陆云俦表兄自江右奉太夫人暨嫂夫人旅榇还昆卜葬怆然有作》："成压阴云乌不飞，白头身负出重围。关山有弟终须忆，邱垄无亲孰可依。官檄昔看乘传去，灵輀今作板舆归。永嘉避地江东好，争说麻衣胜铁衣。"（9B，清咸丰元年刻本）

按："輀"当是"輀"字俗书。"灵輀"成词，义为"丧车"。魏曹植《王仲宣诔》："丧柩既臻，将及魏京，灵輀回轨，白骥悲鸣。"是其用例。"而"字俗书或与"面"字相乱。如：《龙龛手镜》"耐"字作"耐"（第347页）、"恧"字作"恧"（第347页），故"輀"字俗书可作"輀"。就文意来看，诗文内容主要是表达对嫂夫人客死异乡（所谓"旅榇"是指"客死者的灵柩"）的无尽哀痛，以及对陆云俦表兄不辞艰辛迎回嫂夫人灵柩的深切感叹。"灵輀今作板舆归"即指载着嫂夫人灵柩的丧车回归故里。宋喻良能《香山集》卷八《挽李靖康少傅夫人》："板舆曾至郑，灵輀此归周。霭霭云将夕，亭亭月正秋。"（民国续金华丛书本）明孟思《孟龙川文集》卷十八《刘母普太夫人诔》："板舆空扶灵輀出，祖绛帐来北穗帷。"（明万历十七年金继震刻本）清王先谦撰《虚受堂文集》卷十六《王母鲍太夫人诔》："峨峨大艑，惨惨灵輀。昔也板舆，今也穗帷。"（清光绪二十六年刻本）皆可比勘。

2. 琀

清苏凤文《广西昭忠录》卷六《关松志》："关松志，广东合浦人。咸丰元年，由高州镇标常胜勇从军楚粤江皖，积功累官提督衔记名总兵，加执勇巴图鲁号。同治八年，广西提督冯子材自信宜移军太平，剿贼首吴亚终。以松志统管得字右营兵勇。七月，会同总兵谢继贵、副将刘玉成击贼于越南太原省之河洲、峨眉等社，解富平之围。进攻利琀珖、得贤、利舍、骨鲠各村。平雄山、太慈贼垒，逐北至那宥。"（19A，清光绪十六年刻本）

按："琀"字，《汉语大字典》《中华字海》皆未收，亦不见于历代字书韵书，疑字形有误。据文意可知，关松志在广西提督冯子材的领导下，会合谢继贵、刘玉成，剿灭逃亡越南的匪首吴亚终。冯子材剿贼吴亚终之事见于《东华续录》。《东华续录（同治朝）·同治七十五》："逆匪吴亚终窜越南木马。谕苏凤文、冯子材会筹速剿。"（《中国基本古籍库》收录之清刻本）同书《同治七十九》："逆匪吴亚终率党窜入越南，蔓延通携、文渊、洛阳等处。经该抚等饬令总兵谢继贵通带所部，会合副将刘玉成等分投进剿贼甚多。"同书《同治八十八》："广西逆匪吴亚终等由太平窜扰越南。经广西提督冯子材亲统大军驰往剿办，当将首要各逆歼除净尽。本年七月广西提督冯子材督军剿办，将此股贼匪悉数荡平，实属调度有方，甚堪嘉尚。"又据刘斯、黄征旺主编的《广西客家人·历史人物卷》："关松志（1828—1870），字铁珊，合浦公馆人。家贫少孤，与同县吴天兴、陈得贵投冯子材部，并称'抗法三英将。'同治六年（1867），越南匪首吴亚终叛乱，接连攻占越南高平、谅山、宣化、北宁、太原等省市，时任广西提督的冯子材命关松志带领所部参加平乱清剿。"[①]（第45页）可知关松志与谢继贵等会合之处当在越南太原省境内，则"河洲""峨眉""富平""琀珖""得贤""利舍""骨鲠"等地皆当是越南太原省下辖之行政区域。越南黄有秤《同庆地舆志·太原省·富平府·普安县》[②]："普安县，在（富平）府西叁拾贰里。普安县下辖黄潭总等六总。黄潭总辖五社：黄潭社、利舍社、山骨社、得贤社、骨鲠社。"（第830页）同书《太原省·富平府·洞喜县》："洞喜县下辖宿缘、念珖等九总。念珖总下辖三社：念珖社、积米社、霸川社。"（第831页）据《广西昭忠录·关松志》一文，参考《同庆地舆志》，可知关松志与谢继贵等会合与吴亚终交战之地在越南太原省富平府境内。则《广西昭忠录》所谓"进攻利琀珖、得贤、利舍、骨鲠各村"，当是越南太原省富平府下辖普安县黄潭总下之利舍社、得贤社、骨鲠社与洞喜县下辖念珖总下之念珖社。"琀珖"当是"念珖"之误。"琀"是"念"之类化（受"珖"字类化）加旁俗字。

3. 翞

清姚莹《康辅纪行》卷五："惟白木戎男妇皆披藏绸偏单。行坐必佩

① 刘斯、黄征旺主编《广西客家人·历史人物卷》，中国文史出版社，2011。

② 〔越〕黄有秤：《同庆地舆志》，越南世界出版社，2003。该书卷首有今人吴德寿所作《同庆地舆志·越南十九世纪末期一部地理学书籍》一文。据吴氏考察，《同庆地舆志》是阮朝颇为重要的文献资料，原稿于同庆时代（1886～1887）成书，珍藏在顺化宫廷内阁中。该书详细记载了阮朝时期越南国内的行政区域、民俗、物产、山水等内容。吴氏归纳了该书的大体结构，其中与行政区域相关的部分转引如下：省城（或府、县城），概括介绍本辖莅所，辖分位置，四面相接，东西、南北相距长度，各级所属行政单位（省者录至府、县，府者录至县、总，县者录至总、社、村、坊、甲、寨、邑、里等）。由吴氏归纳可知，越南阮朝时期，行政区域划分有：省、府、县、总、社、村、坊、甲、寨、邑、里等11级。

刀。其地和暖。出产稻菜、青稞、豆麦、蔬菓、大䍽⿰羊召羊、大耳猪、厓羊、野象、独角兽。”（6B-7A，清同治六年刻本）

按：“⿰羊召”字当是“⿰羊吕”字之误。䍽⿰羊吕，一种身小角尖的山羊。见徐珂《清稗类钞·动物类上》：“青海之山羊似绵羊，而毛光润。有䍽⿰羊吕，黑多于白，角削身小。”清袁昶《卫藏通志·部落·白木戎》：“白木戎本地人民穿布服，凡男披藏绸褊单，行坐必佩腰刀。其和暖，产米、青稞、豌豆、麦子、黄豆、扁豆、刀豆、四季豆、小米、高粱、莜麦、芝麻、玉麦、甘蔗、葡萄、桃子、石榴、柑子、栗子、水牛、黄牛、羊、大䍽⿰羊吕羊、大耳猪、骡、马、野猪、崖羊、虎豹等物。”亦可比勘。“吕”字俗书或与“召”字形近相乱。如：金泽本《群书治要》引《汉书》：“吕产以吕王为相国”之“吕”作“召”（第 2 册，366 页），高丽本《龙龛手镜·身部》“躳”作“⿰身召”（第 160 页）。“召”字俗书亦作“㕣”，《干禄字书》：“㕣、色、召，上俗。中下正。”“召”字与“吕”字俗书同形。

4. ⿰骨欠

清王士雄《归砚录》卷三引《星甫野语·湖州汤荣光解元》：（汤荣光）世业伤科，接骨有奇效。富翁倾跌，伤臂⿰骨欠脱，护痛不许人动摇，人皆技窘。汤令患者向隅立，卒取冷水，泼其顶，患者陡作寒噤，即乘势将臂一把，骨遂入⿰骨欠矣。又一人，因跌而脊骨脱⿰骨欠者，下节错向内，无可着手……（4B，清同治元年刻本）

按：上引诸“⿰骨欠”字皆当是“骱”字俗书。清程岱葊《野语》卷二《汤解元》：“富翁倾跌伤臂骱脱……即乘势将臂一把。骨遂入骱矣。有因跌，脊骨脱骱者，下节错向内，无可着手。”（清道光十二年刻，二十五年增修本）皆正作“骱”。“骱”字音“jiè”，义为“骨节间相衔处”。所谓“脱骱”者，与口语常说之“脱臼”义同。李飞跃、胡劲松编著《魏氏伤科外用药精粹》云：“脱骱是魏氏（魏指薪）伤科的传统称呼，骱是两骨相接的地方，又称为‘关节’。如果两骨之间因伤失去了正常连接，即谓之‘脱骱’。古代也有称为‘骨出’、‘出臼’或‘骨突出’，近代则普遍称为‘脱臼’或‘脱位’。”[①]“脱骱”多由外力损伤所致。好发于肩关节和髋关节。前引《归砚录》中的“富翁”即因跌伤而肩关节脱位，后引“一人”亦因

① 李飞跃、胡劲松编著《魏氏伤科外用药精粹》，中国中医药出版社，2015，第 141 页。

“跌伤”而脊关节脱位。“脱骱”一词文献常见。如：明钱穀《吴都文粹续集》补遗卷下《杂文》引苏昌龄《遂昌先生郑君墓志铭》：“君讳元祐，字明德，天资颖悟过人。君儿时乳妪提携，右臂脱骱，以左手写楷书，规矩备尽，世称一绝。”（《文渊阁四库全书》本）清霍孔昭《损伤科》有“入骱法”一节，下收“臂骨出臼”“胯骨出臼”“肩骨出臼”“颌骨出臼”“鼻骨出臼”等五类脱骱的治疗方法。清赵濂《伤科大成·接骨入骱用手巧法》：“从高坠跌骨碎者，或骨脱骱者，以手轻轻捏骨与骱平伏，敷定痛散，外护金疮药，投疏风理气汤，次以补中益气汤。”（清光绪刻本）皆可比勘。“骱”之作“⿰骨⿰穴欠”，或因“介”与“穴”二字俗书形近相乱。

5. ⿰⻊⿱罒夂

明罗玘《文肃公圭峰罗先生文集》卷七《送侍讲学士刘君归东川省庆诗序》：“既而酒行甚欢，略我宾主，其隙或循溪群行，或席涯杂坐，而仁仲独俯溪以观水，即涯以荫木。其观也，觉首肯肯，有远跂意。其荫也，觉足⿰⻊⿱罒夂⿰⻊⿱罒夂，有俯躅声。”（20B，明崇祯八年刻本）

按：“⿰⻊⿱罒夂”字疑即“踆”字俗书。明罗玘《圭峰集》卷二亦收录《送侍讲学士刘君归东川省庆诗序》一诗，核其文也，“⿰⻊⿱罒夂⿰⻊⿱罒夂”正作“踆踆”（《文渊阁四库全书》本）。“踆”字从足，夋声。俗书“足”旁与“⻊”旁多相混同，是为常例。其声符“夋”字俗书或与“夎”字相乱，如：《玉篇·走部》“⿺走夋”字作“⿺走夎”（《疑难字考释与研究》，第583页）、“狻”字作“⿰犭⿱罒夂”（苏官反正作狻，B440c3，691）[①]；“夎”字俗书亦有作“夋”，如：“葰”字《裴韵·东韵》作“⿱艹夋”（第539页）、“艐”字《龙龛手镜·舟部》作“⿰舟夋”（第131页）。故“踆”字俗书可作从⻊从夎之形。又“夎”字俗书可作“⿱罒夂”形。如：“⿰犭夎”字《玉篇·犬部》作“⿰犭⿱罒夂”（《疑难字考释与研究》，第217页）。故“踆”字俗书亦可作“⿰⻊⿱罒夂”。从文意上来看，“足踆踆”与“首肯肯”相对为文。“踆踆”义为“忽走忽停的样子”。《文选·张衡〈西京赋〉》：“怪兽陆梁，大雀踆踆。”刘良注曰：“陆梁、踆踆，皆行走貌。”唐杜甫《奉赠韦左丞丈二十二韵》：“焉能心怏怏，只是走

① 此处采用韩小荆《〈可洪音义〉研究——以文字为中心》一书中“《可洪音义》异体字表”的标注方法：A代表《中华大藏经》第59册影印高丽藏本《可洪音义》，B代表第60册。“a、b、c”代表“上、中、下三栏”，其后数字代表“行数”。最后的数字表示《可洪音义研究》一书的页码。下同。

踆踆。”仇兆鳌注：“踆踆，行走貌。”皆是“踆踆”之用例。“踆踆”多用来形容人醉酒或心神恍惚之时行走之貌。如：宋刘一止《苕溪集》卷十六《寄提刑卢察院书》：“一读心醉不自知，神忽忽而若驰，足踆踆而欲进也。”（《文渊阁四库全书》本）同书《上时相问候启》：“足踆踆而欲进，神忽忽而若驰。”明顾潜《静观堂集》卷九《寿东田翁八十序》：“目炯炯而神藏，足踆踆而气舒。”（清雍正刻玉峰雍里顾氏六世诗文集本）皆可比勘。据前引《送侍讲学士刘君归东川省庆诗序》之文意可知，名为“仁仲”之人，是在与友人饮酒甚酣之后，趁着酒兴游玩，其时而“俯首以观溪”，时而“即涯以荫木”，其行走当作“踆踆”之貌。

6. 牆

明张墉摘次、龚五龘参订《二十一史识余》卷十一《政事》：“河阴旧有大枷，号弥尾青。宋翻为县，吏请焚之。翻曰：‘且置南牆下。以待豪家。’”（5B，明崇祯十七年刻本）

按：“牆”字，《汉语大字典》《中华字海》皆未收录，其字当是“墙”字俗书。《篇海·土部》十三画引《玉篇》：“墻，疾羊切，垣墻，正作牆。”《魏书·宋翻传》：“县旧有大枷，时人号曰弥尾青。及翻为县主，吏请焚之。翻曰：‘且置南墙下，以待豪家。’”（《四部丛刊》收录之百衲本《魏书》）正作“墙”字。“墻”“牆”究其正字，皆当是“墙”字。《说文·爿部》：“墙，垣蔽也。从嗇、爿声。”其声符“爿”字俗书或作“土”，如：《干禄字书》“墙”字俗作“墻”（第 29 页）、《龙龛手镜》、《广韵》、《集韵》皆收录“墻”字作为“墙”之俗书。“爿”又可作“片”，如《沈子琚碑》“戕”字作“戕”（《隶辨》，第 59B 页）、《类篇·片部》“牊”字张涌泉认同作“招”（《汉语俗字丛考》，第 629 页）、《龙龛手镜·片部》“牘”作“牘”（第 361 页）。故“墙”字俗书亦可作“牆”。《汉语大字典》当收录“牆”字，可以《篇海》为书证，前引《二十一史识余》之文为例证。

7. 鱀

清屠绅《六合内外琐言》卷六《海市舶》：“（仲鳍）方昼寝时，见女以儿孙俱飞去，为白鱀鱼。鳍，水滨厌谷食，竟游五岳而化，惟不记其尸解之年。”（4B，清末刻本）

按：“鱀”字历代大型字书、韵书皆无收录。就字形来看，其字从鱼冀声，或是一种鱼类。《海市舶》是古代的一则与海洋有关的神话小说。小说讲的是名叫仲鳍的年轻人在海上乘船遭遇海难而未死，被海风吹到一个小山岛上。在岛上遇到了一个自称“冀氏”的白衣女子，二人天涯沦落，互为依靠，不久便结为夫妻。其后，冀氏带领仲鳍见识了神秘的海市，多年之后他们有了自己的儿孙，并为自己的儿孙娶妻生子。终因孙媳难产，生下三个半人半鱼的怪胎，幸福的生活结束。仲鳍一家生活的海岛原是龙伯钓鳌时剩下的海龟，只因其媳生下的三个怪胎惹怒海龟，最终一家被迫迁移至蓬莱阁。不久在仲鳍半睡半醒之时，冀氏带着自己的儿孙化为白鱀鱼腾空飞去。《海市舶》文末有殷柳园按语曰：“世有进不知退，存不知亡者。若仲氏之上于鳌背，而遭翻覆以沦丧也。能税驾海阁，则置之死地，转得生天矣。鱀，冀也。于浮沉宦海者，有冀词焉。”察其文意，冀氏最后化为“白鱀鱼”当与其姓氏有关。颇疑世上非真有名“白鱀”之鱼，只因白衣女子姓“冀”，其化为鱼即为“白鱀鱼”。女子之姓冀者，冀，希望也。殷氏按语亦云：“鱀，冀也。于浮沉宦海者，有冀词焉。”冀氏是仲鳍身遭海难之后，心中对生之希望的化身。大海或喻宦海，无论是身遭海难还是身处宦海不能自已，都要心怀希冀。“鱀”字当是依托“冀”字“希望”之义而另造之字。

8. 蹹

明罗玘《文肃公圭峰罗先生文集》卷十《馆阁寿诗序》：“若吾入尊者之门，屡不敢蹹阈有声焉。”（10A，明崇祯八年刻本）

按：“蹹”字当是“蹋”字之误。罗玘《圭峰集》亦收录《馆阁寿诗序》一文，核其文也，“蹹阈”正作“蹋阈”。（《文渊阁四库全书》本）“阈”字《尔雅·释宫》：“柣谓之阈。”邢昺疏曰：“柣者，孙炎云：‘限也’。经传诸注皆以阈为门限，谓门下横木为内外之限也。”“门限”即“门槛”。“蹋阈”即“踩蹋门槛”。《论语·乡党》：“入公门，鞠躬如也，如不容。立不中门，行不履阈。”“履阈”义与“蹋阈”同。清李毓秀《弟子规》：“勿践阈，勿跛倚，勿箕踞，勿摇髀。”“践阈”即“蹋阈”，义为“踩蹋门槛”。道光《遵义府志·风俗》：“至夜深，大巫舞袖挥诀，小巫戴鬼面，随扮土地神者导引，受令而入，受令而出，曰：‘放五猖’。大巫乃踏阈吹角，作鬼啸。”（清道光刻本）皆可比勘。“蹋”字从足㬎声。俗书“足”旁与“⻊”旁多相混同，是为常例。故“蹋”字俗书可作从“⻊”之形。“蹋”字俗书或作“蹋”（见《龙龛手镜·足部》468）。“蹹”字或即

“𨇾”字右侧部件进一步讹变而成。

9. 訊

唐虞世南撰、明陈禹谟校并补注的《北堂书钞》卷一百一十《乐部·筝》：“鼓筝潜道。”其下注曰：“《英雄记》云：‘吕布诣袁绍。绍患之。布不自安。求还洛，绍假布领司隶校尉。外言当遣，内欲杀布。明日当发，绍遣甲士三十人，辞以送布。布使止于帐侧，伪使人于帐中鼓筝。绍兵卧布，布潜自遁出而兵不觉。夜半兵起，乱斫布床被，谓为已死。明日，绍訊问，知布尚在，乃闭城门。布遂引去。’”（2A-B，清光绪十四年刻本）

按：“訊”字当是“讯”字俗书。《英雄记》是王粲所著的一部专门记载英雄的传记，全书早已亡佚。其书所记“袁绍在洛遣兵杀吕布”之事较早见于《三国志》裴松之注语转引《英雄记》。《三国志·魏书·吕布传》：“布觉其意，从绍求去。绍恐还为己害，遣壮士夜掩杀布，不获。事露，布走河内，与张杨合。”其下裴松之注曰：“《英雄记》：‘夜半兵起，乱斫布床被，谓为已死。明日，绍讯问，知布尚在，乃闭城门。布遂引去。’”（百衲本景宋绍熙刊本）其字正作“讯”字。“讯”之作“訊”，当是由部件“卂”讹变而来。“卂”字俗书或作“孒”形。如《干禄字书》：“訊、訊，上俗，下正。”（第51页）《敦煌俗字典》“扟”字作“扟”（第359页）。“訊”字右侧似“孔”字，疑是由“孒”字进一步讹变而来。

10. 𨂿

清钱陈群《香树斋诗续集》卷二十九《鹄云弟生日奉第五叔平山堂小集时在会者补堂杜太守雪卢慈门石庄三上人石庄绘图属题》：“吾家第五叔真顽，老去山游缘未悭。鸿爪半生多宦迹，楚山𨂿遍又齐山。”（19A，清乾隆十九年刻本）

《香树斋诗续集》卷三十三《即景》：“绕屋虬松铺作盖，映阶翠藓𨂿还生。”（9B）

按：“𨂿”当是“踏”字俗书。“踏”字以“沓”为声符，“沓”字从口从水，其俗书或与“咎”字形近。如：“踏”字高丽本《龙龛手镜·足部》作“踏”（第468页），《可洪音义》卷十六《根本说一切有部毗奈耶苾尼律》第一帙第十卷音义“踏”字作“踏”（B3b4，696）。皆可比勘。“𨂿”字所从之“咎”当是由“踏”字右侧部件进一步讹变而来。就文意来看，“鸿爪半生多宦迹，楚山踏遍又齐山”，此句是称赞“第五叔”为官经历丰富，颇有政绩，声誉远播，其足迹踏遍了楚山至齐山区域。原文诗下有按语曰：“叔弱冠通籍，初宰郧西黄梅，迁随州，寻补保安，左迁宝坻，后官山左。历任皆有循声。”是其证。“绕屋虬松铺作盖，映阶翠藓踏还生”，“踏”与“铺”相对为文，绕屋生长的松树枝叶繁盛，生命力旺盛，树顶枝叶铺展开来甚至可作盖屋的茅苫。生长在台阶上的翠绿苔藓，经人踩踏还能顽强生长。诗句赞美了大自然的生机勃勃。

11. 髵

清屠绅《六合内外琐言》卷一《长须君长》：“阿宝之逝也，瞑目待尽。若有人持其手者，命之登岸。顿见风日清丽，衣湿乍轻。视其人，髮髵鬙，须过腰下。”（1B，清末刻本）

按：“髵”当是“鬅”字俗书。“鬅鬙”成词，义为头发披散之貌。唐段成式《酉阳杂俎续集·支诺皋上》：“元和中，国子监学生周乙者，常夜习业，忽见一小鬼鬅鬙，头长二尺余，满头碎光如星，眨眨可恶。”（5A，《四部丛刊》景明本）宋毕仲游《西台集》卷十九《忤俗》：“忤俗真堪笑，谋生又不能。放怀衣落拓，高卧髮鬅鬙。”（9B，清武英殿聚珍版丛书本）皆是其用例。前引《长须君长》一文中，阿宝所见之人“髮髵鬙，须过腰下”，是指其人长发披散，胡须甚长已过腰。“鬅”之作“髵”者，当是其下部所从之“朋”字发生了讹变。“朋”字所从两“月”形部件俗书常合并，有时共享笔画，与“髵”字下部所从之形形近。如《景北海碑阴》“朋”字作“[illegible]”（《隶辨》70B），《魏寇霄墓志》“朋人司马”之“朋”作“[illegible]”（《北京图书馆藏中国历代石刻汇编》5/137），《魏员外散骑侍郎元恩墓志》“朋”字作“[illegible]”（《广碑别字》106），《字学三正·体制上·世俗杜撰字》[①]“朋，俗作[illegible]”（59B）。皆可比勘。

12. 悗

明杨慎《太史升庵遗集》卷二十《敕赐雾中开化禅寺碑文》：“石之盘陀、海马，亭之四会、三関，藓苫解鞍，信宿横枕，实悗旃檀之元韵，不假丝竹之清音。”（14A，清道光二十四年刻本）

---

① （明）郭一经：《字学三正》，明万历二十九年山东曹县公署刻本，《四库未收书辑刊》，经部02辑第14册。

按："悗"字当是"悦"字俗讹。明杜应芳辑《补续全蜀艺文志》卷三十转录杨慎《雾中开化禅寺碑文》，"悗"字作"悦"（3A，明万历刻本）、（雍正）《四川通志》卷四十《艺文》亦转录作"悦"（《文渊阁四库全书》本 561/325B）。皆是也。"盘陀""海马""四会""三关"是指雾中山之"海马石""盘陀石""三关亭""四会亭"，此四者皆雾中山之胜迹。察其文意："薢茩解鞍"，"薢茩"当作'邂逅'，谓与此等美景不期而遇，使人不由产生停驻欣赏之意。"信宿横枕"义为"连宿两夜"，雾中山的美景又因开化禅寺的存在而平添禅意，使人流连忘返。"悦旃檀之元韵"，此句之意谓开化禅寺之景与佛法犹如旃檀一样清香，使人愉悦沉醉。"悦旃檀之元韵"一句实际上蕴含典故。与此句类似的诗文亦见于多本文献。如宋陈与义撰、胡稚注《增广笺注简斋诗集》卷八《陈叔易赋王秀才所藏梁织佛图诗邀同赋因次其韵》："眉间毫光放未尽，指下已带旃檀风。"胡稚注曰："《法华经》：'旃檀香风悦可众心。'"（1B，《四部丛刊》景宋本）清王士禛《渔洋山人精华录》卷十《柳庵》："溪行路不极，溪上出香林。一夜前山雨，千回石濑深。空花春漠漠，仙梵午沉沉。旧识旃檀味，还能悦众心。"（8B，《四部丛刊》景林佶写刻本）前引诸诗文皆蕴含佛经典故，正如胡稚注文所云典源当是《妙法莲华经》。后秦龟兹国三藏法师鸠摩罗什译《妙法莲华经》（《大正藏》本）："文殊师利。导师何故，眉间白毫，大光普照。雨曼陀罗、曼殊沙华。旃檀香风，悦可众心。"[①] 经文意指"文殊菩萨，佛法广大，佛法如檀香一样，沁人心脾，普度众生"。"旃檀"喻指"佛法"。"旃檀香风，悦可众心"意指"佛法犹如旃檀一般清香，可以使众生愉悦"。"悗"字《玉篇》训"惑也"，义为"迷惑、糊涂"，此处当是"愉悦、欢愉"之义，则不当作"悗"字。"悦"之作"悗"，或因"兑"字俗书与"免"字形近相乱。如《敦煌俗字典》"脱"字作"脕"（第411页），《可洪音义》卷十三《正法念处经》第一帙第十六卷音义"说"字作"說"（A1065a11，684），皆可比勘。

13. 坵

清严可均《铁桥漫稿》卷七《金培英表墓铭》："丁母优，奔丧过长沙。

① （后秦）鸠摩罗什译《妙法莲华经》，《大正新修大藏经》本，第9册。大正新修大藏经刊行会编，大藏出版株式会社，1988。

值苗民乱。大将军福公康安留佐军务。服阕。权湖南清泉县。苗平。保举直隶州知州，格于部议。仍还广西。权兴安县，修筑坘河闸门。又权知宾州，题补临桂县知县。”（38B，清光绪十一年长洲蒋氏刻本）

按：清道光十八年四录堂刻本《铁桥漫稿》字作“坘”（15A）。今人孙宝点校出版的《严可均集》将此字录作“埤”[①]，非是。“坘”与“坘”皆当是“阧”字换旁俗书。“土”旁与“阜”旁义近，古字多可换用。如“阯”字《说文》或作“址”（第305页）、《安平相孙根碑》“域”字或作“阈”（《隶释》卷十，《文津阁四库全书》本，681页/561页[②]），皆可比勘。究其正字，则当是“陡”字俗书。《龙龛手镜》《广韵》《集韵》皆以“阧”与“陡”同。是其证。察其文意，金培英权兴安县，修筑“陡河闸门”，“陡河”即兴安县之灵渠也。宋周去非《岭外代答》对“灵渠”有较为详细的介绍。《岭外代答·地理门·灵渠》：“湘水之源，本北出湖南；融江，本南入广西。其间地势最高者，静江府之兴安县也。昔始皇帝南戍五岭，史禄于湘源上流漓水一派凿渠，逾兴安而南注于融，以便于运饷。”[③]又曰：“渠水绕迤兴安县，民田赖之。深不数尺，广可二丈，足泛千斛之舟。渠内置斗门[④]三十有六，每舟入一斗门，则复闸之，俟水积而舟以渐进，故能循崖而上，建瓴而下，以通南北之舟楫。窃叹始皇之猜忍，其余威能罔水行舟，万世之下乃赖之。岂唯始皇，禄亦人杰矣，因名曰灵渠。”（第27页~第28页）

“灵渠”，凿于秦朝，又名零渠、秦凿渠，明清时期称陡河，今位于广西壮族自治区兴安县境内。该渠将兴安县东的海洋河（湘江源头）和县西的大溶江（《岭外代答》之“融江”，漓江源头）相连，历代都是连接长江与珠江两大水系的通航要道。南宋时，广西路灵川、兴安两县知县衔内带“兼管灵渠”，负责随时疏浚河道以维持航道畅通（《中国通史》第581页）。因其重要的水运地位，明清以来，统治者对灵渠进行了多次维护。《清史稿·陈元龙列传》：“（康熙）五十年授广西巡抚。五十四年，修筑兴安陡河

---

① （清）严可均：《严可均集》，孙宝点校，浙江古籍出版社，2013，第260页。

② “/”前的数字表示《文津阁四库全书》的册数。“/”后的数字表示页码。

③ （宋）周去非：《〈岭外代答〉校注》，杨武泉校注，中华书局，2006。

④ 杨武泉校注曰：“斗门，一名陡门，或作阧门，是用以减缓比降，提高水位，蓄水行舟，具有近代船闸作用的一种建筑物。”

闸，护两广运道。”（第 10263 页）同书《谢启昆列传》：“嘉庆四年，擢广西巡抚。仿浙江海塘竹篓囊石之法，修筑兴安陡河石隄，以除水患。”（第 11358 页）皆可比勘。若做“埤河闸门”，则文献未见兴安县内有“埤河”之名。

参考文献

（清）严可均：《严可均集》，孙宝点校，浙江古籍出版社，2013。

（后秦）鸠摩罗什译：《妙法莲华经》，《大正新修大藏经》第 9 册，大正新修大藏经刊行会编，大藏出版株式会社，1988。

（明）郭一经：《字学三正》，明万历二十九年山东曹县公署刻本，《四库未收书辑刊》，经部 02 辑第 14 册。

李飞跃、胡劲松编著《魏氏伤科外用药精粹》，中国中医药出版社，2015。

刘斯、黄征旺主编《广西客家人・历史人物卷》，中国文史出版社，2011。

〔越〕黄有秤：《同庆地舆志》，越南世界出版社，2003。

韩小荆：《〈可洪音义〉研究——以文字为中心》，巴蜀书社，2009。

（宋）周去非：《〈岭外代答〉校注》，杨武泉校注，中华书局，2006。

白寿彝总主编、陈振主编《中国通史》，上海人民出版社，2015。

（清）赵尔巽等撰《清史稿》，中华书局，2003。

• 汉语方言研究 •

湖南泸溪瓦乡人客话的地域差异*

瞿建慧

（吉首大学文学与新闻传播学院，吉首，416000）

提　要： 湖南泸溪瓦乡人说的客话存在地域差异，并与纯客话区人们说的湘语也有些不同，这些差异是受乡话、湘语和普通话影响导致。李家田客话受乡话、湘语的影响比白沙屈望客话大，而白沙屈望客话受普通话影响大，这与它们的语言环境是分不开的。汉语方言的母语干扰和母语转换会导致汉语方言的分化。

关键词： 泸溪乡话；客话；地域差异；汉语方言分化

湘西乡话是一种主要分布在湘西土家族苗族自治州所辖的泸溪县、古丈县、永顺县和怀化地区的沅陵县、辰溪县和溆浦县以及张家界的慈利县等地的土话，以沅陵县分布最广，使用人口最多。泸溪乡话主要分布在白沙镇、李家田乡、八什坪乡和梁家潭乡（2004 年行政区划），使用人口约 3 万人。当地人把这种土话称作"乡话"，把境内的湘语称作"客话"。乡话与客话差异很大，完全不能通话。说乡话的人自称"讲乡的""瓦乡的"，在乡话里"瓦"是"话"的读音，"瓦乡的"就是"话乡的"，"说乡话的"的意思。本文统称为瓦乡人。

由于交通逐渐便利，与外界交往逐渐频繁，出于生存和交际的需要，讲泸溪乡话的人很多都学会了泸溪湘语，对外说湘语，对内说乡话，成为双语人。①

* 本文为国家社科基金一般项目"语言接触与湘西土家语苗语的汉借词研究"（18BYY056）的阶段性成果。

① 瞿建慧：《泸溪乡话与泸溪湘语的语音比较及语音演变》，《中南大学学报》（社会科学版）2012 年第 2 期。

瓦乡人说的客话存在地域差异，并与纯客话区人们说的湘语也有些不同，这些差异是乡话、湘语和普通话的影响导致的。笔者调查了泸溪县白沙屈望瓦乡人说的客话（简称白沙屈望客话）和泸溪县李家田瓦乡人说的客话（简称李家田客话[①]），还调查了泸溪县武溪（原县城）湘语和泸溪县李家田纯客话区人说的湘语，用来做比较。

一 泸溪瓦乡人客话的地域差异

1. 语音方面

（1）李家田客话假摄字主要元音读圆唇元音［o］，白沙屈望客话假摄字主要元音读［ɤ］。

（2）李家田客话止摄知三章组字读［ʈʂ］，白沙屈望客话止摄知三章组字读［ʦ］组。

（3）李家田客话深臻曾梗摄舒声开口三（四）等非知系字韵母读开口呼。白沙屈望客话深臻曾梗摄舒声开口三（四）等非知系字韵母读齐齿呼。

（4）李家田客话蟹摄开口一二等主要元音读作［a］。白沙屈望客话蟹摄主要元音读作［ai］。

（5）李家田客话鼻音声母的通摄入声字韵母读同通摄舒声字。白沙屈望客话鼻音声母的通摄入声字韵母读［u］。

（6）李家田客话咸山摄开口三四等和合口字主要元音读［ɛ］。白沙屈望客话咸山摄开口三四等和合口字主要元音读［ã］。

（7）李家田客话咸山摄入声开口三四等字读［i］。白沙屈望客话咸山摄入声开口三四等字读［iɛ］。

（8）李家田客话泥组蟹摄合口一等字读［uei］。白沙屈望客话泥组蟹摄合口一等字读［ei］。

（9）李家田客话古浊平声字白读念阴去，文读念阳平。白沙屈望客话古浊平声字读为阳平。

---

① 李家田客话实际上应该包括李家田瓦乡人说的客话和李家田纯客话区说的湘语，这里为了区别二者，称说方便，将李家田瓦乡人说的客话称李家田客话，李家田纯客话区说的湘语称为李家田湘语。

2. 词汇方面也存在一些差异

白沙屈望客话与李家田客话词汇差异举例见表 1。

表 1　白沙屈望客话与李家田客话词汇差异举例

	白沙屈望客话	李家田客话
雾	罩子 ʦəu^{213}ʦɿ^{0}	□□mu^{53}lu^{0}
摔	□pɑ^{42}	□p^{h}ɑu^{45}
都	都 təɯ^{45}	通 t^{h}oŋ^{45}
关(门)	关 kuɛ^{45}	闭 pi^{213}
轮子	轮子 kuẽ^{42}ʦɿ^{0}	滚子 kuẽ^{42}ʦɿ^{0}
答应	答应 tɤ^{24}iẽ^{0}	肯 k^{h}ẽ^{42}
闪电	闪电 sã^{42}tiã^{55}	扯火闪 ʨ^{h}io^{42}xo^{24}ɕiɛ^{0}
蝗虫	蝗虫 xuaŋ^{24}dzoŋ^{24}	蹦虫 pu^{55}ʥioŋ^{213}

3. 语法方面

（1）李家田客话“来”可以表示将行体。白沙屈望客话没有这种用法。

（2）李家田客话把形容词充当的状语移到动词的宾语或补语后面。白沙屈望客话没有这种用法。

二　客话地域差异形成的因素

1. 乡话的影响

在第二语言习得中，母语对学习者的影响是一个普遍存在的现象。根据“母语迁移”理论，在第二语言的习得过程中，学习者的第一语言即母语的使用习惯会直接影响第二语言的习得，并对之起到积极促进或消极干扰的作用。乡话是瓦乡人的母语，瓦乡人学习客话时，不可避免地受到了乡话的影响。

（1）语音方面

白沙屈望乡话假摄字主要元音读圆唇元音［ɤ］，受此影响，白沙屈望客话假摄字主要元音也是读圆唇元音［ɤ］，而李家田乡话、李家田客话、李家田湘语和武溪湘语读［o］。

白沙屈望乡话止摄知三章组字读［ʦ］组，受此影响，白沙屈望客话止摄知三章组字也读［ʦ］组，而李家田乡话、李家田客话、李家田湘语和武溪湘语读［ʈʂ］组。

例字见表 2。

表 2　屈望乡话、屈望客话、李家田乡话、李家田客话、李家田湘语假摄、止摄知三章组例字

	屈望乡话	屈望客话	李家田乡话	李家田客话	李家田湘语
麻	mɤ^{45}	mɤ^{24}	mo^{45}	mo^{24}	mo^{24}
虾	xɤ^{45}	xɤ^{45}	xo^{45}	xo^{45}	xo^{45}
试	sɿ^{213}	sɿ^{213}	ʂʅ^{213}	ʂʅ^{213}	ʂʅ^{213}
汁	tsɿ^{213}	tsɿ^{24}	tʂʅ^{213}	tʂʅ^{213}	tʂʅ^{213}

（2）词汇方面

李家田乡话“雾”说［mu^{24}lu^{0}］，受此影响，李家田客话“雾”也说［mu^{53}lu^{0}］。

李家田乡话“鹅卵石”说［mu^{42}gu^{42}ŋɑ^{0}］，受此影响，李家田客话“鹅卵石”说［mo^{42}gu^{42}ŋɑ^{24}］。

李家田乡话“坡”说［liɛ^{45}ta^{0}］$_{\text{岭头}}$，受此影响，李家田客话“坡”说［lioŋ^{42} ʂɑŋ^{0}］$_{\text{岭上}}$。

李家田乡话“猕猴桃”说［ʐoŋ^{213}ti^{42}bu^{213}lu^{45}］，受此影响，李家田客话“猕猴桃”说［iɑŋ^{24}bu^{213}lu^{55}］。

李家田乡话“磕头”说［tɕ^{h}ioŋ^{24}zo^{42}］，受乡话影响，李家田客话“磕头”说［tɕ^{h}iɑŋ^{213}zɤ^{0}］。

李家田乡话“（一）架（飞机）”说［lɑu^{213}］$_{\text{条}}$，受乡话影响，李家田客话“（一）架（飞机）”说［diɑu^{24}］$_{\text{条}}$。

李家田乡话“摔”说［p^{h}ɑu^{45}］，受乡话影响，李家田客话也说［p^{h}ɑu^{45}］。

李家田乡话“都”说［t^{h}ai^{45}］$_{\text{通}}$，受乡话的影响，李家田客话“都”说［t^{h}oŋ^{45}］$_{\text{通}}$。

李家田乡话“关（门）”说［pi^{24}］$_{\text{闭}}$，受乡话的影响，李家田客话“关（门）”说［pi^{213}］$_{\text{闭}}$。

李家田乡话“轮子”说［kuai^{53}tsɿ^{0}］$_{\text{滚子}}$，受乡话的影响，李家田客话“轮子”说［kuẽ^{42}tsɿ^{0}］$_{\text{滚子}}$。

白沙屈望客话词发音受到白沙屈望乡话影响的例子较少：

白沙屈望乡话“茄”说［dʑyɛ^{213}］，受乡话的影响，白沙屈望客话说［dʑyɛ^{24}］。

从语音方面来看，白沙屈望客话受乡话的影响大。从词汇方面来看，李家田客话受乡话的影响大。

2. 湘语的影响

湘语是泸溪县通行的汉语方言。泸溪瓦乡人和与说湘语的泸溪人长期聚居在一起，交往也比较频繁，这样的客话打上了当地湘语的烙印。相对来讲，李家田客话受湘语的影响比较大。

（1）语音方面

李家田客话、武溪湘语和李家田湘语“寺”读作［ʦɿ^{55}］，李家田客话的读音受到了湘语的影响。

受湘语的影响，李家田客话深臻曾梗摄舒声开口三（四）等非知系字韵母读开口呼。比如：李家田客话、武溪湘语和李家田湘语“病”都读作［pẽ^{55}］。

受湘语的影响，李家田客话蟹摄开口一二等主要元音读作［a］。比如：李家田客话、武溪湘语和李家田湘语“筛”都读作［sa^{45}］。

受湘语的影响，李家田客话通摄入声鼻音声母字的韵母读同通摄舒声字。比如：李家田客话、武溪湘语和李家田湘语“木”读［moŋ^{24}］。

受湘语的影响，李家田客话咸山摄开口三四等和合口字主要元音读［ɛ］。比如：李家田客话、武溪湘语和李家田湘语“远”“煎”“关”等字主要元音读［ɛ］。

受湘语的影响，李家田客话咸山摄入声开口三四等字读［i］。比如：李家田客话、武溪湘语和李家田湘语“篾”读［mi^{24}］。

受湘语的影响，李家田客话泥组蟹摄合口一等字读［uei］。比如：李家田客话、武溪湘语和李家田湘语“雷”读［luei^{24}］。

受湘语的影响，李家田客话古浊平声字白读为阴去。比如：李家田客话、武溪湘语和李家田湘语“筒”$_{白读}$［doŋ^{213}］，阴去。

（2）词汇方面

以下词语李家田客话的说法受到了湘语的影响。

李家田客话“闪电”说“扯火闪［ʨʰio^{42}xo^{24}ɕiɛ^{0}］”，和李家田湘语、武溪湘语一样。

李家田客话“伯母”说“伯娘［pai^{24}ȵiɑŋ^{24}］”，和李家田湘语、武溪湘语一样。

李家田客话“答应”说“肯［k^{h}ẽ^{42}］”，和李家田湘语、武溪湘语一样。

李家田客话“铅笔”说［yã^{24}pi^{24}］，和李家田湘语、武溪湘语一样。

李家田客话“蜻蜓”说［ʥiɑu^{24}ȵiaŋ^{24}］，和李家田湘语、武溪湘语一样。

以下词语白沙屈望客话的说法受到了湘语的影响。

白沙屈望客话“雾”说“罩子［ʦəu^{213}ʦɿ^{0}］”，和武溪湘语一样。

白沙屈望客话“鹅卵石”说“鸡子岩［ʨi^{45}ʦɿ^{0}ŋai^{24}］/卵石［lɤ^{42}sɿ^{0}］”，和武溪湘语一样。

白沙屈望客话“摔”说［pɑ^{42}］，和武溪湘语一样。

（3）语法方面

①李家田客话和李家田湘语、武溪湘语一样，“来”可以表示将行体。比如：

李家田客话　ʂu^{42} kai^{45} lai^{24} liɑu^{0}　水快要开了。

水　开　来　了

lo^{24} ʦɿ^{0} xoŋ^{24} lai^{24} liɑu^{0}　辣椒快要红了。

辣　子　红　来　了

②把形容词充当的状语移到动词的宾语或补语后面，这是湘语的特点。[①] 李家田客话和李家田湘语、武溪湘语一样，也有这样的用法。

李家田客话

ŋo^{42} ʨiẽ^{45} ʐʅ^{213} ʨ^{h}i^{24} liɑu^{213} i^{24} ʦ^{h}ɑ^{45} pɑu^{42} ti^{0}　我今天饱饱地吃了一餐。

我　今　日　吃　了　一　餐　饱　的

t^{h}ɑ^{45} k^{h}ẽ^{213} liɑu^{2} i^{24} kɑu^{213} xɑu^{42} ti^{0}　他好好地睡了一觉。

他　困　了　一　觉　好　的

3. 普通话的影响

相对于李家田客话来说，白沙屈望客话湘语特征不明显，主要是因为受普通话的影响比较大。

（1）语音方面

白沙屈望客话“寺”［sɿ^{55}］，声母读同普通话。

白沙屈望客话深臻曾梗摄舒声开口三（四）等非知系字韵母读齐齿呼，

---

① 侯精一：《现代汉语方言概论》，上海教育出版社，2002。

比如："病"［piẽ^{55}］，韵母读同普通话。

白沙屈望客话蟹摄开口一二等主要元音读作［ai］。比如："筛"读［sai^{45}］，韵母读同普通话。

白沙屈望客话通摄入声鼻音声母字的韵母读［u］。比如："木"读［mu^{24}］，韵母读同普通话。

白沙屈望客话咸山摄开口三四等和合口字主要元音读［ã］，"远"读［yã^{42}］，"煎"读［tɕiã^{45}］，"关"读［kuã^{45}］，韵母读音与普通话相近。

白沙屈望客话咸山摄入声开口三四等字读［iɛ］。比如："篾"读［miɛ^{24}］，韵母读同普通话。

白沙屈望客话泥组蟹摄合口一等字读［ei］。比如："雷"读［lei^{24}］，韵母读同普通话。

白沙屈望客话古浊平声字读为阳平。比如："筒"［doŋ^{24}］，阳平，声调同普通话。

（2）词汇方面

白沙屈望客话有些词的说法与普通话相同，而李家田客话与武溪湘语、李家田湘语的说法相同或相近。举例见表3。

表3　白沙屈望客话、武溪湘语、李家田客话、李家田湘语例词

	白沙屈望客话	武溪湘语	李家田客话	李家田湘语
闪电	闪电 sã^{42}tiã^{55}	扯火闪 tɕʰio^{42}xo^{24}ɕiɛ^{0}	扯火闪 tɕʰio^{42}xo^{24}ɕiɛ^{0}	扯火闪 tɕʰio^{42}xo^{24}ɕiɛ^{0}
蜻蜓	蜻蜓 tɕʰiẽ^{45}diẽ^{24}	□娘 dʑiɑu^{24}ȵiɑŋ^{24}	□娘 dʑiɑu^{24}ȵiɑŋ^{24}	□娘 dʑiɑu^{24}ȵiɑŋ^{24}
蝗虫	蝗虫 xuaŋ^{24}dzoŋ^{24}	蹦公子 pu^{55}ko^{45}dʑioŋ^{213}	蹦虫 pu^{55}dʑioŋ^{213}	蹦虫 pu^{55}dʑioŋ^{213}
垃圾	垃圾 la^{45}tɕi^{0}	□□ai^{213}sai^{0}	□□ai^{213}ɕiɛ^{213}	□□ai^{213}se^{0}
父亲	爸 pɑ^{45}	爷 io^{24}	爷 io^{24}	爹 tiɑ^{45}
伯母	伯母 pai^{24}mu^{0}	伯娘 pai^{24}ȵiɑŋ^{24}	伯娘 pai^{24}ȵiɑŋ^{24}	伯娘 pai^{24}ȵiɑŋ^{24}
铅笔	铅笔 tɕʰiã^{45}pi^{24}	铅笔 yã^{24}pi^{24}	铅笔 yã^{24}pi^{24}	铅笔 yã^{24}pi^{24}
答应	答应 tɤ^{24}iẽ^{0}	肯 kʰẽ^{42}	肯 kʰẽ^{42}	肯 kʰẽ^{42}

（3）语法方面

①受普通话的影响，白沙屈望客话"来"没有表示将行体的用法。

②受普通话的影响，白沙屈望客话不能把形容词充当的状语移到动词的宾语或补语后面。

三 泸溪客话地域差异形成的语言环境

各自的母语（乡话）地域差异造成了泸溪瓦乡人客话的不同，乡话影响的大小也会造成瓦乡人客话的差异。李家田客话受乡话的影响比白沙屈望客话大，形成了李家田客话和白沙屈望客话的地域差异。除此之外，白沙屈望客话受普通话影响大，李家田客话受湘语的影响大，这也是造成白沙屈望客话和李家田客话差异的重要原因。

白沙原是上堡乡的一个行政村，辖屈望、岩坪和白沙三个自然村。其中，屈望自然村是最大的自然村，百余户人家，90%的村民为张姓和唐姓，杨姓有四户，顾姓有一户，全部为解放初期的外迁户。1993 年省民政厅批准成立白沙镇所辖的屈望、岩坪和白沙变为居委会。2001 年，随着县人民政府从武溪镇迁往白沙，县直单位陆续搬迁到白沙，屈望居委会正式变更为屈望社区。2005 年县直部门和城区居民全部划归四个社区管理，车站、电力局、公路局等单位划归屈望社区。在屈望村改屈望社区之前，屈望村全村人都会说乡话，日常交际都用乡话。屈望村有一个村小，只设一、二年级，三年级及以上的学生就去白沙大队小学上学。白沙大队小学的学生基本上来自屈望、岩坪和白沙三个自然村，因为都会说乡话，学生之间交谈是用乡话的，只有上课的时候老师会用不太标准的普通话讲课。等上了初中或者长大了去距离较近的武溪、浦市等地做事，屈望村的瓦乡人才开始学习客话。屈望村改屈望社区之后，由于屈望社区位于泸溪县城最南部，与泸溪县城内迁移的县直单位居民（大多数说武溪湘语）相对来说日常交流也较少。屈望村客话成分比较复杂，除了乡话的底层之外，还有武溪湘语、浦市湘语和普通话成分。由于屈望村村民开始学客话的时间比较晚，在学客话之前已经接受了学校教育和大众传媒的普通话影响，所学的客话里掺杂了普通话的成分。屈望村村民的客话大多是模仿武溪湘语，部分模仿的是浦市湘语，比如，咸山摄开口一二等字武溪湘语读［a］，浦市湘语说［ɛ］，屈望村客话读音与武溪湘语一样。但“洋苕”武溪湘语说“洋薯”，屈望村客话说“地萝卜”，和浦市湘语一样。屈望客话模仿者还存在个体差异，有的人“不”说［mi^{55}］，模仿的是武溪湘语，有的人“不”说［$mɑu^{55}$］，模仿的是浦市湘语。

李家田乡共辖11个行政村：红岩、辛女溪、杨斌庄、朱食洞、李家田、引家冲、茶林溪、黑竹坳、岩头山、李家寨、李尧溪11个村委会。乡话主要分布在朱食洞村、杨斌庄村、红岩村、辛女溪村、李家田村。除了红岩村讲乡话的人口较多，占全村总人口的75%外，朱食洞村、杨斌庄村、辛女溪村、李家田村讲乡话的人口不到一半，分别占全村总人口的37%、45%、18%、2.9%。李家田是个半客半乡的乡镇，朱食洞村朱食洞小组共有300多人，邓姓、向姓的人讲乡话的250人。从老城武溪镇搬来的张姓讲泸溪湘语的约50人。符家寨共100人，5个70岁以上的老人会讲一点乡话，其余的人全部讲泸溪湘语。条家坪小组共有186人，父辈以上全部讲乡话，在村的小孩讲泸溪湘语。辛女溪村以讲泸溪湘语为主，仅有李家岭200多人全部讲乡话。李家田村是以讲泸溪湘语为主的村落，仅有岩子头小组从外地迁来的约50人讲乡话，当地交通极不便利，他们只能长期与小组内讲泸溪湘语的人交流。[①] 李家田乡瓦乡人和说湘语的人接触频繁，瓦乡人从小就和说湘语的人打交道，很早就学会了客话，双语人的大量存在加快了乡话和湘语的相互渗透。相对于屈望客话来说，李家田客话遗留的乡话成分比较多，湘语的色彩也浓些。

四 从客话地域差异看泸溪湘语的分化

白沙屈望客话和李家田客话语音、词汇和语法方面存在一定的差异，与武溪湘语、李家田湘语也有些不同，表现了泸溪湘语的内部差异。

传统方言学理论一般认为方言作为语言的地区变体是语言分化的结果，然而大量的实际语言材料表明，与不同语言的接触可能是造成方言分歧的另一种重要原因，换句话说，方言在某种意义上也是语言融合的结果。[②] 其实，李如龙早在2001年就提出：形成方言的主要原因是社会的分离、人民的迁徙、地理的阻隔，民族的融合和语言的接触。语言的接触包括方言与共同语及方言间的接触，以及不同民族语言间的接触，由于语言接触和渗透而产生新的方言差异乃至形成新区方言，这也是常见的现象。[③] 陈保亚重点讨论了汉语

---

① 以上数据资料由邓婕提供。

② 谭晓平：《语言接触与语言演变——湘南瑶族江永勉语个案研究》，华中师范大学出版社，2012。

③ 李如龙：《汉语方言学》，高等教育出版社，2001。

和民族语言的接触在汉语方言形成过程中的作用。并指出：民族语言的母语干扰和母语转换是导致汉语方言形成的两种基本的方式。① 泸溪乡话和泸溪湘语都属于汉语方言，它们之间的接触导致了泸溪湘语的分化。

泸溪乡话与泸溪湘语接触之后，瓦乡人开始成为双语人，但他们模仿湘语说的客话并不十分标准，属于不成功的模仿，这就形成了客话的内部差异。屈望村发音合作人张大军也这样对我们说："我们说的客话，虽然是模仿武溪话，但武溪人一听就知道我们是瓦乡人。"即使都是瓦乡人，都学习客话，但因为模仿的对象不同，受母语（乡话）干扰的程度不同，与目标语（湘语）接触的深浅不同，所说的客话也存在差异。李家田客话和白沙屈望客话的不同，最主要的原因在于白沙屈望客话受到了普通话的影响。李家田客话和李家田湘语的不同在于李家田客话保留的乡话成分更多一些，比如"雾"，李家田湘语说［tsɑu^{213}tsɿ^{0}］罩子，和武溪湘语一样，而李家田客话说［mu^{55}lu^{0}］，和李家田乡话近似。"轮子"，李家田湘语说［luẽ^{24}tsɿ^{0}］，和武溪湘语一样，而李家田客话说［kuẽ^{42}tsɿ^{0}］滚子，与李家田乡话相同。可以想象，现在说李家田湘语的人原来也是说乡话的，只是受湘语的影响较早，从双语人变成了单语人，完成了母语转换。如果白沙屈望瓦乡人有朝一日放弃乡话，从双语人变成单语人，白沙屈望客话稳定下来变成白沙屈望湘语，它的普通话因素通过口耳相传固化，这就会形成泸溪湘语的进一步分化。

当强势语言与弱势语言发生接触，学界往往关注弱势语言发生的变化，很少想到接触带来的另一个结果——强势语言的分化。泸溪乡话与泸溪湘语接触，不仅改变了泸溪乡话的使用功能和语言结构，还会造成泸溪湘语内部的分化。比如李家田湘语受乡话的影响，说"摔"为［p^{h}ɑu^{45}］，说"跨"为［o^{45}］，说"关（门）"为［pi^{24}］闭，而武溪湘语则分别说［pɑ^{42}］、［dʑio^{55}］、［kuã^{45}］。李家田湘语和武溪湘语的差别表现了泸溪湘语的内部差异。

由此可以看出，母语的干扰和母语转换不仅存在于民族语言里，也存在于汉语方言里，不仅是民族语言的母语干扰和母语转换导致汉语方言的形成，汉语方言的母语干扰和母语转换也会导致汉语方言的形成和分化。

---

① 陈保亚：《语言接触导致汉语方言分化的两种模式》，《北京大学学报》（哲学社会科学版）2005 年第 2 期。

参考文献

瞿建慧：《泸溪乡话与泸溪湘语的语音比较及语音演变》，《中南大学学报》（社会科学版）2012年第2期。

侯精一：《现代汉语方言概论》，上海教育出版社，2002。

谭晓平：《语言接触与语言演变——湘南瑶族江永勉语个案研究》，华中师范大学出版社，2012。

李如龙：《汉语方言学》，高等教育出版社，2001。

陈保亚：《语言接触导致汉语方言分化的两种模式》，《北京大学学报》（哲学社会科学版）2005年第2期。

山西平定方言“喫”的语义网络建构*

延俊荣

（山西大学语言科学研究所，太原，030006）

提　要：山西平定方言的“吃”读 tʂʻəʔ44①，“喫”读 tɕʻiəʔ44，本着“形式不同，意义有别”的原则，抽象提取“喫”的语义属性，描写“喫”的语法层级，并在认知语言学的指导下，本文对“喫”的语义引申机制尤其是引申途径展开了讨论，建构了“喫”的语义网络。得出如下结论：“喫”具有［+主体］［−有生性］［−自主性］［+动作］［+及物性］［+持续性/时量长］［+动量小］［+客体］［+液体性］等语义属性，大致相当于“吸收水分”（“吃”的义项③）。词根“喫”构成重叠式复合词“喫喫”和附加式复合词“圪喫”后，语义域发生了改变，“喫喫”是饮食域向言语域的映射，“圪喫”是物理域向生理域和心理域的映射。本文以田野调查和母语方言的内省为基础，以同一方言核心词“喫”的语义网络建构为样本，旨在对历时演变后的核心词的现状进行全面的展示。

关键词：山西方言；平定方言；核心词；喫；语义网络

《汉语大词典》（第一版）（1986−1993）是这样处理“吃”和“喫”的关系的，即“喫”同“吃”（第3卷：401），“吃”亦作“喫”（第3卷：127），相类似处理也体现在《现代汉语词典》（第六版：171），即“喫”

* 基金项目：国家社科基金一般项目“山西方言核心动词词族的词化模式研究”（18BYY048）。

① 山西平定方言有6个单字调，分别是：阴平31、阳平44、上声53、去声24；阴入44、阳入23。有25个声母（包括零声母），40个韵母，其中入声韵分别是：

aʔ 舌合搭博	iæʔ 百铁接夹	uaʔ 刮活酷夺	yæʔ 雪月确越
əʔ 直木湿吸	iəʔ 笔急踢北	uəʔ 绿国出缩	yəʔ 菊鞠曲俗

是“吃”的异体字。汪维辉（2018：415-416）更进一步指出，“喫”今简化为“吃”。这似乎可以理解为二者仅仅是字形或者说是文字存在着差异。当然这种文字上的差异还可以反映二者历史层次的不同，如王力（1958/1980）、解海江、李如龙（2004）、汪维辉（2018）等指出，唐代以后的口语中方出现“喫”；或新老派的不同，如罗福腾（1997）指出牟平方言新派多用“喫”，老派多用“吀”①，或雅俗的不同，如伍巍（2000）。

平定县在山西省东部，东经113°12′-114°03′、北纬37°37′-38°04′，东邻河北井陉，西连山西寿阳，南毗昔阳，北接阳泉市郊和盂县，属阳泉市。据《汉语方言地图集》，平定方言属于晋语并州片。笔者是土生土长的平定人，对山西平定方言有土人感。就笔者的田野调查和内省发现，山西平定方言不仅存在“吃”，也存在“喫”，而且二者的区别并不仅仅限于字形上的差异。

基于此，本文以田野调查和内省为基础，详细描写“喫”的语法层级、句法分布和语义特征，并在当代认知理论的指导下探讨“喫”语义引申的机制和途径，由此建构“喫”的多层次、放射状语义网络，旨在加深对方言核心词汇的研究。

一 “喫”的语义属性

“吃”是“喫”的简化字（汪维辉，2018）。但语音是第一性的，文字只是语言的视觉形式。或者说，文字上的不同，应该在语音上也有体现。解海江、李如龙（2004）根据《现代汉语方言大词典》（李荣，2002）得出结论，“吃”和“喫”在语音上存在一定的差异，即“同属于官话、晋语以及湘、吴语的哈尔滨、济南、洛阳、徐州、西安、万荣、银川、西宁、乌鲁木齐、成都、柳州、贵阳、南京、温州、太原、忻州方言用‘吃’，声母为tʂ‘或ts‘；其他的牟平、武汉、丹阳、扬州、上海、崇明、苏州、杭州、宁波、金华、南昌、萍乡、黎川、长沙、娄底、南宁方言用‘喫’，声母为tɕ‘或h”。很显然，这种语音上的差异主要是建立在汉语方言来源于同一共同语的基础之上，或者说，不同方言是同一共同语在不同空间上的变异。

① “吀”为一个字，“口”为部首。字库里未找到，故暂写作此。

这一结论似乎说明，如果具体到某一方言中，“吃”和“喫”是二元对立的，要么是“吃”，要么是“喫”。

但在平定方言里，“吃”和“喫”并存，不仅有语音上的对立，如“吃”读作 tʂ·əʔ44，如吃饭、吃馒头、“靠山吃山，靠水吃水”，“喫”读作 tɕ·iəʔ44，并且二者是不可相互替换的。如：

(1) 你那是摁着蚍蜉喫血嘞按着蚂蚁吃它的血，比喻强迫别人做事。

(2) 洋灰地不喫汤儿水泥地吸水性差。

(3) 再熬上会儿，喫喫汤儿收收汤儿、耗耗汤儿。

(4) 哎呀，火太大了，把汤儿都给喫干啦熬干了。

(5) 刚下咾雨，等道儿喫喫咾/喫落喫落咾再走哇等路面干点儿再走。

语言符号是形式和意义的结合体，因此尽管形式和意义之间并不存在简单的一一对应关系，但“形式不同，意义有别”是语言的不二法则。“喫”既然有独立的语音形式，其意义也一定存在不同于“吃”的地方。由于“喫”主要充当谓语中心语，因此这里重点观察“喫”的语义属性，并且“吃”在语言中更为基本，“喫”的语义属性离不开“吃”这一参照点。

（一）主体的语义属性

“吃”是指“把食物等放到嘴里经过咀嚼咽下去（包括吸、喝）”（《现汉》第六版：171）。从该释义来看，虽然没有明确指出动作的主体，但根据经验体系，“吃”的主体主要是人或动物，具有［+有生性］这一语义属性。但从例（1）~例（5）来看，动作主体都不是人或动物，如例(2）是“洋灰地”，例（3）和例（4）既可以是“火的能量”，因为受热液体会蒸发，也可以是与汤一起煮的“食物”，如“大米”“小米”“土豆”等，汤最终是进入这些食材里面的。而例（5）既可以看成太阳的热量，也可以看成大地，甚至是二者的兼容。总之它们都具有［-有生性］这一语义属性。

说例（2）~例（5）“喫”的主体是［-有生性］的，应该没有什么问题，似乎例（1）是个例外。表面上看，例（1）的主体其动作主体好像是人称代词“你”，是高有生性指人词语，但“你”不是“喫”的真正主体。

我们先来看“摁着蚍蜉喫血嘞”，在句法上可以看成一个连谓结构，在语义上它所表征的是一个事件或者说一个情景。“你那是摁着蚍蜉喫血嘞”是一个判断句，从逻辑上看，判断句的主词和谓词之间主要表示“同一”“类属”关系，因此，“你那”和“摁着蚍蜉喫血”或具有“同一性”或具有“整体和部分”之间的关系。但无论是哪一种关系，“你那”都只能是一个事件或情景，而不是独立的个体、有生性的“人”。

这种判断也可以得到语用上的支持。“你那是摁着蚍蜉喫血”大致相当于一个固定表达，具有贬义，主要用于负面评价，即批评对方极其过分的行为。其中的“你”偶然可以替换成“他”，但绝对不能换成“我”，并且“那”也极不可能替换成“这”。

另外，从句法角度看，平定方言的“那”是个指示词（indexical），也就是说，它的准确所指是在参照点确定的前提下实现的。在平定方言中，人称代词后面可以接“这”“那”等指示词，其中的人称代词类似于“这”“那”的参照点。“那”有六种读音，分别与六种指示功能相匹配（延俊荣等，2014：193-202），这里的“那”读若曲折调，大致标记为“［nɑŋ^{214}］”，但其时长远远大于单字调，它的主要功能是篇章指示，用于回指前面提到的人、事或行为。所谓的“你那”大致相当于“你那样做”或“你那样的行为”，其中的“那”回指“你刚才的行为”或“你所提到的行为”。简言之，“喫”的主体具有［-有生性］，或指物或指事件。

（二）客体的语义属性

谢晓明根据《现代汉语方言大词典》、汪维辉（2018）根据《中国语言地图集》得出结论，晋语甚至是北方方言，在饮食行为的表达上，基本上呈现“吃”“喝”对立的格局，并且几乎一致认为“吃”“喝”的区别主要是客体的差异，即“吃”的客体具有［+可食性］［+固体性］等语义属性，而“喝”的客体具有［+可食性］［+液体性］等语义属性。山西平定方言在饮食行为表达上，虽然还存在“吃水”“喝水”“吃奶”“喝奶”及“吃药”“喝药”等表达，另文探讨，但整体上符合这一规律。

但观察例（1）~例（5），不难发现，“喫”的客体并不是［+固体性］的，并且除例（1）的“血”以外，“喫”的客体也并一定具有可食性。据此，可将“喫”客体的语义属性标注为：［+液体性］［±可食性］。

（三）“喫”的语义属性

动作的激活会附带激活它的参与者，即语义上的主体和客体，作为动作本体的“喫”，到底具有什么样的语义属性呢？先看例子：

（6）洋灰地不喫汤儿水泥地吸水性差。

（7）汤儿正经还多嘞，好儿好儿喫喫汤儿收收汤、耗耗汤儿。

（8）外头泥得不行，等道儿喫喫咾再走哇。

（9）哎呀，火太大了，把汤儿都给喫干啦熬干了。

从句法上看，与“吃”相似，“喫”可以充当句子的谓语中心语，其后可以带宾语，如例（6）、例(7)、例(8）的“汤儿”，或隐含[①]（范开泰）的宾语，即句法上呈现为空位的宾语如例（9）。无论是明言还是隐含，“喫”可以带宾语都说明“喫”的及物性（transitivity，Hopper & Thompson，1980）程度相对较高。

其次，“喫”一方面可以重叠，如例（7）和例（8），另一方面后面可以接补语构成粘合式动补结构，如例（9）的“喫干”，说明“喫”不是一个瞬间性的动作，即“喫”的动作可以沿时轴展开并且可以持续，也就是说，“喫”是“无界”的。

“有界”是相对于“无界”而言的，名词在空间上具有“有界”“无界”的区别，动词在时间上有“有界”“无界”的区别，形容词在属性上具有“有界”“无界”的区别，而使“无界”的事物、动作、属性有界化是人类认知的一大特点。而无论是动词重叠还是动结式，都是使无界的动词有界化的手段。反过来说，正是由于“喫”的无界性，即在时间上的可持续性，在具体的语言使用中才需要一定的手段使其有界化，即在时间上为它划一个界限，使无界的活动成为一个有界的事件。

但另一方面，“喫”不能接表示完成的或变化的“啦”、表示动作行为持续的“着”、或表示经历的“过”等时体标记，如不能说 * “喫着汤儿嘞” * “喫过汤儿啦”，也很少说“喫了汤儿啦”，尤其是“喫”与“着”

① 隐含与省略相似，都是语言形式上的缺位，但根据上下文，省略可以准确地补出所省略的词语，而隐含却无法准确补出所缺省的词语。

不能共现，说明“喫”本身在时间上的持续性与外在语法标记相冲突，其中主要的原因是因为“喫”本身具有“持续性”而无须由外在的时间标记来加持，或者更直白地说，“持续性”是“喫”的语义内容[①]之一，如果后面再接“着”，属于信息的冗余，有悖于语言的经济性原则。

时间性是动词的典型属性。除了［+持续］以外，“喫”还有［+动量小］的语义属性，与普通话相似，平定方言动词的重叠也可以表示动量小，但会随着动词本身的语义内容的不同，或表示时量短，或表示由动作的重复而导致的时量长。这里暂且不论。

“喫”无法独立存在，它的发生必然与参与者相伴，至少有动作的主体和动作所关涉的客体。因此，唯有将动作本身和参与者的语义属性整合在一起，才能比较全面地观察到“喫”的语义属性。综合以上分析，可将“喫”的语义属性标注如下：

喫：［+主体］［-有生性］［-自主性］［+动作］［+及物性］［+持续性/时量长］［+动量小］［+客体］［+液体性］

至此基本可以看出，“喫”与“吃”和“喝”的联系和区别，它们都是动词，都关涉主体和客体，即具有及物性，它们都具有可持续性，但与“吃”“喝”主体具有［+有生性］的语义属性不同，“喫”的主体是［-有生性］的，与“吃”和“喝”的客体具有可食性不同，“喫”的客体不具有可食性，但“喫”与“喝”相似，其客体具有［+液体性］。换言之，山西平定方言的“喫”并不等同于“吃”，至多是“吃”的一个义项，大致相当于普通话“吃”的义项③“动吸收液体”（《现汉》第六版：171）。但《现汉》释义既没对主体进行界定，也未对动作本身进行界定，仅仅对动作客体进行了说明，十分有意思的是，《现汉》所举例子“这种纸不吃墨”，如果换用平定方言的话，不说“不吃墨”，而说“不吸墨”。尽管如此，我们仍可以将山西平定方言的“喫”界定为：非有生性的主体通过长

① 语义内容是相对于语义结构而言的，是 Grimshaw 为了解决句法和语义的接口问题而提出的一对概念，其中语义结构指的是词汇意义中在句法层面上表现活跃的那部分意义，而语义内容是指词汇意义在句法层面上表现不活跃的那部分内容。转引自刘顺（2020：16）。

时间、小量度地施力于液体性客体并使其发生变化（包括位置的改变、数量的改变或性质的改变等）。

二 “喫”的语义网络建构

山西平定方言里，“喫”除了拥有独立的语音形式、可以作为最小的、可以独立运用的音义结合体即“词”存在外，还可以作为词根构成复合词。如：

（10）洋灰地不喫汤儿水泥地吸水性差。

（11）汤儿正经确确实实还多嘞，多熬上会儿喫喫汤儿哇收收汤儿、耗耗汤儿。

（12）他也就敢在背地里喫喫小声地说，让他来和我这个这里说说来。

（13）刚下咾雨，等喫落喫落咾再走。

（14）汤儿还不少嘞，再圪喫圪喫用小火熬煮哇。

（15）这虱多得，圪喫煞（我）啦一义是咬死我了，另一义是痒死我了。

（16）今儿这萝卜吃多啦，（胃里头）圪喫煞我啦胃里难受死了，大致相当于通常的“烧心”。

（17）不要在那个嚷嚷啦，圪喫煞人呀心烦死了。

例（10）~例（17）的“喫”处于不同的语法层级，其中例（10）的“喫”独立充当谓语中心语，例（11）是“喫”的重叠式“喫喫”充当该句的谓语中心语，其中的“喫”是一个词。而例（12）~例（17）的“喫”却只是复合词中的词根语素，其中例（13）的“喫落”是并列式复合词，其意义大致相当于“一方面蒸发一方面渗透使积水消失”，太原小店也有相似说法。例（12）是由基式“喫”重叠而形成的重叠式复合词，例（14）~例（17）是由词缀“圪”① +词根“喫”构成的附加式复合词。之所

① “圪”是平定方言乃至山西诸方言中使用频率高、构词能力强的前缀。平定方言的“圪”有三个读音：一个是不送气的，读［kəʔ^{44}］，如“圪针”，一个是送气的，读［k‘əʔ^{44}］如“圪栳儿”。另外，当“圪”不送气时，会有语流音变，即当词根语素的韵母是开口呼和齐齿呼时，读作［kəʔ^{44}］，如“圪台”“圪截”，而当词根语素的韵母是合口呼和撮口呼时读［kuəʔ^{44}］，如圪堆、圪辘、圪卷。描写中统一处理为“圪”。“圪”可用于构成名词、动词、形容词、副词、量词甚至是拟声词等。（延俊荣等，2014：134-143）

以说例（12）~例（17）中的“喫”是一个词根，除了有形式上的变化之外，更重要的是，随着“喫”的语法地位的改变，其语义也发生了相应的变化。

毋庸赘言，“喫”的语义演变是通过隐喻实现的，因为通过已知的、熟悉的、简单的事物的认知方式来认识未知的、陌生的、复杂的事物是人类认知的一大特点（Lakoff & Johnson，1980；Lakoff，1987），而隐喻是不同认知域间的事物基于相似性的映射（mapping），但问题的关键是，这种映射是如何实现的，它映射的途径或支点是什么？

（一）“吃”的事件结构

前文提到山西平定方言的“喫”大致相当于“吃”的第三个义项即“吸收”，换言之，“喫”是“吃”的映射。故此，我们先来看一下“吃”的事件结构（event structure）。

所谓“吃”是指“把食物等放到嘴里经过咀嚼咽下去（包括吸、喝）”（《现汉》第六版：171）。也就是说，“吃”所指称的是一个事件，可称其为“吃事件”。根据《现汉》释义，“吃事件”是一个复杂事件，是由“置放次事件”“咀嚼次事件”“吞咽次事件”等三个次事件组成的事件综合体，并且这三个次事件沿着时间轴展开，在时间上具有先后顺序。但这是不是就是“吃事件”的全部呢？或者说在实际语言的使得中，“吃”的三个次事件都会体现出来？让我们来看一个《西游记》里关于“吃”的描写片段：

> 那八戒食肠大，口又大……却才见果子，拿过来，张开口，毂辘的囫囵舌咽下肚……八戒道：“哥哥，吃的忙了些，不象你们细嚼细咽，尝出些滋味来。我也不知有核无核，就吞下去了。哥啊，为人为彻；已经调动我这馋虫，再去弄个儿来，老猪细细的吃吃。”

这里描写了猪八戒“吃”人参果的情况，包括“置放次事件”即“拿过来、张开口”和“吞咽次事件”即“毂辘的囫囵舌咽下肚”“吞下去”，其中的“置放次事件”和“吞咽次事件”在时间上存在先后顺序，即“置放次事件”为前提，而吞咽为结束。却没有“咀嚼次事件”，即没有“细嚼细咽”，当然更没有达到“品尝”的目的，即“尝出些滋味来”。

我们再来看一段莫言的《蛙》里面关于“吃”的描写。如：

> 我们都是七八岁孩子，怎么还可能吃奶？即便我们还吃奶，但我们的母亲，都饿得半死，乳房紧贴在肋骨上，哪里有奶可吃？……是陈鼻首先捡起一块煤，放在鼻边嗅，皱着眉，仿佛在思索什么重大问题。……他拣起一小块，王胆也拣起一小块；他**用舌头舔舔，品咂着**，眼睛转着圈儿，看看我们；她也跟着学样儿；**舔煤**，看我们。后来，他们俩互相看看，微微笑笑，不约而同地，**小心翼翼地，用门牙啃下一点煤，咀嚼着**，然后**又咬下一块，猛烈地咀嚼着**。兴奋的表情，在他们脸上洋溢。陈鼻的大鼻子发红，上边布满汗珠。王胆的小鼻子发黑，上面沾满煤灰。我们痴迷地听着他们**咀嚼**煤块时发出的声音。我们惊讶地看到他们**吞咽**。他们竟然**把煤咽下去了**。他压低声音说：伙计们，好吃！她尖声喊叫：哥呀，快来吃啊！他又抓起一块煤，**更猛地咀嚼起来**。她用小手拣起一块大煤，递给王肝。……我们每人攥着一块煤，**咯咯崩崩地啃，咯咯嚓嚓地嚼**，每个人的脸上，都带着兴奋的、神秘的表情。……

这一段是关于“吃煤”的描写，其中不仅有“置放次事件”即“用门牙啃”和用门牙“咬下一块”，“咀嚼次事件”如“咯咯嚓嚓地嚼”和“吞咽次事件”如“吞咽”“把煤烟咽下去了”，还有“品尝次事件”如“用舌头舔舔”“品咂着”，其中着墨最多的是“咀嚼次事件”，如用于指称“咀嚼次事件”的词语共出现五次，其中有“嚼”独立出现的，也有以复合词“咀嚼”形式出现的，而如果与猪八戒吃人参果的置放次事件相比的话，“咬”和“啃”也可以看成指称“咀嚼次事件”的词语，也就是说，“咀嚼次事件”词语共出现八次，不仅使用频率高，而且可用于指称它的语言符号多，而人类认知的一大特点就是，越是熟悉的事物，其分类越细。除了指称“咀嚼次事件”的词语多以外，它们构成的句法格式也多，除出现在SVO句式中，如“他们嚼煤”，还出现在“多动共一宾”格式里，如“我们每人攥着一块煤，咯咯崩崩地啃，咯咯嚓嚓地嚼”“他又抓起一块煤，更猛地咀嚼起来”“小心翼翼地，用门牙啃下一点煤，咀嚼着，然后又咬下一块，猛烈地咀嚼着”，“嚼”不仅独立或在复合词中出现，还出现在动补结构里，如“咀嚼起来”，前面受状语修饰，其中充当状语的不仅有拟声词，如“咯咯崩崩”“咯咯嚓嚓”用来描述“啃”和“嚼”发出的声音，而且有形容词如“更猛”“猛烈”表示“嚼”的力度和速度，还有四字格如“小心翼翼”，表示“啃”和“嚼”的自主情态。

两个“吃”情景的描写，一方面进一步说明了“吃”是由不同的次事件组成的复杂事件，如《现汉》“吃”的释义所显示的那样，但另一方面也说明，“吃”的次事件不仅有“置放次事件”、“咀嚼次事件”和“吞咽次事件”，而且还有“品尝次事件”。但尽管“吃”可以包含四个次事件，但在“吃事件”中，四个次事件的重要性是不同的，或者说，它们有核心次事件和边缘次事件之分，其中“咀嚼次事件”和“吞咽次事件”是“吃事件”核心，其中“咀嚼次事件”是过程，“吞咽次事件”是结果，而“置放次事件”和“品尝次事件”是边缘次事件，其中“置放次事件”是前提，“品尝次事件”是目的。各个次事件地位的不同，语言上的表现就是存在更多的表示“咀嚼次事件”的词语，而用来指称“置放次事件”的词语却相对较少。换言之，由“置放”、“咀嚼”、“品尝”和“吞咽”四个次事件组成的“吃事件”是一个理想认知模型（idealized cognitive model，Lakoff，1987），这也就是为什么猪八戒会后悔自己没能“细嚼细咽”“尝出些滋味来”，而莫言会大写特写“咀嚼”，但读者仍可以按“吃事件”来理解。

更为重要的是，无论是词典释义还是实际语言描写，“吃事件”都是从动作主体的角度进行观察和描写的，也就是说，这个动作是“有生性的人”至少也是“有生性的动物”执行的。

但动作是抽象的，人们很难对“吃”这一动作本身进行独立的观察，而往往是将它融入一个事件中加以观察，即通过它的参与者来观察，参与者包括必有的和可选的，前者如动作主体和动作客体，后者如动作的方式、目的、结果等。而在“吃”与它的参与者构成的情景中，变化最突出的是它的客体，如猪八戒吃的“人参果”或陈鼻、王胆及那群七八岁的孩子们吃的“煤”，并且客体所发生的最突出的变化是“位置的移动”，即从“嘴里”到“肚里”、从“可见”到“不可见”，“客体的不可见”便是“吃”导致的最直接结果。而客体位置的移动“从嘴里到肚里”是具体的，客体状态的改变“由可见到不可见”则是相对抽象的，后者是前者的映射。正是因为客体位置的变化导致的状态改变即“不可见”，猪八戒才会央求孙悟空“再去弄个儿来，老猪细细的吃吃”。换言之，如果从客体的角度去观察，“吃”便是“使客体发生位置的改变，由可见到不可见”。

至此，我们可以将“吃”界定为：“吃”是一个复杂事件，从主体角度观察，它是由“置放”“咀嚼”“品尝”“吞咽”等次事件组成的复杂事件，其中“置放”是前提，“咀嚼”是过程，“吞咽”是结果，“品尝”是目的；而从客体角度观察，“吃”是“使客体发生位置改变即从嘴里到胃里，由可见到不可见的过程”，其中“使……”是前提，“……不可见”是结果。

（二）“喫”：图式的映射

现在我们回到“喫”。前文已经显示，“喫”的主体是［-有生性］的，当然谈不上“嘴”的存在，也就更不会有［+自主性］的“咀嚼”与“吞咽”之功能，换言之，与“吃”相比，“喫”既没有“咀嚼次事件”，也没有“吞咽次事件”。至于“置放次事件”，“吃”的“置放次事件”是有意（volitional）发生的，即“吃”的主体将食物放置于自己“嘴”里，如莫言小说中的陈鼻，在“咀嚼”之前发生了“拣起来”“放在鼻子边嗅”“用舌头舔”“品咂”等一系列的行为，而这些动作都是在主体意识控制之下做出的，具有［+可控性］［+自主性］。与此相对，“喫”的“置放次事件”则是［-可控性］［-自主性］，如“喫”不能构成祈使句，如我们不能对“洋灰地”说＊喫汤儿！或＊去喫汤儿去。但无论是“洋灰地不喫汤儿”还是“（菜里头的）水还正经确实多嘞，再喫喫汤儿”或“摁着蚍蜉喫血嘞”，不管主体怎么变化，“喫”的结果都是“使客体发生变化，或由多到少，或由有到无，或由可见到不可见”。而发生移动或变化的事物最能吸引人的注意力。简言之，“喫”的最好观察角度，不是从它的主体出发而是从它的客体切入。

从客体的角度观察，“喫”是使液体性的客体产生运动的过程，或使客体从视野中消失，或发生数量上的变化，或发生属性的改变。①

隐喻是从源域向目标域的映射，但映射不是随意的，而是遵循所谓的

① 这里的运动主要是基于亚里士多德的《物理学》而界定的，包括生成或毁灭、数量上的变化、性质的改变和位置的移动。

“恒定性原则”（the invariance principle，Lakoff，1993），即投射是部分的，但投射过去的部分保存了源域的认知拓扑结构（cognitive topology）。

由“使液体性的客体产生运动，由可见到不可见”抽象出的“使……运动”或“使……不可见”是“致使”图式的一个例示（延俊荣，2016），这也是“吃事件”所赖以理解的图式。

由此得出，“喫”是“吃”的映射，而在映射的过程中，抛弃了“置放”、“咀嚼”、“吞咽”及“自主”等具体的细节，保留了“使……产生运动并不可见”这一结构，即保存了源域“吃”的事件拓扑结构“致使”，其映射途径是图式。

（三）“喫喫”：具体施力部位的映射

现在我们来看例（11）和例（12）中的“喫喫”。表面上看，它们都是“喫”的重叠式，但例（11）中的“喫喫（汤儿）”属于句法层面，是句法的重叠，表达动量小和时量长的语法意义（延俊荣，2016），而例（12）中的“喫喫小声地说”属于词法层面，它是由基式“喫”重叠而构成的重叠式复合词，其词汇意义大致相当于“小声地、不公开地说三道四或说闲话”。如：

（18a）一天价也不知道干点儿正事，光在那个喫喫——

（18b）一天价也不知道喫喫什么嘞，干不咾点儿正事

之所以说例（18）中的“喫喫”已经不再是句法层面的重叠，是因为这里的“喫喫”形式上发生了变化，句法属性也发生了变化，如一般不能带宾语，如例（18a），即使其后宾语位置不是空位，如例（18b），也只能由“什么”填充，如不能说＊“喫喫点儿事”或＊“喫喫句话”，并且例（18b）中的“什么”并不是表示真正的疑问提出问题，而是对该情景的一个负面评价。在使用上，“喫喫”往往带有贬义，表达说话人的厌恶的主观情感。与此相比，例（11）中的“喫喫”还可以带宾语，在语用上至少是中性的，不带有贬义色彩。简言之，重叠式复合词“喫喫”，语义域发生了改变，由原来的物理域引申为言语域，而且其及物性程度也随之降低，并且还增加了贬义等附加意义。

此外，当“喫喫”成为重叠式复合词后，还可以进一步组合成“喫喫喃喃”。“喃”是一个饮食域的词语，表示“用手将粉末状的食物置放在嘴里并咽下”，通过重叠构成复合词“喃喃”之后，其语义域发生变化，引申至言语域，表示“连续不断地、小声地说”。但平定方言里“喃喃”一般不能单独使用，主要充当构词成分，除出现在“喫喫喃喃”里以外，还可以出现在“的的喃喃”，两个词的意思大致相当，都是指“小声地、随意地说”。

“喫喫”虽然不能带宾语，但充当谓语中心时相对自由，而“喫喫喃喃”则既不能带宾语，并且入句时其后一般要加“的”，如：

（19）你看你，天天喫喫喃喃的，没有月$_{一个}$男人样儿。

如果说“喫喫”的及物性程度已经降低，由动作演变为行为，那么例（19）中的“喫喫喃喃”的及物性程度更低，已经由行为演变为一种属性或状态。更重要的是，“喫喫”已经成为言语域的一个成员。

口腔、牙齿、舌头、咽喉等部位，是饮食器官。从本体来看，它们既是“吃事件”主体的组成部分，与主体“人”构成整体与部分的关系，但同时，它们又可以相对独立地参与到“吃事件”当中，成为“吃事件”的具体施力部位①，如“口腔”是“置放次事件”的处所，即食物存在的处所，也是“吃事件”发生的处所，“牙齿”是“咀嚼次事件”的直接参与者，是与食物发生直接互动的部位，“舌头”既可以是品尝次事件的主要参与者或具体施力部位，如“尝”“舔”等，也可以是“咀嚼次事件”的次要参与者，如：

（20）（月$_{一个}$牙也没啦）哪个还是吃嘞，是勿嚂②嘞。

① 具体施力部位：“吃”是一个理想认知模型，更是施力事件和运动事件的整合。在语言表现上，“吃”的主体既可以是“人”，也可以是“嘴”或者“牙”、“舌头”，但根据百科知识，真正与食物发生直接互动的是口腔器官，因此称其为具体施力部位。

② “勿嚂”读作 vəʔ^{23}læ^{44}，文中只是为了描写的方便而草拟的文字形式，及下面的“喃、嚼、吣、咥”等都是笔者所作的关于饮食词语的田野调查结果。据调查，山西平定方言中与饮食相关的词语远不止这些，这里暂不赘。

而“吞咽次事件”不仅要有咽喉的参与，更有舌头的功劳。

口腔器官是“吃事件”的直接参与者或者说具体施力部位，也是言语事件的直接参与者，“三寸不烂之舌”“唇枪舌剑”等正说明了这一点。而在山西方言中，“嘴”运用到言语域表达时同样具体生动，如普通话的“嘴硬”，山西方言有如下说法：

（21）砂锅里煮驴头，后脑勺都软塌乎儿了，嘴巴子还硬嘞。（山西定襄）

（22）嗱树嘴闹汗病啄木鸟得了伤害了，身软嘴上硬。（山西平定）

（23）黑老聒死了三年——就剩下张嘴嘞。（太原小店）

“远取诸物，近取诸身”是人类认知的一大特点。口腔器官既是饮食器官，也是言语器官，言语的产生伴随着口腔器官的运用，言语从“嘴”里说出来具有直观的理据性。另一方面，相对于“吃事件”，言语行为更加抽象，而对于发音机制和发音原理及语言形式如何表达意义，即使是专业人员，对这方面的认识也是极其晚近的事情。

言语事件也是施力图式和运动图式的整合，因为言语交流的过程是信息传递的过程，而信息传递从主体看是图式的例示，从客体即信息本身看，是从主体到客体的运动。基于“吃事件”和言语事件在图式上的相似性，加之二者主体及具体施力部位的同一性，用“吃事件”来映射“言语事件”成为极自然的事情。而这种映射，“喫喫”不是孤例。如：

（24）不待听你那胡嚼嚼

（25）净是在那个嚼蛆嘞

（26）就知道嚼老婆舌头儿

（27）不要在那个咥凉话

（28）净在那个胡吣/胡吣得你那屄

例（24）~例（28）都是指称吃事件的词语被映射到言语域，其中的例（24）~例（26）的“嚼”是将指称“咀嚼次事件”的词语映射到言语域，关于“嚼”映射到言语域，山西定襄方言还有更为形象的说法，如：

（29）可能鬼嚼胡说八道嘞，前头说了后头就撵不上嘞。（山西定襄）

例（27）中的“咥”是指“饱饱地、尽兴地吃”，这种用法不仅存在于平定方言中，山西许多方言都有类似的用法，不一一赘述。例（28）中的“吣”在山西平定方言里表示“吃”，“胡吣”大致相当于“胡说”。总之它们都是“吃事件”词语被映射到了言语域。

简言之，共享事件图式及具体施力部位，加之语言形式上的相似性，“吃事件”词语具有了映射到言语域的可能性。从“嗅”本身来看，虽然看不到具体的施力部位，但与“嚼”“咬”“吣”“咥”等处于同一认知域内，受它们的感染，便也具有了映射到言语域的可能性。而重叠式复合词“嗅嗅”与句法重叠“嗅嗅”在形式上的相似性，也为它的映射准备了条件。除此之外，在映射为言语域表达时，“嗅”本身具有的“动量小”“时量长”等语义属性也发挥着不可低估的作用。这一点我们在下面“圪嗅”的映射时详细讨论。

（四）“圪嗅”：动量和时量的映射

现在来看例（14）~例（17）中的“圪嗅”。其中例（14）的“圪嗅”仍具有比较具体的意义，大致相当于表“吸收水分”，“圪嗅”大致相当于“用小火熬或煮”，换言之，前缀“圪”在更大程度上表示语法意义［+动量小］，而“嗅”本身具有［+动量小］［+时量长］的语义属性，“圪嗅”便具有了［+动量小］［+时量长］［+使……变化］等语义内容。

而例（15）~例（17）中的“圪嗅”则为附加式复合词，即前缀“圪”不仅表示［+动量小］，与“嗅”构成重叠式复合词“嗅嗅”相似，复合词“圪嗅”不仅发生了语义域的改变，其词性也发生了变化，由表示动作或行为的“嗅”演变为表示“状态”的“圪嗅”，进而导致了句法功能的变化。与“嗅嗅”不能再带宾语相似，光杆“圪嗅”也不能带宾语，与“煞”构成粘合式动补结构时，其后可以带宾语，但与动结式不同的是，它所接的宾语一般只能由人称代词“我”“你”或指人名词“人”充当，而不能是其他（延俊荣，2002）。其中的“煞”大致相当于普通话里的“死”，但不具有“失去生命”的意义，而是表示“圪嗅”的程度极高。另外，从句类角度来看，“圪嗅煞”构成表感叹的陈述句，既表示说话人对现状的陈述和评价，还表示说话人强烈的主观情感。

不得不说，例（15）是“喫”向“圪喫”映射的关键节点，其中的“圪喫”具有歧义，既可以表示“痒”，也可以表示“虱子咬”。而在平定方言里，如果表示“虱子咬”的话，既可以说成“圪喫”如例（15），也可以说成“喫”，如：

（30）虱怎呢这些为什么这么多，喫煞我啦。

根据百科知识，无论是虱子咬人如“喫”还是虱子咬人导致的结果如“圪喫”，动量都比较小，但持续的时间却都比较长。而与“吸收水分”的“喫”相比较，除了［+动量小］［+时量长］以外，它们之间还具有主体的［-有生性］［-自主性］等语义属性，具有映射的可能性。除此之外，“咬”和“痒”位于同一语义框架里，其中的“咬”是动作，而“痒”是动作导致的结果。换言之，由表示“咬”的“喫”转喻咬导致的结果“圪喫”是一种基于相关性的引申，是人类认知转喻性（Lakoff& Johnson，1980；Lakoff，1987）的自然结果。

认知语言学的哲学基础是体验哲学，认为人类概念结构的形成与人的物质经验、认知策略等密切相关。例（16）和例（17）中的“圪喫”与例（15）都具有［+动量小］［+时量长］等语义属性。无论是物理域的“痒”与生理域的“烧灼感”还是心理域的“烦躁不安”，都是由外力导致的、动量小、但可能会持续时间较长的感受。而相对于生理域的“胃里的烧灼感”，物理域的“痒”是更加具体可感的，而心理域的“烦躁不安”则更加抽象。隐喻的映射具有方向性，往往是由具体的、可见的映射为抽象的、不可见的而不是相反，因此，用来指称物理域的“瘙痒”的“圪喫”，便被映射到生理域“胃里的烧灼感”上或心理域的“烦躁不安”上。

简言之，由“吃”到“喫”，再由“喫”到重叠“喫喫”，或前加词缀构成“圪喫”，其意义的引申是通过隐喻或转喻实现的，却不是一次性完成的，其引申的支点也不是完全一致的。但引申是有理据可言的，其中图式的一致性是基础，主体及具体施力部位的同一性及动作在时间上的主要属性等在不同的环节中都发挥着不同的作用。当然，尽管映射是部分的，但映射却是以事件为背景而进行的。

结 语

形式不同，意义有别。山西平定方言中的“吃”“喫”语音形式不同，前者读作 tʂ·əʔ^{44}，后者读作 tɕ·iəʔ^{44}，承载着不同的意义。就事件结构来说，“吃”是一个理想认知模型，是由“置放”“咀嚼”“品尝”“吞咽”等次事件组成的复杂事件体。而这是从主体角度进行的观察，如果从客体角度看，“吃”则是一个“使客体产生位置移动即由嘴里到胃里、由可见到不可见的过程”。无论是从主体还是从客体观察，“吃”都是一个自主性程度高的动作。“喫”所指称的也是事件，但与“吃事件”相比，“喫”的主体是非有生性的事物或事件，客体不能是固体的，与“喝”相比，其主体不能是有生性的，而客体是液体性的事物，但“吃”“喝”“喫”共享“使客体产生位置移动”这一事件结构。换言之，山西平定方言中的“喫”与“吃”不仅不等价，而且至多相当于“吃”表示“吸收液体”（《现汉》第六版：171）的这一义项。

与“吸收液体”的“吃”不同，“喫”还可以处于不同的语法层级，既可以独立成词，也可以通过重叠或附加前缀构成重叠式复合词“喫喫”和附加式复合词“圪喫”。语法层级的改变，不仅仅是词降级为语素，更是意义和功能的变化，如“喫喫”成为一个言语域表达形式，“圪喫”则成为生理域“胃烧灼感”和心理域“烦躁”的表达。而无论“喫喫”还是“圪喫”，或由表示动作行为的动词改变为表示状态的动词或形容词，及物性程度都明显降低，在句法上表现为或不能带宾语，或即使不是宾语空位，“喫喫”所带宾语只能是“什么”，“圪喫”与“煞”构成动补结构后带“我”“人”。

从“吃”到“喫”、从“喫”到“喫喫”和“圪喫”，其语义的引申都是通过隐喻或转喻实现的，但其实现途径或支点并不完全一致，“喫”所映射的是由“使客体产生位置移动”抽象出来的“致使图式”，而“喫喫”的支点是饮食和言语所共用的口腔器官，也可以称其为具体施力部位，而“圪喫”的引申支点是动作的典型特征［+时间性］及主体的［-有生性］，尤其是“喫”所具有的［+动量小］［+时量长］的语义属性。

就方言来说，在词的同一性及不同义项的确定上，字形所能发挥的作用是有限的。幸运的是，山西平定方言中的“吃”“喫”不仅有语音上的区别。尽管“喫”的使用频率低、出现的语境有限，却仍构成一个错综复杂的、多层次、放射状的语义网络。不同地域方言的空间变体作为共同语在历时上的演变，可以建构汉语词汇发展的历史，却可能忽视对词汇演变后的现状观察。本文以母语方言为抓手，全面细致地描写同一方言中核心词“喫”的句法和语义特点，并借助当代认知语言学理论，在共时平面上建构其意义引申的机制及途径，抛砖引玉，正可弥补这一不足，敬请方家指正。

参考文献

解海江、李如龙：《汉语义位“吃”普方古比较研究》，《语言科学》2004 年第 3 期。

罗福腾：《牟平方言词典》，江苏教育出版社，1997。

范开泰：《省略、隐含、暗示》，《语言教学与研究》1990 年第 2 期。

王力：《汉语史稿》，科学出版社、中华书局，1958/1980。

汪维辉：《汉语核心词的历史与现状研究》，商务印书馆，2018。

伍巍：《粤语动词“食”、“吃”研究》，载单周尧、陆镜光主编《第七届国际粤方言研讨会论文集》，商务印书馆，2000，第 394~396 页。

延俊荣：《动结式 V+Rv 带宾语情况考察》，《汉语学习》2002 年第 5 期。

延俊荣：《现代汉语单音节手部动作动词的理想认知模型研究》，国家社科结项报告，2016。

延俊荣等：《平定方言研究》，北岳文艺出版社，2014。

Hopper & Thompson. 1980. “Transitivity in Grammar and Discourse,” *Language* 56: 251-299.

Lakoff, G. 1987. *Women, Fire, and Dangerous Things: What Category Reveals about Things*. Chicago: The University of Chicago Press.

Lakoff, G. 1993. “The Invariance Hypothesis: Is Abstract Reason based on Image-schemas?” *Cognitive Linguistics*, 1: 39-74.

Lakoff & Johson. 1980. *Metaphors We Live by*. Chicago: The University of Chicago Press.

李荣主编《现代汉语方言大词典》（六卷本），江苏教育出版社，2002。

中国社会科学院语言研究所词典编辑室编：《现代汉语词典》（第六版），商务印书馆，2014。

汉语大词典编纂委员会编纂：《汉语大词典》（第一版），汉语大词典出版社出版，1986~1993。

刘顺：《汉语名词非范畴化特征的句法语义接口研究》，学林出版社，2020。

山西方言韵母对声调的影响*

——也谈山西方言的入声舒化

余跃龙

（陕西师范大学文学院/语言科学研究所，西安，710119）

提　要： 本文分析山西方言100个点入声舒化的情况，认为山西方言的入声调归并方式与普通话入声的归并走向大致相同，并非依据与舒声调型相似、调值接近模式来归并。山西方言入声韵的演化有两条途径：一条途径是失落塞音韵尾［-ʔ］，另一条途径是韵类合并，这两条途径不独立发展，往往有一定的相继和伴行关系。山西方言中入声舒化率最高的是晋方言非核心地区的大包片和五台片，并州、吕梁、上党片入声舒化数量则较少，大包、五台两片方言由于位于晋方言边缘地区更易受到周边已无入声官话的影响。

关键词： 韵母对声调的影响；山西方言；入声舒化

零　缘起

曹志耘（2004：40-45）认为韵母对声调的影响主要是两个方面：一是韵尾，二是元音。元音有别主要体现在南方方言，如广州方言长短元音不同造成长短阴入调的不同。山西方言单字音大多无长短元音之别，韵母对声调的影响体现在韵尾变化对声调的影响，包括舒声促化和入声舒化两方面。

---

* 本文曾在中国音韵学研究高端论坛（2020. 10. 31—11. 1 山东济南）上宣读，蒙乔全生、李建校等学者提出修改意见，深表感谢。

入声舒化是指中古入声韵丢掉入声韵尾，变为舒声韵，同时入声调变为舒声调的音变。古入声字在今汉语方言中逐渐弱化，趋于消失。北方方言中仅晋方言保留入声，官话方言中仅江淮官话保留入声，南方诸方言虽大多保留入声，但是塞音韵尾存在不同程度的合并或消失。入声消失包括两个方面：一是塞音韵尾［-p -t -k -ʔ］的消失，二是入声调的减少，这两方面之间存在必然的联系：方言中入声韵丢失塞音韵尾后，入声韵或与其他舒声韵合并，或仍保留独立的入声韵。没有塞音韵尾的制约后，原来的入声调短促性减弱，趋向与舒声调合并。可以说，入声调的消失是受到入声韵塞音韵尾脱落影响而发生的变化。本文拟就入声塞音韵尾的失落和入声调类的转化两个方面探讨山西方言入声舒化的特点。

一　山西方言入声调的类型和分布

山西方言除西南部中原官话汾河片以及冀鲁官话广灵 1 点入声全部舒化外，晋方言各点都不同程度保留入声，其入声特征是保留喉塞音韵尾［-ʔ］和入声调，或塞音韵尾脱落，仅保留入声调。晋方言中仅保留入声调，而无入声韵的方言并不多见（乔全生，2008），入声韵以两套为主，最少的一套，入声调以短促居多。王洪君（1990）、沈明（1995）曾有专文讨论山西方言入声韵的演变，本文根据前人研究，将山西方言内部各片入声调归并情况胪列如下：

1.1 汾河片和冀鲁官话区：汾河片各方言古全浊入大多与阳平合流，清入、次浊入的归并存在分歧，根据清入、次浊入归并方式的不同，汾河片入声舒化可分为以下三种类型。

（1）运—垣型：清入、次浊入归阴平，包括运城、芮城、永济、平陆、临猗、万荣、河津、乡宁、吉县、翼城、古县、洪洞、霍州、绛县、垣曲、稷山、新绛共 17 个点。其中垣曲、稷山和新绛 3 点，清入、次浊入、清平和去声合并为一调。

（2）侯马型：清入、次浊入归清去，除侯马外，还包括闻喜、襄汾共 3 点。

（3）夏县型：清入归阴平、次浊入归去声，除浮山、夏县 2 点外，还包括冀鲁官话广灵 1 点。具体见表 1。

表 1　汾河片（包括冀鲁官话广灵）清入、次浊入归并例字

例字＼方言点	运一垣型				侯马型		夏县型	
	平陆	芮城	垣曲	稷山	侯马	闻喜	夏县	广灵
八山开二入黠帮	pa^{31}	pa^{42}	pa^{53}	pɑ^{53}	pɑ^{53}	pɑ^{53}	pa^{53}	pɑ^{53}
陌梗开二入陌明	mə^{31}	mai^{42}白/mo^{42}文	muo^{53}	mɤ^{53}	mɤ^{53}	mɤ^{53}	mæe^{31}	mo^{213}
沙假开二平麻生	sa^{31}	sa^{42}	sa^{53}	ʂɒ^{53}	sɑ^{213}	sɑ^{13}	ʂa^{53}	sɑ^{53}
嫁假开二去祃见	ʨia^{33}	ʨia^{44}	ʨia^{53}	ʨiɑ^{53}	ʨiɑ^{53}	ʨiɑ^{53}	ʨia^{31}	ʨiɑ^{213}

1.2 晋方言区：保留入声的晋方言区根据今入声调的数量可分为单调型和两调型两种，具体分布如下：

（1）单调型：中古阴入调和阳入调合并为一个入声调，主要分布在晋方言五台片（原平、定襄两点除外）、大包片，上党片长治、高平、晋城、屯留、沁源等点。各片选取代表点见表 2。

表 2　单调型方言入声例字

例字	方言点	塔咸开一入盍透	列山开三入薛来	夺山合一入末定
五台片	河曲	t^{h}aʔ^{4}	liɛʔ^{4}	tuəʔ^{4}
	五台	t^{h}aʔ^{33}	liəʔ^{33}	tuəʔ^{33}
大包片	天镇	t^{h}ɑʔ^{44}	liɑʔ^{44}	tuɑʔ^{44}
	和顺	t^{h}aʔ^{21}	lieʔ^{21}	tuəʔ^{21}
上党片	长治	t^{h}ʌʔ^{53}	liəʔ^{53}	tuəʔ^{53}
	高平	t^{h}ʌʔ^{22}	liɛʔ^{22}	tuʌʔ^{22}

（2）两调型：中古阴入和阳入保持对立，两调型又可根据次浊入归并的不同，分为清入、次浊入合流，全浊入独立型（下文简称两调Ⅰ型）和清入独立，次浊入和全浊入合流型（下文简称两调Ⅱ型），其中两调Ⅰ型是两调型的主流，包括的方言点较多，主要集中在并州片、吕梁片、上党片大部分方言点，两调Ⅱ型则主要分布在五台、并州、上党片几个方言点，数量不多，具体分布如下：

两调Ⅰ型：主要分布在并州片太原晋源（以下简称晋源）、晋中、古交、清徐、娄烦①、太谷、祁县、介休、灵石、寿阳、榆社、交城、文水、孝义、盂县，吕梁片静乐、柳林、临县、岚县、石楼、大宁、隰县、蒲县，上党片长子、黎城、沁县、武乡、襄垣、安泽、沁水（端氏镇）共30个方言点。此外，吕梁片离石、方山、中阳、兴县、交口5点全浊入有文白异读，白读音保持全浊入独立，文读音全浊入已与清入和次浊入合并。

两调Ⅱ型：主要分布在五台片原平、定襄，并州片平遥、汾阳，吕梁片永和，上党片壶关、平顺、陵川共8点。表3为两调型例字。

表3 两调型方言入声例字

			塔咸开一入盍透	列山开三入薛来	夺山合一入末定
两调Ⅰ型	并州片	清徐	t^{h}a$^{\underline{11}}$	lia$^{\underline{11}}$	tua$^{\underline{54}}$
		太谷	t^{h}aʔ^{3}	liaʔ^{3}	tyaʔ^{423}
	吕梁片	静乐	t^{h}aʔ^{4}	liəʔ^{4}	tuaʔ^{212}
		柳林	t^{h}ɑʔ^{44}	liɛʔ^{44}	t^{h}uəʔ^{312}
		交口	t^{h}aʔ^{4}	lieʔ^{4}	t^{h}uəʔ^{212}$_{白}$/tuəʔ^{4}$_{文}$
	上党片	长子	t^{h}aʔ^{44}	liəʔ^{44}	tuəʔ^{212}
		黎城	t^{h}ʌʔ^{22}	liʌʔ^{22}	tuʌʔ^{31}
两调Ⅱ型	五台片	定襄	t^{h}aʔ^{1}	liəʔ^{33}	tuaʔ^{33}
	并州片	平遥	t^{h}ʌʔ^{212}	liʌʔ^{523}	tuʌʔ^{523}
	上党片	壶关	t^{h}ʌʔ^{2}	liʌʔ^{21}	tuʌʔ^{21}

注：清徐方言入声韵[a ia ua ya]是独立的入声韵。

二 山西方言入声调的归并方式

山西方言入声调的演变较为复杂，其演变总体方向是入声调归入相应的舒声调。杨述祖（1982：1）研究中古入声调在今山西方言的归并方向，根据入声趋势，将晋方言入声分为三类。①北部片，以大同方言为代表，入声次浊声母字部分变去声，全浊声母字部分变阳平。②中部片，以太原方言为代表，入声清、次浊声母字接近平声，入声全浊声母字接近上

① 根据郭校珍等（2005：6）娄烦话有两个入声调，阴入、次浊入以及部分全浊入字合流，另外一部分全浊入字独立，正处于全浊入与阴入、次浊入合并的过程中。

声。③东南部片，以陵川方言为代表，入声全浊和次浊声母字归入去声。杨文重点从声调与声母清浊分类角度来考察入声调的归并，并未涉及舒、入调值和调类之间的联系，本文拟从这一角度考察山西方言入声调归并情况，采用杨文的分类方式并补充吕梁片方言，以大包片大同、并州片晋源、吕梁片汾阳和上党片陵川 4 个点约 475 个入声字为例，探讨各点方言入声调归并情况。

大同方言有 1 个入声调，调值为［4］，入声舒化 145 个字。其中归入阴平［32］的有 7 字，归入阳平［312］的有 43 字，归入上声［54］的有 8 字，归入去声［24］的有 87 字，举例如表 4 所示。

表 4　大同方言入声字调归并与普通话比较

入声归并方向	大同方言单字调	普通话归并方向
入声舒化归阴平 7 字	阴平［32］	阴平［55］6 字 阳平［35］1 字
入声舒化归阳平 43 字	阳平［312］	阳平［35］43 字
入声舒化归上声 8 字	上声［54］	上声［214］6 字 阳平［35］1 字 去声［51］1 字
入声舒化归去声 87 字	去声［24］	去声［51］87 字

由前文及表 4 可知，大同方言只有一个入声调［4］，古次浊入舒化后大多归入去声［24］，全浊入舒化 33 字，其中归入阳平［312］26 字，归入去声［24］5 字，上声［54］、阴平［32］各 1 字。全浊入字不仅归入阳平，还有部分字归入其他三个声调，这与杨文结论不同。大同方言入声舒化归并方向与普通话几乎完全一致，普通话归入阴平、阳平和上声的字，方言中也分别归入阴平、阳平和上声，普通话中阴平为高平调［55］，大同方言为中平调［32］，普通话中阳平为中升调［35］，大同方言则为曲折调［312］，普通话去声为高降调［51］，大同方言为中升调［24］，大同方言与普通话调型和调值都存在较大差异，但是入声归并方式却完全相同。大同方言入声调值［4］与上声［54］调最为接近，但归并数量并不突出，可见大同方言的入声并非依据与舒声调型相似，调值接近的方式来归并。

晋源方言平声不分阴阳，入声调分为阴入调［2］和阳入调［43］，入声舒化字共55字，其中归入平声［11］12字，归入上声［42］4字，归入去声［35］39字，清入、次浊入归去声字居多，全浊入字归平上去三声差别不明显。晋源方言入声归并跟该方言舒声调的调型和调值的关系不大，与入声字在普通话中的归并方向大体一致，具体如表5所示。

表5　晋源方言入声调归并与普通话比较

入声归并方向	晋源方言单字调	普通话归并方向
清入、次浊入归平声5字	平声[11]	阴平[55]3字 阳平[35]1字 去声[51]1字
全浊入归平声7字		阳平[35]5字 阴平[55]1字 上声[214]1字
清入、次浊入归上声1字	上声[42]	上声[214]1字
全浊入归上声3字		上声[214]3字
清入、次浊入归去声35字	去声[35]	去声[51]34字 阴平[55]1字
全浊入归去声4字		去声[51]4字

汾阳方言属吕梁片，平声有阴阳之分，与并州片各点不同，但是入声归并方向与晋源方言大致相同。汾阳方言入声分为阴入［22］和阳入［312］，入声舒化共47字，其中归入阴平［324］9字，归入阳平［22］4字，归入上声［312］7字，归入去声［55］27字，基本上也反映了普通话入声归并的特点，与普通话有差别的是古全浊入的字普通话中大多归入阳平，而汾阳方言则有部分全浊入的字归入阴平之中。具体见表6。

表6　汾阳方言入声调归并与普通话比较

入声归并方向	汾阳方言单字调	普通话归并方向
清入、次浊入归阴平3字	阴平[324]	阴平[55]3字
全浊入归阴平6字		阳平[35]4字 阴平[55]2字

续表

入声归并方向	汾阳方言单字调	普通话归并方向
清入、次浊入归阳平 2 字	阳平[22]	阴平[55]1 字 阳平[35]1 字
全浊入归阳平 2 字		阳平[35]2 字
清入、次浊入归上声 6 字	上声[312]	阳平[35]1 字 上声[214]5 字
全浊入归上声 1 字		去声[51]1 字
清入、次浊入归去声 25 字	去声[55]	去声[51]25 字
全浊入归去声 2 字		去声[51]2 字

陵川方言属上党片晋城小片，入声分为阴入［3］和阳入［23］，入声舒化共 54 字，其中归入阴平［33］4 字，归入阳平［53］6 字，归入上声［312］2 字，归入去声［24］42 字，除个别字归属不同之外，基本上与入声字在普通话中的归并方向一致，陵川方言中全浊入字舒化较少，从归入阴平和阳平的趋势看，全浊入和次浊入有合并趋势，而与清入字并不合流。从归上声和去声来看，与普通话归并方式也大致相同，全浊入 1 字归阴平例外。具体见表 7。

表 7　陵川方言入声调归并与普通话比较

入声字归并方向	陵川方言单字调	普通话归并方向
清入归阴平 3 字	阴平[33]	阴平[55]3 字
全浊入归阴平 1 字		阳平[35]1 字
次浊入、全浊入归阳平 6 字	阳平[53]	阳平[35]6 字
清入、次浊入归上声 2 字	上声[312]	上声[214]2 字
清入、次浊入归去声 42 字	去声[24]	去声[51]41 字 阴平[55]1 字

三　山西方言入声韵的消变

王洪君（1990）、沈明（1995）、韩沛玲（2012）都曾有专文详细分析山西方言入声韵的演变情况，但所涉方言点并不全面，所得结论也不全同。本文在前人研究基础上，根据已调查的山西100个方言点语料，全面讨论山西方言入声韵的消变过程，并总结消变模式和规律。

本文将山西方言入声韵按照主要元音不同，四呼为一组分为：一组入声韵、二组入声韵、三组入声韵和四组入声韵四种类型。其中一组入声韵的方言点较少，仅包括并州片平遥、介休2点，大包片昔阳1点。二组入声韵在山西方言中最多，各方言片均有分布，三组入声韵型主要分布在五台片忻州、定襄、五台，大包片平定，吕梁片岚县，四组入声韵主要分布在中原官话汾河片方言和冀鲁官话广灵1点。这四种类型中，二组入声韵型是三组入声韵型的进一步合并，一组入声韵型则是在二组基础上的极端合并形式。四组入声韵型与其他三组入声韵有最明显的不同，现已失落喉塞音韵尾，也不带元音韵尾，与舒声韵的差别主要体现在元音舌位高低或前后不同。二组入声韵部分方言点有3~4对韵母，这是由于介音影响而产生洪细音主元音不同所致，如平顺话有两组四对入声韵母［ʌʔ iʌʔ uʌʔ yʌʔ］［əʔ ieʔ uəʔ yeʔ］，中阳话有两组四对入声韵母［ɑʔ iɑʔ uɑʔ yɑʔ］［əʔ ieʔ uəʔ yeʔ］。

比较各点差异可看出山西方言入声韵消变具有两条途径：一条途径是失落塞音韵尾［-ʔ］，另一条是入声韵类合并，这两条途径不是独立发展，往往有一定的相继和伴行关系。三组入声韵方言一般有低元音、中元音和高元音的对立，如原平入声韵［ɑʔ ɔʔ əʔ］组对立、河曲入声韵有［aʔ ɛʔ əʔ］的对立。二组入声韵方言只有低、高两组元音的对立，如晋源入声韵［aʔ əʔ］组对立，宁武入声韵有［ᴀʔ əʔ］组对立（王洪君，1990）。从三组到二组的演变是中元音分别向低或高元音合流，合流方向因方言点不同而存在差异：有的方言中元音韵归入低元音，有的方言则归入高元音。只有一组入声韵方言只剩下高元音韵，如平遥、介休、昔阳仅剩［ʌʔ］组。从这个角度看，三组入声韵向二组入声韵归并，再向一组入声韵归并都是以韵类合并为主要途径的，但一、二、三组入声韵方言中，都存在部分入声字完全舒化的情况。这种舒化不是整个韵类的舒化，而是以单字为单位的逐字舒化，这种单字舒化更多的是采用直接失落喉塞音［-ʔ］韵尾后与舒声韵合流，同时入声调归入舒声调的方式进行。这种喉塞音失落的演变是入声的另一种演变途径，这两种入声脱落方式既有相继关系（先韵类合并，再塞音韵尾脱落），也有伴生关系（在韵类合并的同时，部分单字发生塞音脱落混入舒声韵中）。

四组入声韵的中原官话汾河片方言，目前已经全部脱落塞音韵尾，入声演变首先进行的是塞音韵尾失落的音变，其后韵类之间再进行合并，各方言中韵类合并的方向存在一定差异。以梗开合二等入声字及臻深曾庄组开合口入声字为例，在汾河片各方言的归并情况不一致，洪洞、闻喜归为前中元音［ɛ/ᴇ］类，而万荣、运城等点则归入低元音［a］类，具体例字见表8。

表8 梗开合二、臻深曾庄组入声读音例字

	麦梗开二入麦明	获梗合二入匣	涩深开三入生
洪洞	kɛ²¹	xuɛ²¹	sɛ²¹
闻喜	kᴇ⁵³	xuiᴇ¹³	siᴇ⁵³
万荣	mia⁵¹	xuai³³	ʂa⁵¹
运城	mia⁵¹	——	ʂa⁵¹

沈明（2000）曾指出中原官话汾河片方言与晋方言中部并州片比较，在入声韵演变上有以下区别：汾河片方言的入声韵早在唐五代宋时就丢失了入声韵尾，保留了部分韵类的区别和部分等的区别；晋方言其他片至今还保留着入声韵尾，其韵类已合并了。四组入声韵方言（主要是中原官话汾河片方言）与前文提到的一、二、三组入声韵方言（晋方言）入声韵的消变顺序不同。今四组入声韵方言已无入声韵，我们无法确知是否在喉塞音［-ʔ］失落之时，就已存在入声韵类的归并，但是根据今晋方言入声韵归并方式看，入声演变的两种途径应该是相互伴生的，区别只是主次不同。

四 山西方言入声舒化的特点

本文统计了山西方言保留入声的75个方言点2484个单字①，根据各方言点古入声字数量、入声舒化字数量，统计各方言的入声舒化率（入声舒化字与入声字总数的比率），据此比较山西各方言片区入声舒化的程度。山西各方言点入声舒化率见表9。

① 资料来源：1. 乔全生主编《山西方言重点研究丛书》（1-9辑，共60种）由山西人民出版社、九州出版社、北岳文艺出版社于1999~2019年陆续出版；2.《中国语言资源集·山西》（2022，商务印书馆即刊）；3. 笔者田野调查。

表 9　山西各方言点入声舒化率汇总

	序号	方言点	入声字	舒化字	舒化率		序号	方言点	入声字	舒化字	舒化率
大包片	1	大同	475	114	24%	并州片	39	榆社	423	27	6.4%
	2	阳高	478	135	28.2%		40	交城	444	28	6.3%
	3	天镇	455	89	19.6%		41	文水	475	34	7.2%
	4	左云	475	126	26.5%		42	孝义	447	38	8.5%
	5	右玉	454	85	18.7%		43	盂县	444	38	8.6%
	6	山阴	426	80	18.8%	吕梁片	44	静乐	440	33	7.5%
	7	怀仁	478	111	23.2%		45	离石	469	47	10%
	8	平定	449	83	18.5%		46	汾阳	470	49	10.4%
	9	昔阳	473	146	30.9%		47	方山	458	82	17.9%
	10	和顺	448	52	11.6%		48	柳林	469	47	10%
五台片	11	浑源	430	103	24%		49	临县	464	56	12.1%
	12	应县	403	99	24.6%		50	中阳	469	52	11.1%
	13	平鲁	427	66	15.5%		51	兴县	433	53	12.2%
	14	朔州	425	104	24.5%		52	岚县	472	60	12.7%
	15	忻州	466	144	30.9%		53	交口	458	57	12.4%
	16	原平	450	52	11.6%		54	石楼	471	86	18.3%
	17	五台	469	49	10.4%		55	隰县	457	54	11.8%
	18	岢岚	475	70	14.7%		56	大宁	429	41	9.6%
	19	神池	475	109	22.9%		57	永和	443	47	10.6%
	20	五寨	475	67	14.1%		58	汾西	407	46	11.3%
	21	宁武	426	37	8.7%		59	蒲县	466	338	72.5%
	22	代县	448	77	17.2%	上党片	60	长治	474	59	12.4%
	23	繁峙	475	108	22.7%		61	长子	474	56	11.8%
	24	河曲	466	61	13.1%		62	屯留	475	59	12.4%
	25	保德	469	183	39%		63	黎城	475	81	17.1%
	26	偏关	472	105	22.2%		64	壶关	437	44	10.1%
	27	阳曲	475	60	12.6%		65	平顺	469	55	11.7%
并州片	28	古交	474	111	23.4%		66	沁县	459	44	9.6%
	29	晋源	451	73	16.2%		67	武乡	350	25	7.1%
	30	清徐	474	38	8%		68	沁源	474	46	9.7%
	31	娄烦	462	48	10.4%		69	襄垣	461	45	9.8%
	32	太谷	474	37	7.8%		70	安泽	443	257	58%
	33	祁县	475	33	6.9%		71	端氏镇	461	78	16.9%
	34	平遥	469	54	11.5%		72	晋城	420	67	16%
	35	介休	475	39	8.2%		73	阳城	416	58	13.9%
	36	灵石	416	58	13.9%		74	陵川	469	56	11.9%
	37	寿阳	473	65	13.7%		75	高平	430	34	7.9%
	38	榆次	474	47	9.9%						

由表9可见，山西方言各片各点都不同程度存在入声舒化现象。我们以入声舒化率>20%为标准，统计发现：大包片10个方言点中有5个点达标；五台片17个方言点中有8个点达标；并州片16个方言点中仅1点达标；吕梁片16个方言点仅1点达标；上党片16个方言点中有1个点达标。由此可见，山西方言入声舒化率最高的是晋方言非核心地区的大包片和五台片，并州、吕梁、上党片入声舒化数量则较少，大包、五台两片方言位于晋方言边缘地区更易受到周边已无入声的官话影响，在山西方言中入声舒化程度较高。上党片安泽、吕梁片蒲县2点入声舒化率相当高，这与同属上党片或吕梁片其他方言的特点并不一致。安泽入声舒化率高达58%，蒲县入声舒化率达到72.5%，如此高的舒化率与两县人口构成有极大关系。安泽县人口构成复杂，除本地居民外，还包括山东、河北、河南、山西其他县市移民，安泽本地方言还受到包括山东莱芜话、河北武安话、河南林县话，山西平遥话、沁源话和沁水话等移民方言的影响（沈明，2000），这是该地方言入声舒化率较高的原因。蒲县方言原属中原官话汾河片，后根据有入声的标准，划归吕梁片隰县小片（李繁、刘芳，2015），蒲县东与洪洞接壤，西与大宁毗邻，南与吉县、临汾相连，北与隰县、汾西交界，大宁、隰县、汾西方言都属吕梁片，洪洞、吉县、临汾方言属中原官话汾河片，蒲县位于保留入声的晋方言与不保留入声的汾河片之间，入声舒化率高是晋方言与中原官话过渡地带方言特征的表现。

结论和余论

邢向东等（2012）认为山西方言入声韵的归并是根据调型、调值接近为条件进行归并。但是根据本文对今山西方言100个点方言入声字的梳理和统计，我们认为大多数方言点都是按普通话的声调格局进行分配，并非严格按照方言内部调型、调值相近的原则发生入声舒化。山西方言入声韵的演化具有两条途径：一条是失落塞音韵尾［-ʔ］，另一条是韵类合并，这两条途径不是独立发展，往往有一定的相继和伴行关系。从入声舒化的程度来看，山西方言中入声舒化率最高的是晋方言非核心地区的大包片和五台片，此两片位于晋方言边缘地区，更易受到周边已无入声的官话的影响。晋方言的核心地区并州、吕梁、上党片入声舒化数量则相对较少。

韩沛玲（2012：255）认为山西北区云中片和中区阳泉片（大包片）舒化最明显，其次为东南区长治以南，与河南相邻的陵川、晋城、阳城和沁水一带。此观点与本文的结论有一定的差异。韩文所采用的山西方言语料来源有三。①采用侯精一、温端政主编《山西方言调查研究报告》（1993）所记录语料。②北京大学中文系方言调查队 1980 年的字表材料。③韩氏调查的 9 个点的字音材料。杨述祖、王洪君等学者论著的研究语料大多也是以前两种语料为主。这些语料大多代表 20 世纪 50 年代的语音面貌，且调查结果参差不齐，存在很多错漏，加之近年来受普通话的强势影响，山西方言演变剧烈，特别是山西入声舒化的演变更为显著。山西方言研究材料不全或不准，调查地点有差异都会直接影响文章结论的准确性和一致性。

潘家懿（1982：431）认为交城方言阴入和阴平读音相同，阳入字与上声调值相同，区别仅在音时不同，“阴入字稍微念的模糊一点或长一点，就成了平声调”。但是根据我们的研究，在交城方言 444 个入声字中，已舒化的有 28 个字，入声归并情况见表 10。

表 10　交城方言入声调归并情况

	例字	归入交城四声	对应普通话声调
阴入[11]9 字舒化	霎压塞泄屑剔忆亿	去声[24]	去声[51]
	挖	平声[11]	阴平[55]
次浊入[11]10 字舒化	骆液跃翼幕牧玉酪肉六	去声[24]	去声[51]
阳入[53]9 字舒化	划缚剧	去声[24]	去声[51]
	宅贼雹着	平声[11]	阳平[35]
	蜀嚼	上声[53]	上声[214]

由表 10 可见，交城方言入声舒化字数量不多，仅 28 个入声字发生舒化，入声舒化的规律也符合本文的结论。交城方言阴入、次浊入舒化共 19 字，除 1 字归入平声［11］外，其余都归入去声［24］，阳入舒化共 9 字，归入上声［53］2 字，归入去声［24］3 字，归入平声［11］4 字。将这些舒化的字的归并方向与普通话比较可发现，归并方向与普通话的归并完全一致，并非潘文指出的入声舒化后根据调值接近或相同而合并。今山西方言入声的韵调的归并，可能更多地表现为语音的变异，而并非自身演变。

参考文献

曹志耘：《汉语方言中的韵尾分调现象》，《中国语文》2004 年第 1 期。

郭校珍、张宪平：《娄烦方言研究》，山西人民出版社，2005。

乔全生：《晋方言语音史研究》，中华书局，2008。

王洪君：《入声韵在山西方言中的演变》，《语文研究》1990 年第 1 期。

沈明：《山西晋语入声韵的研究》，博士学位论文，中国社会科学院，1995。

韩沛玲：《山西方言音韵研究》，商务印书馆，2012。

杨述祖：《山西方言入声的现状及其发展趋势》，《语文研究》1982 年第 1 期。

沈明：《晋南中原官话韵类的特点》，《首届官话方言国际学术讨论会论文集》，青岛出版社，2000。

李繁、刘芳：《安泽方言研究》，北岳文艺出版社，2015。

沈明：《晋语的分区（稿）》，《方言》2006 年第 4 期。

侯精一、温端政：《山西方言调查研究报告》，山西高校联合出版社，1993。

邢向东、王临惠、张维佳、李小平：《秦晋两省沿河方言比较研究》，商务印书馆，2012。

潘家懿：《从交城方言看汉语入声消失的历史》，《音韵学研究》，中华书局，1982。

古知三章组字在今山东东区方言中的音变现象

林珈亦

（山东大学文学院，济南，250100）

提　要： 在20世纪的山东方言材料中，知三章组字在山东东区的多数方言点中都记成了 ʧ 类[①]和 ʨ 类拼齐、撮口呼韵母的形式，但我们在新近调查中发现，以往材料中声母记成同一类的不同点之间实际音值可能有不小的差异，一点方言内部的知三章组声母也可能依所拼韵母不同而存在不同变体。通过观察变体出现的条件及地理分布特点，并对比旧志记录，得出山东东区方言的知三章组字处于韵母失落 i 介音、声母前移的音变过程中，声母自东北向西南大致存在发音部位由后到前、接触面由大到小的整体音变趋势。

关键词： 知三章；i 介音；舌面化；音变

一　引言

古知庄章组字大致按照“知二庄：知三章”分读成两类是山东东部方言中较为常见的声母特征。钱曾怡等（1985）将山东方言分成东西两个大区，划分的主要依据即古知庄章三组声母今读的异同，这部分字在东区分读成甲乙两类，“甲类包括庄组字全部，知组开口二等字，章组止摄开口字

① 用不送气塞擦音赅同部位的送气塞擦音和擦音，如 ʧ 类代表 ʧ ʧʰ ʃ，ʨ 类代表 ʨ ʨʰ ɕ，下文同。

和知章两组遇摄以外的合口字；乙类包括知组开口三等字，章组止摄以外的开口字和知章两组遇摄的合口字”。为便于阅读，下文将甲类字统称为“知二庄组”，乙类字统称为“知三章组”。从陆续出版的《山东方言志丛书》和方言调查报告来看，知二庄组的今读情况比较简单，一般记成 ʦ 类和 ʈʂ 类两种，各点差别不大；知三章组除个别点记为 ʦ 类和 ʈʂ 类以外，绝大多数点都记成了 ʧ 类和 ʨ 类，ʧ 类尤其多——据钱曾怡（2004）表 7，东区 40 个点中知三章组字记成 ʧ 类的有 27 个，占半数以上。[①] 新近调查结果与旧志记录大体一致，差异主要体现在知三章组字的读音上：经过密集布点调查，我们发现知三章组字的读音并不像旧材料记录得那样整齐，这种不整齐体现在两个方面。第一，横向比较来看，不同方言点的知三章组字用同一套记音符号表示，但实际音值可能有不小的差异，在舌叶音中体现得最为明显，前文提到的 27 个记成舌叶音的点中，主被动发音部位的接触点前后、接触面大小存在差别，有的点舌叶音发得偏前近 ʦ 类，有的点偏后近 ʨ 类。第二，就单点而言，不同记音材料可能在归纳音位、选取音标时略有参差，但知三章组字几乎都记成了一类音；可是我们的调查结果却显示，一种方言内部的知三章组声母依所拼韵母不同而存在不同变体。古知三章组字原本都是细音字，但在今山东方言中，这类字的韵母开、合、齐、撮四呼都有。以荣成方言为例：知三章组字与今读齐齿、撮口呼的韵母相拼时，接触点靠近舌面前，在听感上读音接近 ʨ 类，与开口呼、合口呼韵母条件下的音值差别较大，换言之，该点知三章组声母还有另一组变体。对于以表现音系格局为重点的研究而言，在音位归纳的过程中无法兼顾这些细微的音值差异；然而正是某些被忽略的差异或可成为音类分合演变的诱因。

为进一步厘清这片区域知三章组字的音值类型、考察韵母的今读与声母的发音状态之间的联系，我们实地调查了山东东区全部区县的知三章组字读音面貌。调查时布点的疏密程度依区县内部方言差异大小而调整，各乡镇之间知三章读音有差异的区县将调查点密布至乡镇，乡镇内部读音基本一致的区县选取县城中心街道作为代表点；发音人的选取以 60 岁以上老年男性为主；调查材料来自《方言调查字表》（修订本）（中国社会科学院，2016）。

---

① 记成 ʧ 类的方言点数为笔者据原表 7 统计所得。

二　山东东区知三章组字的音值类型及其变体

前文提到记成舌叶音 ʧ 类的点占了绝大部分，参差不齐的读音现象也都集中在这些点中，这与舌叶音自身的发音特点有关。《汉语方言学大词典》（詹伯慧等，2017：500）给舌叶音下的定义是“舌叶（舌尖与舌面前部之间的一小段）接近或接触齿龈所发出的辅音”，也就是说，只要舌叶部位参与发音、从舌尖到前舌面之间的范围内出现了收紧点，听感上就会带有舌叶色彩；但是接触面有大有小，收紧点的相对位置可前可后，音色就会有所不同。山东方言里的舌叶音也有这一特点——这么多方言点知三章组字都记成 ʧ 类，而这些舌叶音在山东方言中并不是离散、孤立的辅音，而是存在连续统的：有的点发音时舌尖带动舌叶，听感上像 ʦ 类而又略带舌叶色彩，有些方言材料也将其记成［ʦ ʦʰ s］；有的点则接触点偏后、接触面相对较大，发得像 ʨ 类，有的材料直接记成［ʨ ʨʰ ɕ］。就单点音系而言，在不影响音系格局的前提下，用哪一组音标来记都有道理；但要是把不同的点放在一起比较，统一记成舌叶音的做法无疑掩盖了各点知三章组字的音值差异。为突出差异，方便讨论音变过程，我们记音从严，将发音时舌尖带动舌叶发音、接触点偏前的一类用［ts̥ ts̥ʰ s̥］表示；而有舌面化色彩、但接触面小于普通话的 ʨ 类的那部分声母就用［ʧʲ ʧʰʲ ʃʲ］类来表示。各点的具体音值类型详见表 1。

表 1　东区各点知三章组字的音值类型及地理分布

声母	韵母	分布
ʨ/ʧʲ 类	细音	烟台城区、福山区、牟平区全境，栖霞市庙后镇（上述方言点均位于烟台境内），威海环翠区初村镇
ʦ/ts̥类	洪音	青岛城区、崂山区、即墨区、胶州市、平度市全境，莱西市院上镇、店埠镇、姜山镇、夏格庄镇（上述方言点均位于青岛境内），海阳市除徐家店镇以外的地区，莱阳市全境（上述方言点均位于烟台境内），安丘市、高密市、昌邑市、临朐县全境（上述方言点均位于潍坊境内），沂水县、莒南县、沂南县全境（上述方言点均位于临沂境内），日照市莒县全境

续表

<table>
<tr><th>声母</th><th>韵母</th><th>分布</th></tr>
<tr><td>ʧ 类</td><td>洪音</td><td>蓬莱市、长岛县、龙口市全境，招远市除蚕庄镇、辛庄镇以外的地区（上述方言点均位于烟台境内），黄岛区全境，莱西市水集街道、马连庄镇、日庄镇、南墅镇（上述方言点均位于青岛境内），日照城区、五莲县全境（上述方言点均位于日照境内），诸城市全境，坊子区黄旗堡街道、太保庄街道、王家庄街道（上述方言点均位于潍坊境内）威海乳山市全境。</td></tr>
<tr><td>ʧ^{j} 类</td><td>细音</td><td rowspan="2">荣成市全境，环翠区泊于镇、桥头镇，文登区除界石镇以外的地区（上述方言点均位于威海境内），栖霞市除庙后镇外的地区，海阳市徐家店镇（上述方言点均位于烟台境内）</td></tr>
<tr><td>ʧ 类</td><td>洪音</td></tr>
<tr><td>ʧ^{j} 类</td><td>细音</td><td rowspan="2">威海环翠区汪疃镇、苘山镇、草庙子镇，文登区界石镇</td></tr>
<tr><td>tʂ 类</td><td>洪音</td></tr>
</table>

注：这里的“洪音”“细音”指方言中的韵母今读。为使表格更简明清晰，此处借用了音韵学中的概念，将方言今读为开口呼、合口呼的韵母统称“洪音”，读齐齿呼、撮口呼的韵母统称“细音”，下文同。

除上述方言点外，东区范围内的区县还有淄博沂源县，临沂蒙阴县，潍坊潍城区、坊子区、寒亭区、青州市、寿光市，烟台莱州市。据《潍坊方言志》（1992），潍城区、坊子区、寒亭区、青州市 4 点知庄章组字都是分成两类的，潍城区的知三章组字记为 tʂ$_2$类，是“稍带舌叶色彩的舌尖后音”（钱曾怡、罗福腾，1992：24）；坊子区、寒亭区、青州市的知三章组字都记成 ʧ 类。但在新近的调查中，除坊子区的黄旗堡、太保庄、王家庄三个街道外，这些区县的知庄章组字几乎都合成了一类，青州等地的 ʧ 类和潍城区等地的 tʂ$_2$类仅偶尔无规律地出现在个别老派发音人的方言里。莱州及其周边的蚕庄镇、辛庄镇（都属于招远市）知三章组字读 tʂ 类，与东区其他知庄章二分的点差别较大，不宜一概而论，其成因容另文讨论。

如果把山东东区看作一个独立的封闭区域，偏西南的青岛、潍坊、日照境内的方言点知三章组字韵母一般为洪音，声母发音时舌叶前部和舌尖共同起作用，接触点普遍偏前，接触面相对较小，读成 ts 类或 tʂ类；而偏东、偏北的方言点中，韵母多保留 i 介音，声母发音时收紧点大概位于舌叶后部靠近舌面的位置，主被动发音部位的接触面比青岛等方言点要大，可记成带有舌面色彩的ʧ^{j}类；实际上烟台城区、福山区、牟平区一带直接读成了舌面前音，与普通话里的tɕ类声母无异。tɕ/ʧ^{j}类和ts/tʂ类的集中分布区有一定的地理距离，大致处在对角线的两端，而位于其间的点大多韵母有洪有细，显示出过渡地带的特点；声母音值也受韵母洪细的影响，所以知三章组字在这些点中实际上有两类读音，ʧ^{j}类可看作一种变体。在东区范围内，知三章组字从东北到西南整体上存在韵母i介音失落，声母发音部位前移、接触面减小的音变趋势，梳理这些过渡地带的混乱读音有利于找到更多音变的细节和线索，下面就来详细介绍一下这片过渡地区知三章组字的读音特点。

三　知三章组字两种音值类型的辖字范围和地理分布

在知三章组字有变体读音的方言点中，又可以分成两种类型：一种是这些字中哪些读洪音、哪些读细音是固定的，而且成系统，也就是说，声母两个读音变体的出现是有规律的；另一种是两个变体的出现没有规律——同一音韵地位的字韵母今读可能不同，而且同一个字在实际语流中韵母洪细也存在个体差异，甚至在同一个发音人的语言系统里出现了自由变读的情况；介音的存在与否本身就具有不确定性，因而声母的两个变体在分布上自然也没有明显规律。下面按有规律/无规律两种情况分别介绍。

（一）有规律的情况

1. 荣成型

分布范围包括威海荣成全境、文登境内除界石镇以外的乡镇及紧临荣成、但属于环翠区的泊于镇和桥头镇。知三章组声母音值二分的条件如表2所示。

表2　知三章组声母两类音值的分化条件（括号内为例字）

	声母：ʧ ʧ^{h} ʃ		声母：ʧ^{j} ʧ^{hj} ʃ^{j}			
	今读开口呼韵母		今读齐齿呼韵母		今读撮口呼韵母	
阴声韵	效开三（招潮烧）	au	止除章组外、蟹开三（制池世）	i	遇合三（柱除树）	y
	流开三（周抽手）	ou	假开三（遮车蛇）	iə		

续表

	声母：ʧ ʧ^{h} ʃ		声母：ʧ^{j} ʧ^{hj} ʃ^{j}			
	今读开口呼韵母		今读齐齿呼韵母		今读撮口呼韵母	
阳声韵	咸、山三等(沾缠闪)	an	无		无	
	深、臻开三(针陈深)	en				
	宕开三(张昌商)	ɑŋ				
入声韵	无		咸、山三等(哲涉舌)	iə	山合三(拙说)	yə
			深、臻三等(质汁十)	i	臻、部分通合三(出述叔)	y

2. 汪疃型

在荣成型里，把 ʧ^{j} 类看作 ʧ 类的变体很好解释，但表 1 中的最后两行，也就是威海环翠区汪疃镇等方言点中知三章组字的两类读音是 ʈʂ 类和 ʧ^{j} 类，两种读音的音值差异比较大。实际上这种类型中，知三章组的辖字范围不同于东区多数方言点：汪疃型中，拼洪音韵母的知三章组声母与知二庄组合并读成了 ʈʂ 类，而拼细音韵母的依然读成 ʧ^{j} 类。声母为 ʧ^{j} 类、韵母读细音的知三章组字的韵摄范围与表 2 是一致的。汪疃型的分布范围比较小，仅出现在部分乡镇中，具体包括威海环翠区的汪疃、茼山、草庙子 3 个乡镇以及文登区的界石镇。实际上在环翠区城区的新派方言里，也已经有部分知三章类声母读成了 ʈʂ 类，只是没有汪疃等 4 个乡镇这么整齐，更像是音变过程中呈现出的混乱状态。结合地理分布和环翠区城区的新老差异来看，汪疃等 4 个乡镇读 ʈʂ 类的知三章组字很可能是在失落 i 介音后又受到知二庄组的吸引或者普通话的影响，发生了进一步的音变。

（二）无规律的情况

除荣成型和汪疃型外，还有一些 ʧ/ʧ^{j} 类分布没有规律、自由变读的点，集中在烟台栖霞、招远一带，具体乡镇（街道）点包括栖霞市除庙后镇外的地区，海阳市徐家店镇，招远市除蚕庄镇、辛庄镇以外的地区。这些点的绝大部分知三章组字今读洪细并不固定，为自由变读；但多数情况下，韵母为 ɑŋ（宕摄三等阳声韵字）时无 i 介音。

为更直观地展现知三章组两类读音的辖字及具体读音情况，下面以崖头街道$_{\text{荣成城区}}$、羊亭镇$_{\text{环翠区}}$、汪疃镇$_{\text{环翠区}}$、翠屏街道$_{\text{栖霞城区}}$为代表点，列举例字见表 3。

表 3　知三章组字读音举例

音韵地位	崖头街道 荣成城区	羊亭镇 环翠区	汪疃镇 环翠区	翠屏街道 栖霞城区
知 知止开三	꜀tʃʲi	꜀tʃʲi	꜀tʃʲi	꜀tʃʅ
猪 知遇合三	꜀tʃʲy	꜀tʃʲy	꜀tʃʲy	꜀tʃʮ
出 章臻合三入	꜂tʃʲʰy	꜂tʃʲʰy	꜂tʃʲʰy	꜂tʃʰʮ
税 书蟹合三	ʂuei꜄	ʃuei꜄	ʂuei꜄	suei꜄
社 禅假开三	ʃʲiə꜄	ʃʲiə꜄	ʃʲiə꜄	ʃʲiə꜄/ʃə꜄
抓 庄效开二	꜀tʂua	꜀tʃua	꜀tʂua	꜀tsua
蒸 章曾开三入	꜀tʃəŋ	꜀tʃəŋ	꜀tʂəŋ	꜀tʃəŋ
绸 澄流开三	꜁tʃʰou	꜁tʃʰou	꜁tʂʰou	꜁tʃʰou/꜁tʃʲʰiou
展 知山开三	꜂tʃan	꜂tʃan	꜂tʂan	꜂tʃan/꜂tʃʲian
拴 庄山合二	꜀ʂuan	꜀ʃuan	꜀ʂuan	꜀suan
船 船山合三	꜁tʂʰuan	꜁tʃʰuan	꜁tʂʰuan	꜁tsʰuan
春 昌臻合三	꜀tʂʰun	꜀tʃʰun	꜀tʂʰun	꜀tsʰun
说 禅山合三入	꜂ʃʲyə	꜂ʃʲyə	꜂ʃʲyə	꜂ʃuə
真 章臻开三	꜀tʃən	꜀tʃən	꜀tʂən	꜀tʃən/꜀tʃʲiən
质 章臻开三入	꜂tʃʲi	꜂tʃi	꜂tʃʲi	꜂tʃʅ
庄 庄宕开三	꜀tʂuɑŋ	꜀tʃuɑŋ	꜀tʂuɑŋ	꜀tsuɑŋ
中 知通合三	꜀tʂuŋ	꜀tʂuŋ	꜀tʂuŋ	꜀tsuŋ
竹 知通合三入	꜂tʂu	꜂tʂu	꜂tʂu	꜂tsu
叔 章通合三入	꜂ʃʲy	꜂ʃʲy	꜂ʃʲy	꜂ʃʮ

四　知三章组字 i 介音失落与声母音变的发生时间

表 3 列出的读音情况是新近的调查结果，与旧志记录相比，多出了一些不整齐的读音现象，呈现出的读音面貌也更为复杂。为弄清这种不整齐是近些年的变化还是早已有之，就需寻找更多、更详尽的旧语料。从地域分布上看，这些知三章组字音值分读成两类的点集中在了威海荣成、文登以及烟台的栖霞境内，现将与这几个地区相关的方言记音摘录如下。

（一）威海荣成、文登

据《荣成方言志》，知三章类声母记为 ʧ 类，拼洪音韵母，但在韵母部分的音系说明中指出“韵母逢 ʧ ʧʰ ʃ 普遍有细音色彩”（王淑霞，1995：8）。方言志的作者王淑霞老师也参与了《山东省志·方言志》（1995）荣成部分的编写，但这部分内容却与《荣成方言志》的记录略有出入——知三章组字的韵母有洪音也有细音，细音居多，如猪知遇合三音［꜀ʧy］，超彻效开三音［꜀ʧʰiau］，针章深开三音［꜀ʧin］，展知山开三音［꜂ʧian］，章章宕开三音［꜀ʧiaŋ］，蒸章曾开三音［꜀ʧiŋ］等；但也有一些在其他声母环境下音值稳定的韵母，在 ʧ 类声母后出现了有洪有细的情况，举例来说，车昌假开三、蛇船假开三韵母为［iɛ］，舌船山开三入、设书山开三入韵母为 ɛ；世书蟹开三、尺韵母为 ʅ，置知知止开三、迟池澄止开三、十禅深开三入韵母为 i 等。

《荣成方言志》和《山东省志·方言志》的荣成部分作者为同一人，出版时间相近，记音却有出入，结合我们的调查来看，原因可能是作者记音时前后两次处理方式不同，《荣成方言志》呈现出了音位归纳后比较整齐的音系格局，而《山东省志·方言志》在记单字音时更偏向于还原当时每个字的实际音值。

荣成部分知三章组字发音接近舌面的特点，在其他旧语料中也能找到痕迹。如《荣成市志·第 32 编·方言》就将知三章组字统一记成了 ʧ 类拼细音韵母的形式，而且明确指出“荣成话的［ʧ ʧʰ ʃ］只拼齐撮韵，［tʂ tʂʰ ʂ］只拼开合韵”（1999：1061）。另外，我们还找到了一份无语言学背景的母语者编写的语料《荣成话》，书稿于 1967 年完成，1997 年出版。作者是张履贤（1900~1969），荣成崖头村人，晚年搜采荣成方言，全书以汉语拼音注音，所列汉字以 1959 年上海教育出版社《汉字拼音检字》所收为限。书中有荣成声母和普通话对比的内容：“在荣成话里 zh ch sh 三声拼缀的字，一部分和普通话完全相同，一部分却转成 j q x 的声音。这种转变只是习惯相沿的现象，没有严格的规律”“许多 u 韵的字转成 ü 韵”。实际上，该书声母标成 j q x 的字也就是知三章组字，作者认为其分布“没有严格的规律”，说明作者在记音时并未受到中古音类的影响，完全按实际读音来记；这样记录的结果是普通话中的 zh ch sh 对应荣成话的 zh ch sh 和 j q x 两类。这一是说明在 20 世纪 60 年代的调查中，荣成的知三章组字读音还比较整齐；二是说明在母语者的语感中，这类字声母的发音部位接近舌面前、有腭化色彩，听感上接近普通话中的 j q x。

文登的材料在知三章组字的洪细问题上也有矛盾之处。《文登市志·第25编·方言》（1996）中知三章组字全部记成了 ʧ 类；从韵母所列的例字来看，除“知吃湿”韵母为［i］、“猪除书”韵母为［y］以外，其他知三章组字韵母均为洪音；但“词汇”部分和“语料记音（包括谚语、歇后语等）”部分，多数 ʧ 类声母后都出现了 i 介音。结合新近的调查结果判断，文登方言的知三章组字读音的情况与荣成类似，《文登市志》的音系呈现的是经过整理、过滤掉一部分特征后的面貌。

除 20 世纪的方志记录以外，这片地区还有一些较新的语料可供参考，如《威海方言总揽》（姜岚，2019）中详细总结了威海境内两市两区的方言特点，并附同音字表。其中，荣成、文登的记录与我们的调查结果基本一致：知三章组字声母虽然都记成了 ʧ 类，但从同音字表中归纳可知，“知痴湿”“猪出书”“遮车蛇”等字的韵母为 i、y 或有 i 介音。

（二）烟台栖霞

钱曾怡（2004）表 6“知庄章两分的读音类型”把栖霞方言知三章读音类型与烟台、福山等归为一类，记为 ʨ 类；《栖霞县志·方言》（1990）把知三章组字记出了 ʧ 类和 ʨ 类两类音值，据声韵拼合表，合口呼韵母逢 ʧ 类和 ʨ 类均读为撮口呼，如“猪”音［꜀ʨy］，“书”音［꜀ʃy］，“说”音［꜂ʃyə］；除撮口呼以外，ʨ 类还拼齐齿呼韵母、ʧ 类拼还拼开口呼韵母。也就是说，这份语料里栖霞知三章类声母无规律地分读成两类，韵母有开口呼、齐齿呼和撮口呼三种读音形式。在我们的调查结果中，烟台、福山一带的知三章组字都读成了 ʨ 类拼细音韵母的音节形式，而钱曾怡先生把栖霞和烟台、福山归纳成一种读音类型，说明在当时的调查中，栖霞城区方言的知三章组字发音整体偏后，舌面化特征比较明显。《栖霞县志·方言》归纳音系的方式显然不够简洁、经济，但一定程度上反映了该区域知三章类声母读音不稳的状态，有部分 ʧ 类声母在与细音韵母相拼时，带有舌面色彩。

我们将前文中提到的旧志记录概括总结一下，如表 4 所示。

表 4　部分旧志记录中的知三章组字读音情况

方言点	声母	韵母	语料来源
荣成	ʧ类	洪音，“普遍有细音色彩”	荣成方言志
	ʧ类	多细音，少洪音	山东省志·方言志
	ʧ类	细音	荣成市志·第 32 编·方言
	j q x	细音	荣成话
文登	ʧ类	多细音、少洪音	文登市志·第 25 编·方言
	ʧ类	洪音、细音	威海市志·第 19 编·方言
栖霞	tɕ类	细音	钱曾怡（2004）表 6
	ʧ类	开口呼、撮口呼	栖霞县志·第四章·方言
	tɕ类	齐齿呼、撮口呼	

总结起来，音系归纳得比较整齐的材料通常记成舌叶音或舌面前音拼细音韵母的形式；有洪有细的方言点中，也是细音韵母占比大，只有《威海市志·第 19 编·方言》既未附同音字表，又缺少词汇、故事等语料记音，所以难以判断知三章组字中韵母洪、细的比例。尽管这些语料可能在布点、选取发音人方面参差不齐，甚至存在记音不准的问题，但放在一起来看，可以得出的结论是：这片新近调查中知三章组声母有变体的区域，在 20 世纪的调查中显示出了声母发音部位多处在舌叶偏后位置、韵母洪细难以确定的特点，从部分方志音系和语料的矛盾中可见记音人的犹疑。几份韵母有洪有细的材料中，细音都多于洪音；而我们新近的调查结果中，显然是洪音更多。把 20 世纪的语料与新近调查的进行对比可知，该地区知三章组字韵母失落 i 介音、声母前化的发生时间可能较晚，且目前正处在变化过程中。

结　语

前文提到知三章组字有变体的点大致分布在 tɕ/ʧʲ 类和 ts/tʂ类集中区之间，音值分成两类的现象体现了过渡特征。在这片地区，知三章组字大多存在韵母有洪有细、声母发音部位或前或后的情况；旧志记录中多细音、新近调查结果中多洪音的特点，则指明了失落 i 介音是这类字演变的大致方向。很显然这种演变规律并不是同一时间整齐地作用于知三章组全部字中，所以在一段时间内声母会存在两个变体；不同韵母由细音转向洪音的时间和速度有所不同，形成了“有规律”和“无规律”两种分布情况。在“有规律”的那些方言点中，读成细音的韵母都集中在古假、蟹、止摄开口字，遇摄合口字及入声韵字里，也就是今读成［i y iə yə］四个韵母的字；“无规律”的方言点虽然两个变体的分布没有那么固定和整齐，但多数情况下当韵母为单元音［i y］的字时，如“知湿猪书”等还是读成了 $ʧ^{j}$ 类拼细音的形式，而韵母为后鼻尾韵 ɑŋ 的字，如“张昌”等则很少出现 i 介音。这或许与 i、y 韵母在音节中发挥的作用大小有关：当作为独立的韵母存在时音值比较稳定，在不受外力影响、声母发音状态不变的情况下，自身很难由舌面元音变为舌叶甚至舌尖元音；而作为介音存在时，由细音转向洪音的过程也就是介音脱落的过程，这显然比音值转变更容易，尤其是在 iɑŋ 这类音节中，主要元音有后、高的特点，与介音差别较大，i 介音就更易脱落。

知三章组字 i 介音是否失落、声母是腭化还是前移，都体现了声母和韵母之间的相互作用：三等韵本来就读成细音，i、y 或含 i 介音的韵母在发音时接触点在舌面，声母受到同化作用而出现舌面化色彩，声母音值稳定以后，又拖慢了韵母转向洪音的进程；相对的演变方向是，部分知三章组字率先脱落 i 介音转为洪音，为追求声韵拼合中的和谐，声母的发音部位自然前移，这种读法渐渐推及其他知三章组字；除了韵母变为洪音以外，周边方言或普通话的影响甚至方言内部知二庄类字的吸引也都有可能成为知三章组声母发音部位前移的诱因，最终的结果就是加速了韵母 i 介音失落的进程。从知三章组字在东区不同点的发音特点来看，自东北向西南大致存在一种发音部位由后到前、接触面由大到小的整体趋势。实际上精组洪音字也有类似的特点，偏东北的乡镇多读舌尖前音，西南地区的方言点读齿间音更为普遍。由于本文不涉及精组洪音的问题，因此不展开讨论。

参考文献

姜岚：《威海方言总揽》，中央编译出版社，2019。

罗福腾：《胶辽官话研究》，博士学位论文，山东大学，1998。

栖霞县志编纂委员会：《栖霞县志》，山东人民出版社，1990。

钱曾怡：《烟台方言报告》，齐鲁书社，1982。

钱曾怡：《古知庄章声母在山东方言中的分化及其跟精见组的关系》，《语文研究》2004 年第 6 期。

钱曾怡、高文达、张志静：《山东方言的分区》，《方言》1985 年第 4 期。

钱曾怡、罗福腾：《潍坊方言志》，潍坊市新闻出版局，1992。

钱曾怡主编《山东方言研究》，齐鲁书社，2001。

荣成市地方史志编纂委员会：《荣成市志》，齐鲁书社，1999。

山东省地方史志编纂委员会：《山东省志 · 方言志》，山东人民出版社，1993。

尚良主编《山东省地图册》，山东省地图出版社，2015。

王淑霞：《荣成方言志》，语文出版社，1995。

威海市地方史志编纂委员会：《威海市志》，山东人民出版社，1986。

文登市地方史志编纂委员会：《文登市志》，中国城市出版社，1996。

詹伯慧、张振兴主编《汉语方言学大词典》，广东教育出版社，2017。

张履贤：《荣成话》，荣成市档案馆、荣成市文物馆编，1997。

中国社会科学院语言研究所：《方言调查字表》（修订本），商务印书馆，2016。

汉语量名搭配演变中的范畴共享机制及其影响*

惠红军

（陕西师范大学文学院，西安，710119）

提　要： 通过分析名量词与名词搭配的历时和共时表现，本文发现，汉语量名搭配演变中存在一种基于概念联想的范畴共享机制。这种范畴共享机制不但使一些名量词的修饰对象范围不断扩大，甚至演变成为通用量词，而且也使一些名量词不再使用或逐渐退出名量词范畴。因而，范畴共享机制在根本上影响着汉语名量词的用法和演变方向。

关键词： 名量词；概念联想；范畴共享机制；认知结构

一　引言

在汉语有文献可考的历史中，名量词从无到有，数量越来越多，功能越来越复杂。这些被用作名量词的语言单位之所以会有名量词的用法，在很大程度上是由于它们的形象性①；因此，很多研究者认为，汉语名量词具有形象性的特征（赵静贞，1983；郭先珍，1987；张爱兰，1998；何杰，

* 本文为国家社科基金后期资助项目“汉语量词的认知类型学研究”（编号：17FYY012）的部分成果。

① 人类语言都具有形象化的特征，这是人类语言的认知共性，汉语也不例外。不过汉语的形象化有自己独特的文化体现，如汉字的形象化，汉语词汇表意的形象化，汉语时空表达的形象化等。这一点我们已有详细论证，请参看惠红军《汉语形象化表意策略的表现方式》（载周上之、张秋杭主编《汉语独特性研究与探索》，学林出版社，2015）。

2001；刘佐艳，2004）。如果从汉语历时发展演变的角度考察，我们将会发现，这与名量词的来源有着密切的关系。王力（1957［2004］：272）指出，名量词都是由普通名词演变而来的，并且它们的语法意义就是由它们的本来意义引申而来的。还有研究指出，能够用作名量词的不仅有名词，而且还有动词；那些能够用作名量词的名词都具有三维空间结构，没有三维空间结构的名词不可能成为名量词；能够用作名量词的动词也都具有三维空间结构，不过动词的三维空间结构表现为动作的形象性（主要是动作的可视性），没有形象性的动词也不可能成为名量词（惠红军，2009［2011］：16-17）。

虽然名量词的形象性源自名词和动词的三维空间结构，然而随着汉语的发展演变，许多名量词虽依然能够修饰与它们具有同样形象的名词，但它们同时摆脱了形象性的制约，能够修饰那些和它们本身形象并不相同的名词，并进一步语法化为一种纯粹的量范畴标记。[①] 正因为如此，也有研究认为，汉语说“一本书”和“三本书”，英语说“a/one book”和“three books”，汉语用量词，英语未用，汉语不比英语多任何数量信息；数量信息纯由数词传达（刘丹青，2002）。还有研究认为，汉语量词本身不包含数量意义，只有与数词结合后才表示数量意义（郭锐，2004：201）。但也有研究认为，汉语量词的主要作用就是计量（王绍新，2010）。事实上，有些名量词确实蕴涵着数量信息，并进而影响了数词的实际数量。如“一双鞋”“一对灯笼”中的“双”和“对”就蕴涵着数量“二”，表明前面的数词“一”并非对独立的个体事物进行计量，而是对两个同类事物的组合进行计量；因而“一双鞋”中的“鞋”，从事物组合的角度看，其数量是“一”，从独立个体的角度看则是“二”。同样，“一对灯笼”中的“灯笼”，从事物组合的角度看，其数量是“一”，而从独立个体的角度看则是“二”（惠红军，2009［2011］：222）。有些名量词虽然能够表达数量，但其具体数量

① 量范畴是一种有关事物和动作的数量的语义范畴。量范畴的表达方式是丰富多样的，既可以使用数词，也可以使用量词，还可以使用名词、动词、形容词、副词。这一点我们已有具体的论述，详见惠红军《量范畴的类型学研究——以贵州境内的语言为对象》（科学出版社，2015）。在表达事物数量的时候，同样的语义已经很难不使用量词。如“我买了三本书”，其中的量词“本”已经无法不使用了，虽然“本”并没有提供数量信息，但它是表达事物数量范畴时必须出现的句法成分。因此，我们说量词已经成为一种量范畴的标记。

又不确定。如“一群牛”“一群羊”“三堆草料”“三堆土豆”中，如果没有“群”和“堆”，单单依靠数词“一”和“三”并不能准确地表达“牛”“羊”“草料”“土豆”的数量；同时，“群”和“堆”的具体数量也难以确定。

很明显，汉语的名量词既是计量的手段或方式，又能够以特殊的形式来表达事物的数量，而且在某些句法环境下还是表达数量时不可缺少的一种句法成分，因此它已经成为汉语中一种独特的量范畴标记。在名量词演变成量范畴标记的过程中，是什么样的机制在发挥作用，又发挥了怎样的具体作用？本文尝试以个案研究为突破口，结合名量词和名词搭配的历时和共时表现来具体讨论。

二 汉语名量词成为量范畴标记的历时过程

（一）名量词“条”成为量范畴标记的历时过程

“条”的本义是“枝条”。《说文解字·木部》：“条，小枝也。”据黄盛璋（1961），其名量词用法最晚在两汉时期就已经产生。如：

（1）纮一条，属两端于武。（《周礼·夏官司马·弁师》郑玄注）

到了魏晋南北朝时期，能够和名量词“条”搭配的名词已经比较复杂了。因此，刘世儒（1965：101-104）认为，“条”作为量词早已不以称量“树枝”为限了，可以称量的事物有“杨柳、桑叶、花蕊、绳子、玉佩、道路、裙、襚、袈裟、诏书、法（法律条文）、文（文章）、制（制度）、事（事情）、死罪、注（注释）、义例、计（计谋）”等。我们摘引了刘世儒（1965）的部分例句：

（2）谨上襚三十五条，以助踊跃之心。（《西京杂记》卷1）

（3）郁问其五经义例十余条，遵明所答数条而已。（《魏书·李晓伯传》）

（4）蔷薇花开百重叶，杨柳拂地数千条。（王褒《燕歌行》）

(5) 屡见有人得两三卷，五六条事，请理尽纸，便入山修用，动积岁月，愈久皆迷。(陶弘景《发真隐诀序》)

在名量词“条”早期所能够搭配的名词中，黄盛璋（1961）所列举的“纮”（古代冠冕上的带子）和刘世儒（1965）所列举的“襚”（赠送给人的衣物），似乎和“树枝”并无语义上的关联，而只是在某种情况下才会存在形象上的相似。关于“条”称量“事”的用法，刘世儒（1965：102）认为是魏晋南北朝时期最虚化的用法，其原因在于古人把“事”写成“条文”。虽然刘世儒（1965）引用了《广雅·释诂》的“条，书也”，想证明“条”称量“条文”是由于“条”有“书写”之义，但刘世儒（1965）中的引例和分析能够表明，“条”的量词用法依然是和“枝条”有密切联系的；因为在两汉时期，书写汉字的所用之物乃是“竹简”、“棉帛”或“丝帛”之类，其中又以“竹简”为常；而“竹简”与“枝条”在形象上相似[①]；所以说，“条”称量“事”的用法，乃是由于记录“行事”“诏书”“条文”等的“竹简”在形象上与“枝条”相似。同时，由于“条”的早期用例中有“杨柳拂地数千条”之类，因此，“条”称量杨柳的量词用法亦与其本义“枝条”有关。

我们大规模梳理了CCL语料库中名量词“条”的用法，发现在魏晋以后，基于形象相似的概念联想，“条”的称量对象中增加了一类事物“蛇”，如：

(6) 何曾见有一条蛇？(《敦煌变文集新书》卷2)

(7) 雪峰见一条蛇，以杖撩起。(《祖堂集》卷10)

在此基础上，“条”的称量对象进一步扩展到称量其他动物和动物的器官，如“蚯蚓、蜈蚣、牛、龙、狗、虎、野鸡、毛驴、兽角、尾巴、牛腿、鹿腿、豹腿”等；也扩展到了“人”“人体器官”以及和人相关的一些事

① 《后汉书·蔡伦传》：“自古书契多编以竹简，其用缣帛者谓之为纸。缣贵而简重，并不便于人，伦乃造意，用树肤、麻头及敝布、鱼网以为纸。元兴元年奏上之。帝善其能，自是莫不从用焉，故天下咸称‘蔡侯纸’。”这说明，竹简在两汉时期依然是一种主要的书写材料。

物，如“大汉、家伙、身子、人命、胳膊、臂膀、腿、喉咙、嗓子、声音、心、心肠、心愿”等。当然称量“腿、兽角、尾巴、胳膊”等也可能是由于形象相似而联想到的，因为它们的形象与“枝条”的形象大致相似。

在现代汉语方言中，我们也可发现“条”的一些看似特殊的搭配，如：

一条树（广东梅县）/一条猪（河南洛阳）/一条驴、一条骡子（山西离石）/三条牛（贵州大方）/一条马（福建浦城石坡）/嗰条友仔（那个小家伙）/一条问题（广东广州）/一条山歌（广西宜山）/一条故事、一条事儿（广东汕头）/一条代志（一件事情）、一条案（一件案件）（福建永春）（《汉语方言大词典》第2823~2824页）

这些看似特殊的量名搭配，都能够和汉语史上曾出现过的情况联系起来。如“一条树”的说法与“条”称量“杨柳”的用法同出一源，“一条猪”“一条驴”“一条骡子”“三条牛”“一条马”“嗰条友仔”之类的用法也与汉语史中“条”称量“蚯蚓、蜈蚣、牛、龙、狗、大汉”等同出一源，“一条问题”“一条山歌”“一条故事”“一条代志”等与汉语史中“条”称量“诏书”“注”等同出一源。但是“条”的称量对象中依然有一些难以在早期文献中找到源头。如：

(8) 这么一来，我的“怪物”之名，就愈传愈广，我与他们之间的一条墙壁，自然也愈筑愈高了。（郁达夫《孤独者》）

(9) 长竹竿揭起一条很长的旗，一个汗流浃背的胖大汉用两手托着。（鲁迅《五猖会》）

一条床（江苏南京）/一条帐子（浙江湖州双林）/一条帐（广东广州）/一条拖拉机（福建永春）（《汉语方言大词典》第2823~2824页）

名量词“条”所搭配对象的历时演变情况表明，“条”既能够修饰具有条状特征的事物，也能够摆脱条状的形象制约而修饰更多非条状甚至没有形状可言的事物；因此可以认为它已经语法化为一种量范畴的标记。这样的看法，能够帮助我们解释一些颇为复杂的现象。

Tai 和 Wang（1990）指出长条形是量词“条”的认知基础，但是许多指称长条形状的名词却不能选择“条”作为量词；“条”从用于三维物体扩展到用于一维和二维物体，而“根”并没有这样；对长条形事物而言，其凸显特征更倾向于“条”，而不是“根”，也就是说，“条”凸显了长条形物体的一维形状，而“根”则对长条形状的三维形状尤为敏感；在搭配对象上，“条”也不能被“根”替换。但是我们发现，Tai 和 Wang（1990）所提到的限制性存在很多例外；因为在很多情况下“条”和“根”是能够称量同一事物的，如在 CCL 语料库中可以检索到“一条扁担/一根扁担”“一条树枝/一根树枝”“一条路/一根路”“一条线/一根线”“一条洞/一根洞”等并行的用例。如果通过中文搜索引擎在线进行开放性检索，我们还能够检索到“一根油条/一条油条”“一根毛巾/一条毛巾”“一根头发/一条头发”“一根黄瓜/一条黄瓜”“一根围巾/一条围巾”等“根”“条”同时修饰同一名词的情况。虽然这种情况可能不会出现在同一方言区，但能够说明，现代汉语中的“条”和“根”所受的形象性限制并没有 Tai 和 Wang（1990）中所认为的那样严格。

（二）名量词“张”成为量范畴标记的历时过程

“张”的本义是“拉开弓弦”。《说文解字·弓部》：“张，施弓弦也，从弓长声。”段玉裁《说文解字注》：“张、弛本谓弓施弦、解弦，引申为凡作辍之称。”据王力（1957［2004］：274），“张”的量词用法先秦已经出现：

（10）子产以幄幕九张行。（《左传·昭公十三年》）

王力（1957［2004］：278）认为，平面的东西可以叫作“张”。“张”字本来是“张弓”的意思，所以弓弩也可以用“张”，琴称“张”和弓称“张”有关系，因为琴弦和弓弦有相同之处，而纸称“张”又继承了“幄幕九张”的“张”，因为纸的功用是在于它的平面性。显然，王力先生认为，“张”所称量的名词具有概念上的相关性和形象上的相似性，正是在这个基础上，“张”的称量对象才不断扩大。

我们大规模梳理了 CCL 语料库中名量词“张”从先秦到明清时期的称

量对象后发现，量词“张”所修饰的很多事物都有一个平面部分。这种平面可能是客观存在的，如“布、纸、牛皮、板凳”等，也可能是主观抽象出来的，如“弓、渔网、梯子”等。而有些事物则是因为它们所凭借的物体能够被“张”来称量，所以该事物也可以用“张”来称量。如“画、字、借据”等是写在纸上的，“纸”能够用“张”称量，因此附着在纸张上的事物也可以用“张”来称量。还有一些事物则是由于和它们在概念范畴上相关的一些事物能够被“张”来称量，所以它们也能够用“张”来称量，如“弓、弩”可以用“张”来修饰，于是和“弓、弩”同属武器范畴的“刀、剑、斧”等也都可以用“张”来修饰。

在现代汉语方言中，我们能够发现“张”有许多看似特殊的用法，如：

一张门（湖南长沙）/两张树叶（广东广州）/一张信（广东开平赤坎）/一张社论（福建厦门）（《汉语方言大词典》第2953~2954页）

这些名量搭配看似特殊，其实都可以用“张开”之义引申而来的“平面”或“平面的扩张”进行较好的解释，因为“门、树叶”都可以在某个角度上有一个较大的“平面”，这和“张”称量的名词在概念上具有相关性，在形象上具有相似性，所以量词“张”能够和这样的名词搭配。同样的原因，“信、社论”虽然没有一个平面，但是它们往往是写在纸上的，而“纸”可以用“张”来修饰，“信、社论”和“纸”就具有概念上的相关性，因此“信、社论”也可以用“张”来修饰。

但确实有一些特殊的情况，如“风灯”似乎很难找到一个“平面”，不过这种用法在晚清时期才出现。如：

(11) 只见那门技旁面摆了一张方桌，上面点了一张风灯。(《续济公传》第224回)

现代汉语方言中也能见到类似的特殊用法，如：

一张腿（山西汾西）/一张厝（房子）（福建仙游、莆田）/一张车（湖南长沙）/一张汽车（浙江金华岩下）/一张山（江西宜春）/一张拖

拉机（江西高安老屋周家）/一张汽车、一张拖拉机（云南玉溪）（《汉语方言大辞典》第2953~2954页）

我们很难直接用“平面的扩张”来解释量词“张”和“腿、胥、车、山”这类名词的搭配。可能的解释是，名量词“张”已经语法化为一种量范畴的标记，因而它所称量的对象已经不受形象的限制了。

（三）名量词“块”成为量范畴标记的历时过程

“块”的本义是“土块”。《说文解字·土部》：“块，俗凷字。”又：“凷，墣也。”段玉裁《说文解字注》：“凷之形略方。”“块”的量词用法始于西汉时期，最早是称量与土地相关的事物。如刘世儒（1965：119）中发现了如下两例：

（12）犹为一块土下雨也。（《说苑》卷6）

（13）戮力破魏，岂得徒劳无一块壤。（《三国志·吴志·鲁肃传》注引《吴书》）

虽然“土地”给人的感觉是只能看到它的表面，似乎只是一个平面；但是“土地”在汉语使用者的概念体系中并非一个平面，而是一个具有无限厚度的立体结构。正如《荀子·劝学》所说：“故不登高山，不知天之高也；不临深溪，不知地之厚也。”这种观念反映了汉语使用者对土地的立体化认知；因此可以说，“块”的称量对象在早期也是具有三维立体特征的事物。为了系统考察“块”称量对象的历时演变，我们大规模检索了CCL语料库。检索发现，汉魏六朝时期，“块”的称量对象主要和“土地”相关。隋唐五代时期，“块”的称量对象已经有所扩大，出现了“骨、肉、白石、紫金丸、元气”等新事物，其中的“骨、肉、白石、紫金丸”等还有具体的形象可言，但“元气”却无法看到，只能去感觉。[①] 如：

（14）结成一块紫金丸，变化飞腾天地久。（吕岩《敲爻歌》，《全

① 受身体形状的限制，这种“元气”与“块”的完形特征相似。

唐诗》卷 859）

（15）冻芋强抽萌，一块元气闭。（刘师服诗，韩愈《石鼎联句》，《全唐诗》卷 791）

到了宋元时期，“块”的称量对象中又增加了“树叶、布匹、纸张”这类以二维平面为主要形象特征的事物。如：

（16）打捞起块丹枫叶，鸳鸯被半床歇。（无名氏《双调·珍珠马南》）

（17）还有这一块儿红绢，与我女儿做件衣服儿。（石君宝《鲁大夫秋胡戏妻》）

（18）早是我那婆子着我拿两块油单纸，不是都坏了。（孟汉卿《张孔目智勘魔罗合》）

在此基础上，“块”的称量对象继续扩大；到明清时期，其称量对象已经扩大到“房屋、庄园、石壁、山峰、网”等事物了。从其所称量的对象来看，形象特征已经不是制约因素了。如：

（19）买了四十亩好地，盖了紧凑凑的一块草房。（《醒世姻缘传》第 34 回）

（20）傻小子正碰在第八块网上，向下缩了一丈多深。（《三侠剑》第 3 回）

在现代汉语方言中，“块”的称量对象也极其复杂，形象特征的制约已经完全不存在了。如：

看了两块电影、看了一块戏（山东淄博）/一块电影、一块戏（山东青岛、长岛、诸城）/我听俺老的说，在老一辈，有这么一块事。（山东：董均伦《穷神》）/一块衣服（湖南平江）/一块桌、一块椅（福建永春、宁德碗窑、大田前路）/九块衣（福建建安）/一块人（眉山）（《汉语方言大词典》第 2403 页）

如果说，现代汉语方言中“块”称量“桌、椅、衣服”等的用法还可以从量词的发展史中找到线索，那么它称量“电影、戏、事”这类事物则完全摆脱了形象的限制。可以认为，名量词“块”已经语法化为一种量范畴的标记了。

三 名量词用法扩展中的范畴共享机制

（一）范畴共享机制的运作过程

从形象性的角度来说，“条”“张”“块”分别代表一维形象、二维形象、三维形象。在它们作为名量词的历时发展过程中，“条”能够称量枝条，也能称量和枝条在形状上相似的纮、繸、蛇等；“张”能够称量弓、弩，也能称量和弓、弩同属武器范畴的刀、剑、斧等；“块”能够称量土、壤，也能称量和土、壤概念相关的房屋、庄园等。由此我们可以推测，这三个名量词的发展演变过程中蕴涵着这样一条规律：对于一个名量词来说，如果它能够修饰名词$_1$，那么它就能够修饰和名词$_1$具有某种共同范畴特征的名词$_2$；这种共同范畴特征可以表现为名词$_1$和名词$_2$在形象上相似，也可以表现为二者在功能上相当，或在概念上相关等；同样的原因，该名量词也能够修饰和名词$_2$具有某种共同范畴特征的名词$_3$。以此类推，这个名量词的修饰对象就会不断扩大。

很显然，名量词称量对象不断扩大的关键在于不同的名词共享了某种范畴特征，我们把这种现象称为范畴共享，这种范畴共享现象所蕴涵的认知机制就是范畴共享机制。① 两个不同的名词能够共享的某种范畴特征首先是这两个名词所共同具有的某种范畴特征，同时，该名词与其他名词之间能够因为这种范畴特征而联系起来。这种联系所需要的就是联想这样的认

① 我们之前把这种现象所蕴涵的机制称作“维度递减策略”，认为基于形象化表达策略而产生的维度递减策略使汉语量词概念的内部结构呈现出基本一致的特征，在量词称量对象的扩大过程中，这一特征表现为基于概念相似或形状相似的联想，即范畴共享（惠红军，2015：283-302）。但这样的看法还停留在浅层次，没有看到范畴共享现象之后的范畴共享机制；正是范畴共享机制的影响，才使量词的使用中表现出维度递减这样的现象。因此本文实际上是对我们之前研究结论的一种较大修正。事实上，范畴共享机制广泛地存在于语言的诸多子系统，如语音系统、词汇系统、句法系统，而且对语言的发展演变有着极其重大的影响。对此我们还将专文另述，本文暂不展开讨论。

知方式，因此概念联想是不同名词之间能够进行范畴共享的认知方式，也是范畴共享的认知基础。

范畴具有模糊性，范畴之间的边界并非泾渭分明，而是一种连续的渐变状态。这一点学界已有了一定的研究。袁毓林（1995）认为汉语词类是一种原型范畴，是人们根据词与词之间在分布上的家族相似性而聚集成类的；属于同一词类的词有典型成员和非典型成员之别，词类的典型成员在分布上的差别比较明显，非典型成员在分布上的差别比较模糊。梁丽（2007：16）认为范畴不是对事物的任意切分，而是基于大脑范畴化的认知能力；所有事物的认知范畴是以概念上突显的原型定位的，而相邻范畴是相互重叠、相互渗透的。Fauconnier（2005）也曾指出概念结构中不断有新颖而呈动态的结构出现。

正是由于范畴的这些特征，不同的名词完全可能会具有不同的范畴特征；同时，随着汉语的历时发展，人们对某一事物的认知也在不断发展变化。这都反映在汉语的历时发展过程中。这种发展变化导致了名词的概念结构的变化，并进而导致汉语名词的范畴特征的变化。前文所分析的几个名量词的称量对象的不断扩大，正是由于人们对某些名词的认知发生了变化，因而使那些名词的概念结构中呈现出了一些新颖的结构，并使它们和其他的名词具有了某种共同的范畴特征，从而具有了范畴共享的基础，并实现范畴共享。与这种范畴共享同时发生的是该名量词所称量的名词范围也在不断扩大，并促使该名量词语法化为一个量范畴标记。这意味着，范畴共享机制也是一种在名量词语法化的过程中发挥重要作用的认知机制。如图 1 所示。

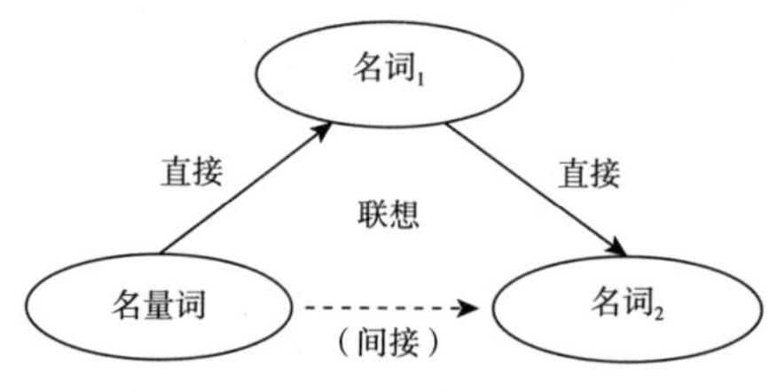

图 1　名量词的范畴共享机制

图 1 所要表明的意思是，如果名词$_1$ 和名词$_2$ 具有某种共同的范畴特

征，如二者在形象上相似，或在功能上相当，或在概念上相关等；那么当某个名量词能够修饰名词$_1$的时候，它就可以修饰名词$_2$。以此类推，该名量词的修饰对象就会不断扩大，并在此基础上逐渐语法化为一种量范畴标记。同时，这样的范畴共享机制也能够使名量词逐渐形成了如下的认知结构：

F（名量词）=｛［实体结构］［范畴标记］｝

也就是说，由于范畴共享机制的影响，汉语的某个名量词逐渐在诸多名词之间广泛使用，因而打破了该名量词在使用之初所具有的形象性限制。虽然该名量词依然能够修饰与它具有同样形象的名词，但它同时已然摆脱了形象性的制约，能够修饰那些和它们本身形象并不相同的名词，并最终语法化为一种量范畴标记。以上举名量词"条"为例。"条"早期能够称量具有条状特征的事物，因此它由形象相似而引发概念联想，称量在某种情况下呈现出条状特征的动物"蛇"。显然，作为动物的"蛇"，与"条"早期的称量对象"杨柳、桑叶、花蕊、绳子、玉佩、道路、袈裟、裙、襚"等各自分别属于动物、植物、物品等不同范畴，它们仅仅具有形状上的相似性；但是，当动物范畴中的"蛇"能够被"条"修饰后，动物范畴中的诸多成员，如"蚯蚓、蜈蚣、牛、龙、狗、虎、毛驴、野鸡"等，甚至包括"人、大汉"等，就都能够被"条"修饰。伴随着此类情况的不断发生，量词"条"的称量对象也在不同范畴间不断扩大。这种现象就是范畴共享，其中的认知机制就是范畴共享机制。虽然"条"依然能够修饰条状的名词，如"一条领带"，但它也能够修饰那些并无条状特征的事物，如"一条谜语"。因此，在范畴共享机制的影响下，名量词"条"逐渐语法化为一种量范畴标记，并进而形成了如下的认知结构：

F（条）=｛［实体结构］［范畴标记］｝

（二）范畴共享机制的认知基础

前文已经提到范畴共享机制发生作用的认知基础是概念联想，但是面对同样的事物，人类的联想可能并不相同。现有研究已经从不同的角度证明了这一点。王德春（1992）曾经指出汉语说"红茶"，英语说 black tea（直译"黑茶"），俄语说 чёрный чай（直译"黑茶"）；汉语说"粗活"，英语说 dirty work（直译"脏活"），俄语说 чёрная работа（直译"黑活”）。这反映了文化差异所导致的用词用语差异。这种用词用语的差异所反映的正是联想的丰富性、多样性以及差异性。蒋冀骋、刘智锋（2017）认为，对事物特性的不同认识会产生不同的联想，从而引起不同的语义引申；民族不同，对同一事物特性的认识也有不同，这是由各民族的认知特点和思维特性决定的。

联想的这种丰富性、多样性和差异性也可以说是联想的个体差异性，因为一种语言的每个言语使用者都会在该语言系统中体现出其个体性。这一点索绪尔（1980：41-42）曾经进行过形象的说明：语言既是言语的工具，又是言语的产物；语言是每个人都具有的东西，同时对任何人又都是共同的，而且是存储在人的意志之外的；言语中没有任何东西是集体的，它的表现是个人的和暂时的，在这里只有许多特殊情况的总和。

基于联想所具有的丰富性、多样性以及差异性，言语使用者在不同的名词之间构建了丰富多样的范畴共性特征；根据这些丰富多样的范畴共性特征，名量词就能够在名词$_1$和名词$_2$之间建立联想关系，也能够在名词$_2$和名词$_3$之间建立联想关系，进而在更多的名词之间建立联想关系。如果某个量词能够不断地在不同的名词之间建立联想关系，那么这个量词的用法就会在不同范畴间不断地扩展。因此，言语使用者对语言的个体性或个性化的使用是语法发生变化的一个非常重要的影响因素。

（三）范畴共享机制的广泛影响

就范畴共享机制的影响而言，不同的言语使用者能够发现不同的名词之间所具有的丰富多样的范畴共性，进而使范畴共享机制产生更为广泛的影响。以量词“只”为例，在现代汉语层面，“只”能够和“鸡、苹果、篮子”等名词搭配。如我们能够在CCL语料库中检索到如下一些用法：

（21）有一年，奶奶把那只老得不能下蛋的母鸡杀了，肥得流油的一只鸡。（《人民日报》1998年）

（22）朱品在上帝的苹果园中走了几圈之后，发现最好的一只苹果还是阿妹。（陆文夫《人之窝》）

（23）一只篮子里盛满橡皮瓶嘴。（亦舒《异乡人》）

根据量词的范畴共享机制，“只”能够称量“鸡”，那么和“鸡”同属动物范畴的“鹅、鸭、猫、狗、羊”等就能够共享量词“只”；也就是说，通过“只”修饰“鸡”这样的用法，我们能够联想到或类推出“只”也可以修饰“鹅、鸭、猫、狗、羊”等动物，以及“腿、胳膊、猪头、马头、兔头、鸡头、眼睛、耳朵、牛角、马蹄、鸡蛋、鹅蛋、鸭蛋”这些和动物密切相关的事物。同样的道理，通过“只”修饰“苹果”这样的用法，我们能够联想到或类推出“只”也可以修饰“桃子、梨子、橘子、橙子、枇杷、西红柿”等水果蔬菜；通过“只”修饰“篮子”这样的用法，我们同样能够联想到或类推出“只”也可以修饰“箱子、筐子、袋子、盘子、勺子、碗”等器具。事实上，我们也能够发现这样的情况。下面是我们从 CCL 语料库中检索到的名量词“只”所称量的部分名词。

动物类：

狮子、狼、马、牛、驴子、鹿、蛇、猫、狗、乌鸦、鸽子、猴子、美洲虎、昆虫、鸟、猩猩、蚂蚁、乌龟、兔子、鹂、燕子、雏燕、火鸡、野兽、野猪、猪、羊、羊羔、老鼠、白鼠、小灰鼠、公鸡、母鸡、鸭子、飞蛾、狐狸精、蚊子、苍蝇、青蛙、白龙、山鹰、蝴蝶、烤鸭、黄蜂、甲虫、骆驼、天鹅、凤凰、梅花鹿、棕熊、斑鸠、白鹤、螃蟹、鱼、跳蚤

水果蔬菜类：

苹果、梨子、桃子、杏仁、葡萄、石榴、菠萝、柿子、橘子、桔子、柑子、橙子、枇杷、荔枝、核桃、西瓜、香瓜、柚子、香蕉、西红柿、玉冬瓜、辣椒、萝卜、土豆、南瓜、茄子、甜瓜①

---

① 水果蔬菜类中的“茄子、甜瓜”来自 BCC 语料库（荀恩东、饶高琦、肖晓悦、臧娇娇，《大数据背景下 BCC 语料库的研制》，《语料库语言学》2016 年第 1 期）。

器具类：

船、划子、宇宙飞船、桶、口罩、篮子、钟表、戒指、灯泡、水晶球、沙发、拖鞋、行囊、凳子、托盘、箱子、茶杯、鱼网、木桶、染缸、瓶子、碗、钵盂、手表、长号、夹子、钱包、罐子、木塞、抽屉、手提包、台灯、弹簧秤、皮球、风筝、吸尘器、梭子、棺材、雷管、乒乓球、沙袋、滑轮、汽缸、气球、灯泡、继电器、助听器、生物计算机、锦囊、鼓、锅、砂锅、方盘、菜篮子、皮包、打火机、针管、体温表

语料库中的言语事实能够说明，现代汉语量词的使用中同样蕴涵着范畴共享机制[①]；现代汉语中量名搭配的复杂局面正是这种范畴共享机制的具体表现。

与名量词“只”密切相关的是名量词“支”。据《现代汉语八百词》所附的“名词、量词配合表”，名量词“支”能够修饰的名词有“笔、灯管、笛子、队伍、歌、火箭、箭、筷子、喇叭、蜡烛、毛线、枪、唢呐、箫、牙刷、乐曲”，这些名词可以按不同的标准分成不同的类别。如果按照形象特征，这几个名词可以进行如下分类：

A_0：笔、灯管、笛子、火箭、箭、筷子、蜡烛、枪、箫、牙刷

B_0：队伍、毛线

C_0：喇叭、唢呐

D_0：歌、乐曲

从形象特征的角度看，A_0 类中的这些物品在外形上一般都呈现条状，因此可以归为一类；B_0 类中的物品只是在一定的条件下才会呈现条状，因而与 A_0 类有所不同；C_0 类中的“喇叭”“唢呐”其实并不完全具备条状特

① 在汉语国际化教学中，汉语教师完全可以充分利用这一范畴共享机制；这能够使外国学生在更接近汉语言语事实的基础上习得汉语的量词，因而也能更好地运用汉语的量词。同时，外国学生也会联想到或类推出一些我们汉语母语者感到比较怪异或者是错误的量名搭配，这能够反映出外国学生的认知特点和思维特性等文化背景对其所说汉语的深层次影响。

征，因而与 A_0、B_0 两类均不相同；D_0 类中的“歌、乐曲”则很难说有可视的三维形体，因而与 A_0、B_0、C_0 三类均不同。

如果按照功能对这些名词进行分类，则分类结果又不相同：

A：笔、笛子、歌、喇叭、唢呐、箫、乐曲

B：灯管、筷子、蜡烛、毛线、牙刷

C：队伍、火箭、箭、枪

从功能上看，A 类中的物品都与文化活动有关，B 类中的物品都与日常饮食起居等活动有关，C 类中的事物都与军事活动有关，因此可分别归类。

归类的角度是多种多样的；归类的不同，反映的是范畴归属的不同；而范畴归属的不同则意味着范畴成员的不同，进而会因范畴成员的不同而形成不同的范畴特征，也会因此而产生不同的联想关系。受范畴共享机制的影响，如果某个范畴中的某一成员能够接受某个量词的修饰，那么这个范畴内的其他成员也就有可能接受这个量词的修饰。我们检索了 BCC 语料库中名量词“支”所修饰名词的情况，并选取了其中的部分名词，大体按文化（A 类）、日常活动（B 类）、军事（C 类）、生物（D 类）分类如下：

A：歌曲、乐曲、乐器、钢笔、铅笔、中性笔、粉笔、笔、琵琶、镜头、体温计、股票、节目、指挥棒、MV、交谊舞、铁柱、木柱、旗帜、舞蹈、上签、广告、三角小旗、音叉、笛子、风笛、洞箫、麦克风、球队、仪仗队、俱乐部、乐团、秧歌队、腰鼓队、冰球队、流派

B：手环、蜡烛、红酒、葡萄酒、啤酒、酒瓶、香烟、雪茄烟、烟筒、矿泉水、冬瓜茶、雪糕、针剂、针筒、针管、注射器、输液器、电笔、灯管、药剂（公牛冻精）、体温计、体温表、假药、疫苗、护发素、洗发水、指甲油、香水、牙膏、口红、书签、营养膏、眼霜、唇膏、睫毛膏、护手霜、护理液、钓竿、注射液、节能灯、雪碧、棒棒糖、手机、竹竿、竹签、香、冰棍、球杆、热电偶、火把、耳机、线香、钱包、女表、靴子、杯子、树枝、电话、玉镯、伞、伞骨、发夹、布袋、鸡毛掸子、高跟皮鞋、香槟、风铃、烟斗

C：手枪、步枪、水枪、火枪、气枪、猎枪、长枪、土枪、枪管、枪筒、连发枪、冲锋枪、假枪、催泪电击枪、冷箭、短箭、长箭、弓矢、七星绝命针、五毒梅花针、解磷针、毒针、丧门钉、宝剑、袖剑、队伍、军队、部队、车队、工作队、小分队、军马、兵马、产业、巡逻队、兵团、油轮船队、扑火队、游击队、医疗队、联防队、侵略军、铁尺、铁箫、鸠头杖、龙头杖、飞刀、飞弩、飞箭、飞针、飞镖

D：乌龟、人参、鸡蛋、兽骨、月季花、蝴蝶兰、玉笋、雪莲、毛竹、枫叶、左腿、人种、化石、懒妹、狗、鳄鱼、手掌、黄瓜、花朵、黑爪、鸡腿、鸡翅膀、鸡骨架、鸡、鸽子、鹰、飞鸟、鸟儿

比较而言，这里的 A、B、C 三类中的名词并未超出《现代汉语八百词》中列举的词例所代表的语义类型；但 D 类则比较特殊，其特殊之处在于这些名词更多的情况下是用名量词“只”来修饰的。我们在 BCC 语料库中检索了“一只”和“一支”与 D 类中的一些名词搭配的情况，检索结果如表 1 所示。

表 1　“一只”“一支”在修饰名词时的数量差异

	鸟	鸡	鸡蛋	狗	鹰	鸽子	手	手掌	花朵
一只	811	830	89	1450	179	209	13900	240	2
一支	15	1	0	4	2	1	87	8	0

检索结果显示，对于有些动植物类名词而言，“只”比“支”更为常用。但是，如果以汉语量词的发展史为参照，我们将会发现，汉语史上的很多名量词在其使用之初普遍数量较少，而后才广泛运用的，前文所讨论的“条”“张”“块”的发展即是如此；有的名量词甚至成为通用量词，名量词“个”“枚”的发展即是如此。洪诚（2000：101）在谈及汉语史中语料的孤例时认为，由于汉语史料的记录在历史各阶段的具体情况不同，应作不同的看法，不能一律以数量多少为标准。所谓孤例是指一种偶然出现而没有发展的语言现象；其有发展的，和后期文学语言有联系，当其最初出现于书面语时，在前期文学语言中数量虽少，但不能看作偶然出现的孤例。根据洪诚先生的观点，我们完全有理由推测，由于范畴共享机制的影响，名量词“支”修饰 D 类名词的用法也有可能逐渐发展壮大，成为其主

要用法之一；而“支”也有可能成为一个和“只”一样使用广泛的量词。

四　范畴共享机制的影响——名量词的标记化和蜕化

前文的分析表明，用作名量词的原词汇形式必须具有形象性；但由于范畴共享机制的影响，名量词本身的形象性虽然并未消失，但它们对所修饰的名词的形象限制会逐渐消失，并使名量词的修饰对象不断扩大，也使名量词最终语法化为一种量范畴标记。如名量词“条”“张”“块”“只”“支”在用法发展演变的过程中，其形象性限制已经基本消失，所修饰限制的名词越来越广泛；而且有些已经成为某些方言中的通用量词，如“只”在湖北通城方言（万献初，2003）、湘方言（姜国平，2005；邓开初，2008）、福州方言（陈泽平、秋谷裕幸，2008）、吴方言（严宝刚，2009）中已经成为一个通用个体量词，“块”在山西多数方言（乔全生，2000：135）、河南焦作方言（司罗红、李肖肖，2016）、陕西洋县方言中也已发展成为一个通用个体量词。

虽然有研究认为，汉语的名量词有“个化”倾向（戴婉莹，1984；孙汝建，1996；张谊生，2003；薛健，2006），但实际的情况是，名量词用法扩大甚至成为通用量词的情况并不限于“个”，而是因方言区的不同而有所不同，如前文所提及的“只”和“块”。同时，很多名量词在现代汉语方言中所称量的事物都相当广泛，基本摆脱了形象的限制；所以说，修饰对象广泛而复杂的名量词并不限于前文所讨论的“条”“张”“块”“只”“支”，而是还有更多。如名量词“把”：

> 一把汽车、一把火车（江西宜春）/佢把口好犀利（他张嘴好厉害）（广东广州）/一把脚（一只脚）（浙江苍南金乡）（《汉语方言大词典》第2585~2586页）

名量词“根”：

> 这根人、你的这根朋友、一根问题、两根手、一根眼睛、三根脚（云南蒙自）/那根人、一根船、一根鱼（云南建水）/一根麦子、一根

珍珠（山西太原方言）/一根絮（棉絮）、一根困箪（睡席）（安徽绩溪方言）（《汉语方言大词典》第4600页）

名量词“本”：

一本戏、一本电影、一本题目、一本镜、一本橱、一本针（浙江金华岩下）/一本锁（福建仙游）（《汉语方言大词典》第1170页）

名量词“部”：

一部房（安徽绩溪）/一部桥（上海宝山罗店、双草墩、南汇南浦）/一部腻黍（一穗玉米）（浙江杭州）（《汉语方言大词典》第5020页）

名量词“头”：

一头马、一头蚂蚁、一头鱼、一头蛇（福建福州方言）/一头桌子（福建泰宁）/一头椅、一头菜（福建仙游）/一头树（福建永定下洋）/一头草、一头麦、一头笋、一头柱（浙江金华岩下）（《汉语方言大词典》第1467页）

虽然这些复杂的量名搭配现象并非出自同一方言区，但这些现象能够说明，由于范畴共享机制的作用，一些量词在延续使用的过程中，其用法产生之初所具有的那种对所修饰名词的形象限制会越来越小，甚至会完全消失，从而使这些名量词成为一种量范畴标记。

但是有些名量词却在汉语发展的过程中很少使用或者不再使用。如：

（24）陆地牧马二百蹄，牛千蹄角，千足羊，泽中千足彘。（《史记·货殖列传》）

（25）取黄金千两，白玉数环。（《敦煌变文校注·降魔变文》）

（26）看着身为一聚灰。（《敦煌变文校注·大目乾连冥间救母变文》）

（27）如此一穗禾，其始只用一个母子。（《朱子语类》卷 74）

（28）只听得门前四五替报马报将来。（《水浒传》第 47 回）

作为名量词，这里的“蹄、蹄角、环、聚、穗、替”可以看成在某个历史时期的创新型名量词；但它们在现代汉语中已经很少使用或者不再使用了。有研究认为，其中的原因在于，它们虽然是一种创新用法，但是其概念联想的效度不高，最终被汉语使用者放弃，退出了量词范畴（惠红军，2009［2011］：206-207）。事实上，即使在现代汉语能够发现的有关用例中，这些量词也依然保持原有的范畴限制。如：

（29）瞿莉挑了一穗玉米，掏出两块钱，递给刘跃进。（刘震云《我叫刘跃进》）

（30）一穗穗紫云般的丁香迎着太阳，傲然立在绿叶之上。（秦晴《丁香无语——父亲秦兆阳剪影》）

（31）抠起一穗给人踩进泥里的麦子。（严歌苓《第九个寡妇》）

（32）可是没有谁会向他要一穗花。（汪曾祺《日规》）

（33）只有一股清水慢慢的在河心流动，冲动着一穗穗的长而深绿的水藻。（老舍《四世同堂》）

由此可见，所谓的概念联想效度不高，实际上是因为这些在当时具有创新用法的名量词，其主要修饰的名词没有超出其创新用法产生之初的范畴，并没有和更多的不同范畴的名词形成范畴共享，因此无法突破自身的形象性的限制，也未能够进一步语法化。

结　语

基于概念联想的范畴共享机制能够预示汉语名量词的演变趋势：那些不能在不同范畴间产生联想的名量词，其名量词的功能不会实现范畴共享，因而只能在很小的范围内使用，或者最终退出名量词范畴；而那些能够在不同范畴间产生联想的名量词，其名量词的功能会实现范畴共享，它们的修饰对象也会不断扩大，有的还可能发展成通用量词，并进而语法化为量范畴标记。如早期的量词“枚”和“个”。据刘世儒（1965：76），在魏晋南北朝时期，“枚”是“泛用的陪伴词”，即泛用的量词，这类量词的适应能力最强，除了极少数的事物外，几乎是无所不能适应的。在魏晋南北朝时期，这样的量词只有“枚”和“个”；比较起来，“个”的使用频率、适用范围还远不及“枚”。“枚”和“个”在本义上都是具有三维立体结构的事物。“枚”的本义是“树干”。《说文解字·木部》：“枚，干也。”段玉裁《说文解字注》：“引申为衔枚之枚，为枚数之枚。”“个”的本义是“竹竿”。《说文解字·竹部》：“箇，竹枚也。从竹固声。个，箇或作个，半竹也。”段玉裁《说文解字注》：“一枚谓之一箇也。《方言》曰：‘箇，枚也。’……今俗或名枚曰個。”在用法的历时演变过程中，“个”和“枚”都逐渐语法化为量范畴的标记。虽然在现代汉语普通话中，“个”是一个通用量词，“枚”的适用范围远不及“个”，但“枚”依然是一个摆脱了形象限制而使用广泛的量范畴标记。据有关研究，在海南方言中，“枚”是一个比“个”使用频率更高的量词（王连清，2013）。因此，对那些能够实现范畴共享的名量词来说，虽然它们不一定一直作为最常用的量范畴标记，却总能够保持相当的活力，作为一个常用的量范畴标记而活跃在汉语中。

参考文献

陈泽平、〔日〕秋谷裕幸：《福州话的通用量词“隻”与“個”》，《方言》2008年第4期。

戴婉莹：《量词“个化”新议》，《汉语学习》1984年第1期。

邓开初：《长沙话中缺乏语义分类功能的量词“只”》，《船山学刊》2008年第3期。

费尔迪南·德·索绪尔：《普通语言学教程》，沙·巴利等合作编印，高名凯译，岑麒祥、叶蜚声校注，商务印书馆，1980。

郭锐：《现代汉语词类研究》，商务印书馆，2004。

郭先珍：《现代汉语量词手册》，中国和平出版社，1987。

何杰：《现代汉语量词研究》（修订版），民族出版社，2001。

黄盛璋：《两汉时代的量词》，《中国语文》8月号，1961。

惠红军：《汉语量词研究》，西南交通大学出版社，2009［2011］。

惠红军：《汉语形象化表意策略的表现方式》，周上之、张秋杭主编《汉语独特性研究与探索》，学林出版社，2015a。

惠红军：《量范畴的类型学研究——以贵州境内的语言为对象》，科学出版社，2015b。

洪诚：《关于汉语史料运用的问题》，载洪诚《洪诚文集·雒诵庐文集》，江苏古籍出版社，2000。

姜国平：《湘语通用量词“隻”研究》，硕士学位论文，湖南师范大学，2005。

蒋冀骋、刘智锋：《论词义引申的民族性》，《古汉语研究》2017 年第 2 期。

梁丽：《基本层次范畴理论与应用》，中国社会科学出版社，2007。

刘丹青：《所谓“量词”的类型学分析》，2002，http：//www.blcu.edu.cn/cscsl_y/newworks/LiuDQ.doc（2013-1-7）。

刘世儒：《魏晋南北朝量词研究》，中华书局，1965。

刘佐艳：《表规模、数量词语的模糊性及民族文化特点》，《中国俄语教学》2004 年第 4 期。

乔全生：《晋方言语法研究》，商务印书馆，2000。

司罗红、李肖肖：《焦作方言中的特殊量词用法》，《洛阳理工学院学报》（社会科学版）2016 年第 1 期。

孙汝建：《关于量词“个化”论的思考》，《云南师范大学学报》（哲学社会科学版）1996 年第 1 期。

万献初：《湖北通城方言的量词“隻”》，《方言》2003 年第 2 期。

王德春：《对外汉语教学漫议之十（三篇）》，《汉语学习》1992 年第 1 期。

王力：《汉语史稿》（重排本），中华书局，1957［2004］。

王连清：《海南方言的通用量词“枚”》，载刘丹青主编《汉语方言语法研究的新视角——第五届汉语方言语法国际学术研讨会论文集》，上海教育出版社，2013。

王绍新：《汉语史上名量词语法化问题》，《陕西师范大学学报》（哲学社会科学版）2010 年第 3 期。

许宝华、〔日〕宫田一郎：《汉语方言大词典》，中华书局，1999。

薛健：《量词“个化”问题管见》，《汉语学习》2006 年第 5 期。

严宝刚：《吴语通用量词“只”探源》，《才智》2009 年第 17 期。

袁毓林：《词类范畴的家族相似性》，《中国社会科学》1995 年第 1 期。

张爱兰：《析现代汉语量词的表现特征》，《甘肃高师学报》1998 年第 4 期。

张谊生：《从量词到助词——量词“个”语法化过程的个案分析》，《当代语言学》2003 年第 3 期。

赵静贞：《数量词“一丝”的虚用》，《汉语学习》1983 年第 2 期。

Fauconnier, Gilles. 2005. “Compression and Emergent Structure,” *Language and Linguistics*, 2005, 6 (4): 523-538.

Tai, James &Wang, Lianqing. 1990. “A Semantic Study of the Classifier TIAO (条),” *Journal of The Chinese Language Teachers Association*, Volume: XXV, No. 1 February 1990, pp. 35-56.

汉语动补成词的理论和实证研究*

张智义

（南京师范大学外国语学院，南京，210023）

提　要： 既往汉语动补成词的理据研究，多基于语义和句法的视角，语义主要看补语的虚化程度和结构是否符合标准事件结构；句法主要看结构是否可以插入成分或是否可后接宾语。由于单个标准差异度大，本文先整合语义句法标准以赋值的方式结合语义句法对动补的成词度进行分析，结果发现和基于问卷的动补成词调查不相关；而使用频次统计和心理实证研究结果显示，动补结构使用频次和补语反应时存在一定的相关，而两者和成词的语感调查相关。本文结合认知对此进行了分析，认为：动补语法化和动补成词是不同的过程，前者反映概念整合进程，有历时、普适、范畴化的特点，后者反映心理加工进程，和基于使用频次的心理整合度相关。

关键词： 动补结构；成词；使用频次；心理整合

一　引言

动补式是汉语非常有特色的语法现象，也是汉语教学中的重点和难点。自20世纪80年代以来，动补式逐渐为众多学者所关注，成为语法学界研究的热点。研究涉及演变模式分析（吴福祥，2000：44-48；施春宏，2008）、结构类型分析（李劲荣，2005：121-124；刘街生，2006：63-68）、语义整

* 本文得到江苏省社科基金项目“赵元任语言思想研究”（21YYB005）、江苏省青蓝工程项目（2020WYKT082）的经费支持。

合分析（袁毓林，2001：399－410；吴为善、吴怀成，2008：498－503）等诸多方面。但其中研究薄弱且颇多分歧的是动补成词的理据分析，即如何判断动补结构是词还是短语。本文在既有理据研究的基础上，综合主观判断、词频分析、心理实证手段的结果分析，尝试为动补成词提供新的判断依据。

二 既往语义、句法的理据分析

区分词和短语向来是汉语研究中的一个重要研究议题。在吕叔湘（1979）、王力（1985）、朱德熙（1985）、张志公（1991）、丁声树（1999）等前辈学者的努力下，汉语已经形成了一套区分词和短语的行之有效的标准。这套标准从词法、语音、语义和句法四个维度分析了汉语词和短语的区分。词法主要是看有没有非自由语素。短语的构成单位必须是词（自由语素），词的构成单位是语素，可以是自由语素，也可以是半自由或不自由语素。因此，若一个结构中有非自由语素的存在，则一般是词。语音主要是看有没有轻声语素。普通话中有大量的轻声词，所以一个语法组合其最后一个语素为轻声语素（虚词除外），则该组合一般为词。从语义看，一般来说，词的意义有整体性，即它的意义不是它的语素意义的简单相加。从句法结构角度看，由于词具有整体意义和凝固性，故在结构上不可再插入其他成分，而短语的组合具有临时性，内部结构松散，当中可以插入其他成分。这种判断词与短语的方法叫扩展法，又叫插入法。

动补结构的典型结构特征是动词+形容词或副词补语。按照范晓等（1986）的分析，这里的形容词补语和副词补语，实际可以表示动作的结果，如"冻坏、喂肥、逗笑"等；也可以表示动作的程度，如"吃多、穿少、来晚"等；还可以表示动作的态（情貌），如"逮着、看上、吃完"等。结合典型动补结构反观汉语词和短语的区分标准，从语素层面看，动词和形容词或副词补语一般均为自由语素，所以难以以语素标准进行判断；而从语音看，动补结构中一般也不存在轻声语素，所以也无法依据语音进行判断。因此，既往动补成词依据研究，多从语义或者句法角度进行分析。

从语义角度看，既有研究认为有两个标准可以判断动补结构是否词汇化。一是看动补结构中动词补语的虚化程度，石慧敏（2011）根据动词补语的虚化程度，对动补结构的词汇化程度做了对应分析。总体来看，如果动词补语表示前项动作的具体结果，语义具体实在，基本保持自身的本义，则从概念整合的角度看，概念整合度低，词汇化程度就低；反之则高。如“刺穿”词汇化程度低，“揭穿”词汇化程度高。还有一个判断依据是事件化语义。程杰、石毓智（2019：13-22）的研究认为，根据动补短语的及物性和施受关系，对于像“打碎了一个杯子”中的“打碎”，“一个杯子”是“打”的宾语，又构成补语“碎”的主语，因此“打碎了一个杯子”体现了“打（一个杯子）碎了”这种标准的事件结构，相对而言，符合标准事件结构的动补短语结合的紧密度高；而对于“吃坏了肚子”，“哭肿了眼睛”则无法对应标准事件结构，“吃（肚子）坏了”，“哭（眼睛）肿了”在意义上均不能接受，这类动补结构的成词性低。

从句法角度看，既有研究认为也有两个标准可以判断动补结构是否词汇化。一是在动补结构的动词和补语间是否可以插入成分。比如，董秀芳（2007：40-47）指出，有一些动补结构由于长期使用在语义上已经固化或发生了抽象隐身，中间不能再插入“得”“不”，如“扩大”“提高”“说明”等，这些都已经成为词，可以列入词库，这样的形式有些已经被词典收录。二是在动补结构动词补语后面是否可以添加宾语成分（蔺璜，1998：3-5）。一般而言，如果一个动补结构内部结构松散，无法形成一个具有核心成分的向心结构，则没有能力后接宾语。如“吃多了饭”“穿多了衣”都不是合法的表达。因此句法上是否能够后接宾语向来被认为是动补成词的一个重要判断依据。

上述判断动补结构是否成词的标准有些受到质疑。如石毓智（2001）的研究认为，“V 得 R”或“V 不 R”是汉语独立的可能式，而不能看作插入动补的成分，因此将能否插入“得”或“不”作为成词的标准并不可靠。又有研究将动补能否构成“一 V 就 R”作为判断成词的句法标准（熊学亮，2017：147-156）。另外，在个体结构中上述标准的差异性很大，很多结构在语义或句法标准上存在不一致。最典型的如“吃饱”“喝醉”，这两个词不存在语义虚化，却可以后接宾语。

三　语义、句法理据成词判断的可靠性分析

结合前文的分析，本文认为仅凭单一的语义或句法标准判定动补短语是否成词可能并不可靠，必须综合相关标准进行判断。基于此，本文选定40个动补结构（见附表），综合前文给定的语义、句法标准（将能否构成“一V就R”也吸纳进来），各赋以1的权值，通过综合评判，测算每个词在理论层面的成词程度。需要特别注意的是，由于句法标准中不可插入“得/不”和不可构成“一V就R”有助于将动补结构判断为词，我们将这两个否定性指标的权值设为1，而将相反情况的权值设为0。

根据语义、句法标准，由综合评判所得的动补短语成词程度值，只反映理论层面动补成词的可能性，未必体现真实情况。因此，有必要结合汉语母语者的实际语感对相关语义、句法标准进行基于数理统计的分析。为了了解汉语母语者对动补成词真实的判定情况，本研究结合问卷星进行了关于动补结构成词判断的问卷调查，以考查现有基于句法、语义的理据分析是否与汉语母语者的基于语感的主观判断结果一致。调查对象是400名来自某重点大学文学院二年级本科生（平均年龄21.2岁，女生268名），均为汉语母语者。最终，收回有效问卷396份。问卷要求受试对所列40个动补结构进行成词判断。问卷的结果见附表。对基于句法、语义的理论评判综合分数与语感调查结果进行相关分析，结果显示，二者不相关（$r=0.183$，$p=0.258$）。这表明，基于纯粹语言理据的动补成词判断并不可靠。

四　基于认知的理据分析

基于认知的语言研究虽然对汉语词和短语的区分问题少有涉及，但是认知语言学的相关理论，特别是构式语法理论却对相关分析有很大启发。Langacker（2004；2008）的认知语法理念成了构式语法的基本观点，他提出了“语法构式”的概念：“语法涉及语素和更大的成分的组合，从而逐次形成更为复杂的符号结构（symbolic constructures）”。这实际表明，在认知上区分词和短语，就是看构成成分是语素还是词，如果构成成分为语素则

形成词；如果构成成分为词则形成短语。在后续构式语法经典作家的系列著作中（Lakoff，1987；Fillmore et al.，1988：501-538；Goldberg，1995），构式语法理论形成了一系列原则（tenets），其中和成词判断研究密切相关的包括：构式的形式、意义具有不可预知性；构式具有习用性（idiomaticity）。首先，从成词角度分析，短语成词形成词汇构式，其意义难以从单独的语素预知，心理整合因此成为成词的一个重要诱因；其次，从习用性角度看，Goldberg（1995）明确提出任何具有高频度的表达式都预备了一个构式，高频使用因而也是成词的另一个重要诱因。具体到汉语动补短语，王寅（2006）、张翼（2013：43-47）、石毓智等（2004）的研究均结合认知语法分析了动补短语成词的进程。王寅的研究从体认的角度认为动词+补语结构体现了典型的事件+结果意义，心理整合使该类结构更易形成构式；张翼的研究则认为动补心理整合的程度有所不同，动补构式的开放程度也会有所不同；石毓智的研究则明确动补构式的成词程度与使用频率关联。

综上，基于认知的动补成词研究揭示成词程度和认知过程有关，而认知受制于使用频率。Alice（2012）的相关研究表明，从认知角度看，基于语料库的使用频次分析能够有效揭示理想个体在语言使用时的认知规律，但此类研究应该密切结合心理或神经语言学的实证研究进行。该研究提出一个基本假设：每一个语言使用频次的事实都能在心理层面得到现实表征，两者的结合更能在认知层面揭示语言现象的本质。

从上述研究得到启发，本研究认为：既然单纯基于句法语义的动补成词理据并不可靠，可以结合使用频率和心理实证研究分析使用频次、认知过程以及动补成词度之间的内在联系，验证使用频次和心理现实之间的Alice关联假设，进而验证其与动补成词判断的内在关联，并反思相关句法、语义标准。基本思路是，先依据北大中文语料库分析上述40个动补结构的使用频次，再通过心理语言的实验收集词汇判断任务下40个动补结构的反应时间（response times，RTs），并对动补结构的平均RTs、使用频次（见附表）、主观语感判断结果进行相关分析。

五　结合心理实证的分析

为了进一步了解动补结构心理加工、使用频率和成词判断之间的关联，本研究参照 Tinka 等（2014：559-581）的研究，设计心理实验，探查动补结构加工的反应时以了解动补结构的心理整合度。

1. 受试

受试为随机抽取的来自南京某 211 高校三年级的 48 名本科生，女性 28 名，平均年龄为 21.7 岁，均为汉语母语者。所有受试均自愿参加并在测试后得到一定的报酬。

2. 实验材料

实验材料为本研究所涉及的 40 个动补结构。此外，填充材料包括其他结构（如偏正结构、动宾结构）的词或短语 80 个。为尽可能排除其他无关变量的影响，实验开始前，随机抽选了 36 名南京某 211 高校三年级的本科生（平均年龄 22.3 岁，女性 16 名）先后对动补结构的熟悉度和具体度进行评分。均采用李克特七级量表对熟悉度（1=极其不熟悉；7=极其熟悉）和具体度（1=极其低；7=极其高）进行调查。最终结果见附表。

3. 实验流程

实验任务通过 E-Prime 2.0 软件呈现。实验开始之前，受试坐在计算机前，将左手食指放在“F”键上，右手食指放在“J”键上。每个实验试次（trial）中，电脑屏幕中央先出现一个红色“+”注视点，呈现时间为 500ms，提醒受试注视屏幕中央。接着呈现一串字符（300ms），要求受试快速准确判断该串字符是真词还是假词。如果是假词则按“F”键，如果是真词按“J”键。如果受试未能在 1600ms 内做出反应，则自动进入下一个实验项目。随后，主语名词（如“我们”）和谓语核心动词（“提”）在屏幕中央显示 250 毫秒（SOA），然后被表示两种事件状态的反义词对（“高”和“低”）取代。事件状态显示在屏幕中心的左右两侧（每个中心距屏幕中点 113mm）。此时开始记录 RTs。受试被要求按下显示正确状态（“高”和“低”）一侧的按键。参与者一按键，反义词就消失，继而出现宾语或状语（如“产量”）。然后参与者可以按自己的节奏按“控制”键继续，并对是非问题做出正误判断（如“产量提高了吗？”）。实验持续大约 15 分钟。所有刺激材料为随机呈现，E-Prime 软件自动记录受试完成词汇判断任务的反应时和错误率。为使受试熟悉实验流程，正式实验开始前设有 10 个练习试次。

4. 结果分析

共48名受试参加了该实验。其中，两名受试完成词汇判断任务准确率低于70%，故被剔除。剩余46名受试对所有刺激判断的准确率为95.6%，其中，实验刺激（动补结构）和填充刺激判断的准确率分别为97.3%、96.2%，这表明受试认真完成了词汇判断任务。我们将每个受试的实验刺激反应时超出平均RTs的±3个标准差的数据（占全部数据的3.3%）剔除之后，最终，得到40个动补结构的RTs均值（见附表）。然后，运用SPSS 23.0软件对整理过的数据进行统计分析。

结果显示，在控制熟悉度和具体度对反应时的前提下，反应时和使用频次相关性分析结果显示，二者呈低度负相关（$r=-0.436$；$p=0.000$），即动补结构的使用频次越高，其反应时越短。根据Alice关联假设，使用频次能够在心理层面得到现实表征，因此各词中形容词补语的RTs均值和使用频次本应该高度相关。但结果显示二者低度相关，这可能是因为其他变量混入所致，如想象度、情绪效价等。对反应时和语感调查结果进行相关分析，结果显示，二者呈高度负相关（$r=-0.956$；$p=0.000$），即反应时越短，受试越倾向于将动补结构判断为词；此外，对使用频次与语感调查结果进行相关分析，结果显示，二者存在低度正相关（$r=0.457$；$p=0.003$），即动补结构使用的频次越高，受试越倾向于将其判断为词。

六　对动补成词理据的再讨论

1. 语义句法理据再思考

既往针对汉语动补结构是否成词，判断标准主要依赖语义和句法。事实上，依赖语义和句法标准对动补结构是否成词进行判断的可靠程度较低，这已经被语义句法综合评判和实际语感调查间的低相关性所证实。

语义句法理据的可靠性低主要由以下几方面的原因造成。

首先，任意一个句法语义标准都不足以成为成词判断的可靠依据。结合既往研究所形成的五条语义句法标准，没有一条可以成为动补成词的足证，每一条标准都存在例外。就补语语义虚化而言，如“忙死”“看穿”，这两个动补结构中的补语语义都高度虚化，“忙死”中的“死”和“看穿”中的“穿”都绝对没有“死亡”和“穿透”之义，显然补语语义的虚化并没有使这两个结构的成词度高。另外，补语语义虚化标准还有一个难以明确界定的问题，如“磨破”中的“破”，在多数场合“破”都取本义，如“衣服磨破”“鞋子磨破”等，而只有在“磨破嘴皮”中的“破”取虚化语义。就是否构成标准化事件语义而言，不少动补结构如“战败”“找着”，显然在逻辑语义层面不符合标准事件语义要求，“美国战败”并不表示“战美国败”，“孩子找着”也不表示“找孩子着”，但两种结构的成词程度都很高。语法标准中的可插入相关成分标准也有相当多的例外情况，如“抓紧”“打到”等插入“得/不”或“一……就”都没有问题，但并不影响这些结构的高成词判断。后接宾语的例外也很多，如“致富”“治安”等不能后接宾语，但语感判断的结果是成词程度很高。

其次，由于独立的语义句法标准均不能构成足证，本研究将每条标准设置权值，通过语义句法权值综合评价判断动补结构的成词程度，数理统计的结果显示和真实语感存在较大差异，这表明语义句法综合评价的可信度也较低。这是因为不同语义句法标准间的适切性低，存在大量标准互不相容的情况。第一，语义标准间不相容，如“吃透”等补语语义虚化，但不构成标准事件语义；“治好”等构成标准事件语义，但补语语义没有虚化。第二，句法标准间不相容，典型的如“吃饱”“喝醉”，能够插入成分，能够后接宾语；而像“致富”“治安”不能够插入成分，不能后接宾语，这些都构成标准间的不适切。第三，还有少量语义句法标准间不相容的情形，如“战败”不符合语义标准，却符合句法标准；“说明”符合语义标准，却不符合句法标准。

综上，由于独立语义句法标准存在大量例外，综合评价又存在标准间不相容造成的适切性低的状况，依据语义句法标准对动补结构进行成词判断并不可靠。

2. 基于使用频次、心理现实的认知评判

本研究基于语料的使用频次统计、基于心理实证的概念整合分析被证明和语感判断存在高度相关，这表明以使用为基础的认知评判可能是动补成词最重要的判断依据。下面将进一步结合认知理论做深入分析。

认知语言学对汉语动补结构的研究将动补的形成过程牢固建立在体认的基础上。根据王寅（2006）、石毓智等（2004）的分析，动补在古汉语中的原始形态是动+宾+补，这一结构形态反映了一个典型的致使事件，即动作行为施加于对象宾语，致使对象宾语达成或处于某一状态。如石毓智举《世说新语·假橘》中一例，“唤江郎醒”，“唤”施加于“江郎”造成“江郎醒”的结果。从认知角度看，“唤江郎醒”这一结构形态和人们对事件的体认过程完全一致。体认和结构的一致使得结构由于概念整合的作用发生动词和补语的整合。“唤江郎醒”结构中的补语“醒”趋近动词“唤”形成整合，动补结构“唤醒”由是形成。

动补结构的形成过程反映了一个概念整合的语法化进程。这一进程有历时性、普适性和范畴性的特点（苏晓军、张爱玲，2001：31-36）。历时性体现在动补结构并非汉语的原生结构，而是经过语法化的历程到了一定的时代才出现；普适性体现在汉语一般的动+宾+补的结构都可以通过动补结构得到体现；范畴性体现在动+宾+补的概念整合形成了动补构式，主语补语等非宾语补语也可进入这一概念范畴形成动补构式。比如“吃饱”表达“主语+吃”和“主语+饱”两组概念，“饱”是主语补语，可以构成动补构式。又如“哭瞎”表达“主语+哭”和“眼睛+瞎”两组概念，“眼睛”不是“哭”的宾语，因此“瞎”既非宾语补语，也非主语补语，也可以构成动补构式。

本研究所得的动补成词判断和使用频次及心理整合度密切相关的结论表明，同动补结构形成的语法化过程不同，动补成词并非语法化的产物，不具备历时性、普适性和范畴性特征。不具备历时性是因为作为历时语法化的产物可以兼具指称意义和句法意义，但词就是词，短语就是短语。不具备普适性是因为动补短语并不都能成词。不具范畴性是因为一般的语义、句法标准难以对是否成词做出准确判断。

动补成词实际体现共时的受使用频次影响的心理整合度。当一个动补短语被高频使用后，在概念整合的基础上，短语的心理整合度会进一步加强，则短语成词的可能性就越大（张立飞，2010：8-14）。这里需要注意概念整合和心理整合的区分，概念整合反映的是和语法化同步的思维进程，而心理整合反映的是和使用频次相关的感知进程。两者分属认知进程的不同方面。

3. 认知评判和语义句法评判的关联

前文分析指出，动补成词反应受使用频次影响的心理整合进程，而和动补成词判断关联的语义句法现象并不和使用频次和心理整合产生必然关联，因此不能作为动补成词的理据。比如，就语义标准而言，补语虚化意义的产生可能是高频使用后语义范围扩大的结果，但补语虚化意义并不一定意味着高频使用。如“磨破”在“磨破嘴皮”中，“破”意义虚化，但显然“磨破嘴皮”的使用频次非常有限。标准事件语义可能更容易被高频使用，但两者也不存在必然的逻辑联系。“熨平”“掐死”符合标准事件语义，但使用频率低；“致富”“治安”不符合标准事件语义，但使用频率高。就句法标准而言，高频使用使心理感知的整合度提升，作为整体的结构自然难以在中间插入成分，而易于后接宾语成分。但感知归感知，并不影响实际使用中句法成分的插入，也不能决定结构的及物与否，前者如“抓紧”“选中”等，后者如“致富”“治安”等。

结　论

本研究在分析既往动补成词判断句法、语义标准的基础上，对相关句法语义标准进行整合，通过设定权值进行句法语义的综合评判，但结合语感调查发现，综合评判的结果和语感判断并不相关。结合使用频次统计和心理实证研究，动补结构成词和使用频次、心理感知整合度密切相关。这表明，从认知角度看，动补结构成词和动补结构形成的认知属性不同，前者体现和语法化同步的思维进程，后者体现和紧密度相关的心理过程，和相关的语义句法现象并不存在必然关联。因此和句法语义标准相比，基于认知的使用频次和心理感知整合度评判理据性更强。认知理据是否能应用汉语其他短语、词汇边界的判断还有赖今后持续的研究。

参考文献

程杰、石毓智：《汉语兼具动宾和动补双重性的混合构式》，《外国语》（上海外国语大学学报）2019 年第 5 期。

丁声树：《现代汉语语法讲话》，商务印书馆，1999。

董秀芳：《从词汇化的角度看粘合式动补结构的性质》，《语言科学》2007 年第 1 期。

范晓、杜高印、陈光磊：《汉语动词概述》，上海教育出版社，1986。

李劲荣：《组合式述补结构的语义基础及类型》，《云梦学刊》2005 年第 5 期。

蔺璜：《八十年代以来动结式研究综述》，《山西大学学报》（哲学社会科学版）

1998 年第 2 期。

刘街生：《动结式组构的成分及其关系探讨》，《语言研究》2006 年第 2 期。

吕叔湘：《汉语语法分析问题》，商务印书馆，1979。

施春宏：《汉语动结式的句法语义研究》，北京语言大学出版社，2008。

石慧敏：《汉语动结式的整合与历时演变》，复旦大学出版社，2011。

石毓智、李讷：《汉语语法化的历程》，北京大学出版社，2004。

石毓智、李讷：《汉语语法化的历程——形态句法发展的动因和机制》，北京大学出版社，2001。

苏晓军、张爱玲：《概念整合理论的认知力》，《外国语》（上海外国语大学学报）2001 年第 3 期。

王力：《现代汉语语法 · 自序》，商务印书馆，1985。

王寅：《认知语法概论》，上海外语教育出版社，2006。

吴福祥：《关于动补结构“V 死 O”的来源》，《古汉语研究》2000 年第 3 期。

吴为善、吴怀成：《双音述宾结果补语“动结式”初探——兼论韵律运作、词语整合与动结式的生成》，《中国语文》2008 年第 6 期。

熊学亮：《基本动结式的“内容进-形式出”分析》，《现代外语》2017 年第 2 期。

袁毓林：《述结式配价的控制—还原分析》，《中国语文》2001 年第 5 期。

张立飞：《论频率对语言结构的建构作用》，《解放军外国语学院学报》2010 年第 6 期。

张翼：《概念整合理论对于语法问题的解释力：以汉语动结式为例》，《外语与外语教学》2013 年第 4 期。

张志公：《张志公文集》（第三卷），广东教育出版社，1991。

朱德熙：《语法问答》，商务印书馆，1985。

Alice Blumenthal-Dramé. *Entrenchment in Usage-Based Theories: What Corpus Data Do and Do Not Reveal About The Mind.* Berlin: DE GRUYTER MOUTON, 2012.

Fillmore, Charles J., Paul Kay, and Mary C. O'Connor. "Regularity and Idiomaticity in Grammatical Construction: The Case of Let Alone," *Language*, 1988 (64): 501-538.

Goldberg, Adele E. *Constructions: A Construction Grammar Approach to Argument Structure.* Chicago: University of Chicago Press, 1995.

Lakoff, George. *Women, Fire, and Dangerous Things: What Categories Reveal about the Mind.* Chicago: University of Chicago Press, 1987.

Langacker, R. W. *Cognitive Grammar: A Basic Introduction.* New York: Oxford University Press, 2008.

Langacker, R. W. *Foundations of Cognitive Grammar, Vol. 2 Descriptive Application.* Peking: Peking University Press, 2004.

Welke T., Raisig S., Nowack K., et al. "Cooking from Cold to Hot: Goal-directedness in Simulation and Language," *Cognitive Linguistics*, 2014, 25 (4): 559-581.

附　表

动补实例	补语虚化	标准化事件语义	不可插入“得/不”	不可构成“一V就R”	可后接宾语	综合评判	问卷星成词语感判断	北大中文语料库显示的使用频次	本研究心理反应时（ms）	跟心理实验相关的熟悉度	跟心理实验相关的具体度
提高	1	1	0	0	1	3	391	148675	480	6.5	5.4
提升	1	1	1	1	1	5	361	10788	530	6.4	4.8
缩小	1	1	1	0	1	4	365	7758	547	6.1	5.6
降低	1	1	1	1	1	5	384	24984	505	6.7	4.6
打破	1	1	1	1	1	5	387	16370	514	6.8	5.7
打碎	0	1	1	1	1	4	273	1109	658	6.7	6.5
清空	0	0	1	1	1	3	99	93	803	5.8	6.3
吃饱	0	0	0	0	1	1	324	1617	621	6.3	5.2
喝醉	0	0	0	0	1	1	283	1172	643	5.6	5.3
致富	0	0	1	1	0	2	365	13682	528	6.5	4.6
抓紧	1	0	0	1	1	3	356	10419	556	6.2	5.5
放松	1	0	1	1	1	4	372	7431	584	6.7	4.8
疏通	1	1	1	1	1	5	301	1381	663	5.6	5.9
打倒	1	1	0	1	1	4	308	3051	590	6.6	5.6
扩大	1	1	1	1	1	5	384	64924	499	6.9	4.8
刺穿	0	0	0	1	1	2	163	264	770	5.8	5.6
熨平	0	1	0	0	0	1	56	68	820	4.8	6.2
磨破	1	1	0	1	1	4	201	409	698	5.4	6.2
治好	0	1	0	0	1	2	326	1620	619	6.2	4.8
掐死	0	1	0	0	1	2	156	211	780	5.5	6.1
叫醒	0	1	0	0	1	2	255	893	664	5.9	4.5
吃透	1	0	0	1	1	3	178	301	680	5.5	5.3
找着	1	0	0	1	1	3	296	1307	668	6.5	4.6
选中	1	0	0	0	1	2	339	5453	582	6.2	4.5
拿定	1	0	0	1	1	3	199	426	687	5.1	4.1
堵死	1	0	0	1	1	3	182	356	702	5.4	5.1

续表

动补实例	补语虚化	标准化事件语义	不可插入“得/不”	不可构成“一V就R”	可后接宾语	综合评判	问卷星成词语感判断	北大中文语料库显示的使用频次	本研究心理反应时（ms）	跟心理实验相关的熟悉度	跟心理实验相关的具体度
看穿	1	0	0	1	1	3	211	463	667	5.5	4.7
揭破	1	1	1	0	1	4	110	112	798	5.4	4.3
宠坏	1	1	1	1	1	5	143	139	802	5.8	5.3
忙死	1	0	1	1	0	3	37	29	823	6.3	4.8
冻着	1	0	0	1	1	3	102	106	800	5.3	4.3
愣住	1	1	1	1	0	4	235	711	656	5.8	4.6
气坏	1	1	1	1	1	5	165	278	745	5.4	5.4
破坏	1	1	1	1	1	5	376	28054	501	5.5	5.6
说明	1	1	0	0	1	3	380	44895	510	6.2	4.5
战败	0	0	1	1	1	3	311	1292	655	5.2	4.6
叫停	1	1	0	0	1	3	154	201	799	5.4	5.2
治愈	1	0	0	1	1	3	322	2965	608	5.2	4.9
唱响	1	0	1	1	1	4	209	455	634	5.6	4.5
治安	0	0	1	1	0	2	376	15357	543	5.5	4.4

汉语“月明”与“月亮”结构词汇化*

陈宝勤

（沈阳大学国际语言文化研究所，沈阳，110044）

提　要： 状谓结构“月明”肇始于上古末期，结构词汇化于中古初期；主谓结构“月明”肇始于中古前期，结构词汇化于中古前期；主谓结构“月亮”肇始于中古晚期，结构词汇化于近古晚期。“月明”“月亮”结构词汇化的过程，或是其中两个单音词虚化为两个表义语素而固化为一个双音名词、由表示两个词汇意义融合为表示一个新的词汇意义的过程；或是其中一个单音词虚化为一个无义语素、另个单音词虚化为一个表义语素而固化为一个双音名词、由表示两个词汇意义演化为丧失一个词汇意义只表示一个词汇意义的过程。

关键词： 月明；月亮；双音结构；双音名词

月，本为名词“月球”义。《诗经·小雅·天保》：“如月之恒，如日之升。”“月球”是围绕地球转动的天然卫星，本身无光，靠反射太阳光而发光，故“月”由名词“月球”义引申为名词“月光”义。《淮南子·泰族训》：“天致其高，地致其厚，月照其夜，日照其昼。”陶渊明《归园田居》：“晨兴理荒秽，带月荷锄归。”“月”由“月球”义而引申出“月色”义。《史记·武帝本纪》：“五帝各如其色，日赤，月白。”李洞《题刘相公光德里新构茅亭》：“月白吟床冷，河清直印闲。”

明，本为形容词“光明、明亮、明朗”义。《诗经·齐风·鸡鸣》：“东

---

* 本文为教育部人文社科 12YJA7405 课题“汉语双音结构词汇化历史研究”第五章“汉语双音主谓结构词汇化历史研究”中部分研究内容。

方明矣，朝既昌矣。匪东方则明，月出之光。”《诗经·陈风·东门之杨》：“昏以为期，明星煌煌。”《左传·庄公七年》：“夏，恒星不见，夜明也。”《墨子·尚贤中》：“若日之光，若月之明。”

亮，本为形容词“光亮、明亮、清亮”义。《说文》：“亮，明也。”嵇康《杂诗》：“皎皎亮月，丽于高隅。”谢灵运《初发石首城》：“寸心若不亮，微命察如丝。”《后汉书·苏竟传》：“且火德承尧，虽昧必亮。”

上古末期，名词“月”与形容词“明”开始构成双音“名+形”状谓结构“月明”，表示“像月儿一样光明、像月光一样明亮”；中古初期，在语音、语位、语法、语义、语用五个平面①的相互作用下，双音状谓结构“月明”开始逐渐词汇化为双音名词。

中古初期，名词“月”与形容词“明”开始构成双音“名+形”主谓结构“月明”，表示“月儿明亮、月光明亮、月色明朗”；中古前期，在语音、语位、语法、语义、语用五个平面的相互作用下，双音主谓结构“月明”开始逐渐词汇化为双音名词。

中古晚期，名词“月”与形容词“亮”开始构成双音“名+形”主谓结构“月亮”，表示“月儿光亮、月光明亮、月色清亮”；近古晚期，在语音、语位、语法、语义、语用五个条件的相互作用下，双音主谓结构“月亮”开始逐渐词汇化为双音名词。

一　状谓结构“月明”词汇化

上古末期，名词“月”与形容词“明”开始构成双音“名+形”状谓

---

① 语位、语音、语法、语义、语用五个平面相结合的研究方法是陈宝勤首次提出的，“语位”平面是陈宝勤首创。陈宝勤在 1996 年第二届国际古汉语语法研讨会上的《汉语副词生源探微》以语位、语音、语法、语义、语用五个条件相结合的方法研究了汉语单音副词与双音副词的生成动因、生成途径、生成机制、生成规律等，论述了汉语双音副词多是在语位、语音、语法、语义、语用五个条件的相互作用下由两个单音词固化虚化而来；在 1997 年提交的 1998 年第三届国际古汉语语法研讨会论文《试论语位在汉语词汇发展中的作用》中论述了语位、语音、语法、语义、语用五个条件在汉语词汇发展中的相互作用。此两次国际会议上的论文或许因为 3 万余字过长而未被收入论文集中，却被人借用之不作引文不列参考文献。陈宝勤在 1996 年以后的论著《汉语造词研究》（2002 年 3 月巴蜀书社出版）、《汉语词汇的生成与演化》（2004 年答辩的博士学位论文、2011 年 4 月商务印书馆出版）及汉语词汇语法史论文中皆是以语位、语音、语法、语义、语用五个平面相结合的方法研究的。

结构，名词“月”作状语，表“像月儿、像月光”义；形容词“明”作谓语，表“光明、明亮”义；双音状谓结构“月明”表示“像月儿一样光明、像月光一样明亮”。例如：

(1) 今故报以执神流火，双珠月明。(西汉《茅君九锡玉册文》)

(2) 笃生公主，诞膺休祯。秀出紫微，日晖月明。(左芬《万年公主诔》)

上举例中“月明”皆为双音“名+形”状谓结构，例(1)名词“月”作状语，形容词“明”作谓语，状谓结构“月明”意为“像月儿一样光明”；例(2)两个状谓结构“日晖”与“月明”并列作谓语，“日晖”隐喻公主“像太阳一样光耀”，“月明”隐喻公主“像月儿一样明亮”。

中古初期，在语音、语位、语法、语义、语用五个平面的相互作用下，双音状谓结构“月明”开始逐渐词汇化，由两个单音词虚化为两个语素，进而固化为一个双音名词，由表示“像月儿一样光明”融合为“月光”意义，由表示“像月光一样明亮”融合为“月亮”意义，在句中由作状语与谓语两个成分演化为作宾语一个成分。例如：

(3) 博达众义常不忘，功德之行如月明。(《般舟三昧经》卷中)

(4) 其行如月明，能除夜众冥。(《大哀经》卷七)

上举例中“月明”均已发生了结构词汇化，由双音“名+形”状谓结构变为一个双音名词，皆位于比况动谓“如”后作宾语，例(3)名词“月明”表示“月光”，例(4)名词“月明”表示“月亮”。

中古初期，双音“名+形”状谓结构“月明”逐渐词汇化为一个双音名词，因“夜明珠”“像月儿一样光明、像月光一样明亮”，故“月明”由表示“像月儿一样光明、像月光一样明亮”隐喻引申出“夜明珠”意义，在句中由作状语与谓语两个成分演化为或作主语或作宾语一个成分。例如：

(5) 月明落地，珠光忽灭。(《修行本起经》卷下)

(6) 月明续照，珠光不灭。(《修行本起经》卷下)

上举例中“月明”均已发生了结构词汇化，由“名+形”双音状谓结构变为一个双音名词，表示“夜明珠”；例（5）、例（6）中的名词“月明”与“珠光”相对位于前后两个四字句首作主语。

汉语双音“名+形”状谓结构“月明”产生于上古末期，结构词汇化始于中古初期，其结构词汇化的过程，是以其语法界限的逐渐模糊、语义的逐渐融合为起点，以其语法界限完全消失、语义彻底融合为结点；状谓结构“月明”完全固化、语义彻底融合，导致其结构词汇化为一个双音名词，由作句子状语与谓语两个语法成分演化为或作主语或宾语一个语法成分，由表示“像月儿一样光明”融合为“月光”意义，由表示“像月光一样明亮”融合为“月亮”意义，由表示“像月儿一样光明、像月光一样明亮”隐喻引申出“夜明珠”意义。

二 主谓结构“月明”词汇化

中古三国以降，名词“月”与形容词“明”开始构成“名+形”双音主谓结构“月明”，意为“月儿明亮、月光明亮、月色明朗”；名词“月”作主语，表示“月儿、月光、月色”；形容词“明”作谓语，表示“明亮、明朗”。例如：

(7) 月明星稀，乌鹊南飞。（曹操《短歌行》）

(8) 须臾，月明，有龟从河中出。（《法喻经》卷一）

(9) 佛以初夜过，月明众星朗。（《佛所行赞》卷五）

(10) 帝惧，欲出奔，而月明……不得去。（《宋书·符瑞志上》）

(11) 风动春朝，月明秋夜。（萧子显《自序》）

(12) 月明泉暗，暑往寒来。（萧纲《临汝灵侯墓志铭》）

(13) 陇水恒冰合，关山唯月明。（庾信《荡子赋》）

(14) 其夕，月明，夜后闻草中虎行。（《广异记·虎六·王太》）

上举例中“月明”均为“名+形”双音主谓结构，意为“月儿明亮、月光明亮、月色明朗”；例（7）两个主谓结构“月明”与“星稀”并列构成紧缩复句，名词“月”与“星”相对作主语，表示宇宙间能发光的或反射光的两个相对的天体，名词“月”意为“月儿”，名词“星”意为“星星”；形容词“明”与“稀”相对作谓语，形容词“明”意为“明亮”，形容词“稀”意为“稀少”；主谓结构“月明”意为“月儿明亮”，主谓结构“星稀”意为“星星稀少”。例（8）主谓结构“月明”独立成句，名词“月”意为“月色”，作主语；形容词“明”意为“明朗”，作谓语；主谓结构“月明”意为“月色明朗”。例（9）两个主谓结构“月明”与“众星朗”并列构成紧缩复句，名词“月”与“星”相对作主语，主语“星”前有定语“众”修饰；形容词“明”与“朗”相对作谓语，形容词“明”意为“明亮”，形容词“朗”意为“明朗”；主谓结构“月明”意为“月儿明亮”，主谓结构“众星朗”意为“众星明朗”。例（10）主谓结构“月明”独立成句，名词“月”意为“月光”，形容词“明”意为“明亮”，主谓结构“月明”意为“月光明亮”。例（11）两个主谓结构“月明”与“风动”于前后两句相对用，名词“月”与“风”相对作主语，形容词“明”与动词“动”相对作谓语，主谓结构“月明”后有定中结构“秋夜”作时间补语，主谓结构“风动”后有定中结构“春朝”作时间补语；名词“月”意为“月儿”，形容词“明”意为“明亮”，主谓结构“月明”意为“月儿明亮”。例（12）两个主谓结构“月明”与“泉暗”并列构成紧缩复句，名词“月”与“泉”相对作主语，名词“月”意为“月光”，名词“泉”意为“泉水”；形容词“明”与“暗”相对作谓语，形容词“明”意为“明亮”，形容词“暗”意为“阴暗”；主谓结构“月明”意为“月光明亮”，主谓结构“泉暗”意为“泉水阴暗”。例（13）两个主谓结构“月明”与“冰合”相对作谓语，名词“月”意为“月光”，名词“冰”意为“寒冰”；形容词“明”与动词“合”相对作谓语，形容词“明”意为“明亮”，动词“合”意为“封冻”；主谓结构“月明”意为“月光明亮”，主谓结构“冰合”意为“寒冰封冻”。例（14）主谓结构“月明”独立成句，名词“月”意为“月光”，作主语；形容词“明”意为“明亮”，作谓语；主谓结构“月明”意为“月光明亮”。

中古三国以降，在汉语双音句节韵律之制约下，主谓结构“月明”开始逐渐词汇化，由两个相互独立的单音词虚化为两个相互依存的单音实语素而固化为一个双音融义名词，由表示“月儿”与“明亮”两个意义融合为一个“明月”意义；或其中一个单音词虚化为一个实语素、另一个单音词虚化为一个虚语素而固化为一个双音偏义名词，由表示“月光、月色”与“明亮、明朗”两个意义而丧失了“明亮、明朗”，只表“月光、月色”义，由表示“月儿”与“明亮”两个意义而丧失了“明亮”意义只表“月儿”义；“月明”由双音主谓结构重新分析为一个双音名词以后，在句子中由作主语与谓语两个语法成分演化为作定语或主语或宾语的一个语法成分。

（一）名词“月明”表“明月”义

中古三国以降，在汉语双音句节韵律之制约下，主谓结构“月明”在频繁的语用中逐渐词汇化，由两个单音词虚化为两个实语素并固化为一个双音融义名词，在句子中由作主语与谓语两个语法成分演化为作定语或主语或宾语的一个语法成分，由表示“月儿”与“明亮”两个意义融合为表“明月”义。例如：

（15）冬夜肃清，月明垂光。（嵇康《琴赋》）

（16）微风月明夜，知有五湖心。（卢纶《观袁修侍郎涨新池》）

（17）山边水边待月明，暂向人间借路行。（灵澈《归湖南作》）

（18）三湘衰鬓逢秋色，万里归心对月明。（卢纶《晚次鄂州》）

（19）碛里征人三十万，一时回向月明看。（李益《从军北征》）

（20）文明年，竟陵掾刘讽，夜投夷陵空馆，月明下憩。（《玄怪录》卷一）

上举例中“月明”均已实现了结构词汇化，由双音主谓结构重新分析为双音融义名词，表示“明月”义；例（15）名词“月明”与“冬夜”相对在前后两句句首作主语，从主语“月明”后动宾结构“垂光”足可见“月明”为名词“明月”义；例（16）名词“月明”与“微风”并列位于名词中心语“夜”前作定语；例（17）名词“月明”位于动谓“待”后作宾语，前有处所状语“山边水边”限制；例（18）名词“月明”与“秋色”在前后两句相对作动谓“对”与“逢”之宾语；例（19）名词“月明”位于连动谓语第一个动谓“回向”后作宾语，连动谓语前有副状“一时”修饰；例（20）名词“月明”与方位名词“下”构成方位结构在动谓“憩”前作状语。

近古晚唐五代，主谓结构“月明”应用频率较前有很大提高，其结构词汇化为双音名词的较前有很大发展，在此期文献中名词“月明”表示“明月”义的应用较多。例如：

（21）疏柳高槐古巷通，月明西照上阳宫。（刘沧《洛阳月夜书怀》）

（22）野人于我有何情，半掩柴门向月明。（杜荀鹤《宿村舍》）

（23）锦帆天子狂魂魄，应过扬州看月明。（罗隐《中元夜泊淮口》）

（24）高吟大醉三千首，留著人间伴月明。（郑谷《读李白集》）

（25）厌树遮山色，怜窗向月明。（恒超《辞郡守李公恩命》）

（26）牵吟一路逢山色，醒睡长汀对月明。（李中《送夏侯秀才》）

上举例中“月明”均已结构词汇化为双音融义名词，表示“明月”义；例（21）名词“月明”位于句首作主语，例（22）、例（23）、例（24）、例（25）、例（26）名词“月明”位于连动谓语第二个动语后作宾语。

近古宋元时期，主谓结构“月明”进一步发展，“月明”结构词汇化为双音名词的也进一步发展，在此期文献中名词“月明”表示“明月”义的应用很多。例如：

（27）谁向月明终夜听，洞庭渔笛隔芦花。（陈尧佐《湖州碧澜堂》）

（28）月明空照别离苦。透素光，穿朱户。（杜安世《端正好·槛菊愁烟沾秋露》）

（29）明月思人情，情人思月明。（张孝祥《菩萨蛮·渚莲红乱风翻雨》）

（30）夜寒笺与月明看，未必月明知此意。（方岳《玉楼春·秋思》）

（31）紫箫声转，画楼中闲杀月明天。（阚志学《赏花时·惜花愁》）

（32）我在这月明之下，好歹要等那仙子来也。（吴昌龄《风花雪月》第二折）

上举例中“月明”均已结构词汇化为双音融义名词，表示“明月”义；例（27）名词“月明”作连动谓语第一个动语之宾语，例（28）名词“月明”位于句首作主语，例（29）名词“明月”位于前句句首作主语，“月明”

位于后句句尾作宾语；例（30）名词“月明”在前句位于连动谓语第一个动语后作宾语，在后句位于动宾结构之前作主语，否定副状“未必”前置于后个主谓句首；例（31）位于形谓补结构“闲杀”后作宾语；例（32）名词“月明”位于指代词定语“这”后、方位名词中心语“下”前作定语，介词“在”与方位结构“这月明之下”构成介宾结构作状语。

明清时期，汉语双音名词“明月”日益发展，在此期间文献中名词“月明”表示“明月”义的较少。例如：

（33）六和寺内月明夜，三竺山中归去来。（《水浒传》第九十九回）

（34）兀的不负了月明千里故人来。（《娇红记》第三十八出）

（35）端阳一别杳无音，两地相看对月明。（《警世通言》第三十四卷）

（36）只见五云中，宫阙影，窈窕玲珑映月明。（《长生殿》第十四出）

（37）霎时撇下热尘埃，只看月明常在。（《隋唐演义》第五十九回）

上举例中“月明”皆已实现了结构词汇化，由双音主谓结构重新分析为双音融义名词，表示“明月”义；例（33）名词“月明”位于时间名词“夜”前作定语，例（34）名词“月明”位于“千里”前作主语，例（35）、例（36）名词“月明”位于动谓“对”“映”后作宾语，例（37）名词“月明”位于状谓“常在”前作主语，主谓结构“月明常在”作状谓之宾语。

主谓结构“月明”词汇化为融义名词，表示“明月”义的肇始于中古前期，发展于中古晚期与近古前期，衰落于近古晚期。

（二）名词“月明”表“月儿”义

中古东晋以降，在汉语双音句节韵律之制约下，主谓结构“月明”逐渐词汇化，在其结构词汇化的过程中名词“月”意义逐渐强化，形容词“明”意义逐渐丧失，最终于反复的语用中形容词“明”义完全消失，名词“月”义独存，导致“月明”由“名+形”双音主谓结构重新分析为一个双音偏义名词，由表示“月儿”与“明亮、明朗”两个意义演变为表示“月儿”义，在句中由作主语与谓语两个语法成分演化为作定语或主语或宾语一个语法成分。例如：

(38) 阿修罗食月时名罗睺罗，罗睺罗秦言覆障，谓障月明也。(僧肇《注维摩诘经》卷三)

(39) 一切星宿中，月明第一最。(罗什等译《十诵律》卷十四)

(40) 万雀不及一凤皇，众星不如一月明。(《艺文类聚·鸟部下·雀》)

(41) 良友呼我宿，月明悬天宫。(王昌龄《洛阳尉刘晏与府掾诸公茶集天宫寺岸道上人房》)

(42) 直须台上看，始奈月明何。(韩愈《月台》)

(43) 今夜月明胜昨夜，新添桂树近东枝。(王建《和元郎中从八月十二至十五夜玩月五首》)

上举例中“月明”均已实现了结构词汇化，由双音主谓结构重新分析为双音偏义名词，为“月儿”义；例(38)名词“月明”位于动谓“障”后作宾语，从首句“阿修罗食月……”足可证“月明”表名词“月儿”义；例(39)“月明”位于句首方位结构状语“一切星宿中”后作主语，从句首状语“一切星宿中”足可证“月明”表名词“月儿”义；例(40)“月明”位于否定状谓“不如”后作宾语，从主语“众星”足可见“月明”表名词“月儿”义；例(41)“月明”位于动补结构“悬天宫”前作主语，表名词“月儿”义；例(42)“月明”位于动谓“始奈”后作宾语，从诗题《月台》可见“月明”表名词“月儿”义；例(43)“月明”位于动谓“胜”前作主语，从后句“桂树”与诗题“玩月”足可证“月明”表名词“月儿”义。

近古晚唐五代，随着汉语双音复合词的发展，主谓结构“月明”词汇化为双音偏义名词表“月儿”义的很多。例如：

(44) 何人教我吹长笛，与倚春风弄月明。(杜牧《题元处士高亭》)

(45) 严陵何事轻轩冕，独向桐江钓月明。(汪遵《桐江》)

(46) 不知捧诏朝天后，谁此登临看月明。(吴融《太保中书令军前新楼》)

(47) 晚寻水涧听松韵，夜上星坛看月明。(徐氏《题彭州阳平化》)

（48）皇子陂头好月明，忘却华筵到晓行。（慈恩院女仙《题寺廊柱》）

上举例中“月明”皆已实现了结构词汇化，由主谓结构重新分析为偏义名词，表示“月儿”义；例（44）、例（45）、例（46）、例（47）名词“月明”作宾语，例（48）名词“月明”作主语。

近古宋元时期，主谓结构“月明”进一步结构词汇化，由“名+形”双音主谓结构重新分析为双音偏义名词，表示“月儿”义。例如：

（49）举头无语，家在月明生处住。（黄庭坚《减字木兰花·举头无语》）

（50）待得月明归去也，青萍。（叶梦得《南乡子·池亭新成晚步》）

（51）元来广寒殿嫦娥，在这月明里有。（马致远《汉宫秋》第二折）

（52）当日个月明才上柳梢头，却早人约黄昏后。（王实甫《西厢记》第四本·第二折）

（53）月明涓涓兮夜色澄，风露凄凄兮隔幽庭。（郑光祖《翰林风月》第一折）

（54）投到你做官，直等的那日头不红，月明带黑，星宿眨眼，北斗打呵欠。（《渔樵记》第二折）

上举例中“月明”皆已实现了结构词汇化，由主谓结构重新分析为偏义名词，表示“月儿”义；例（49）、例（51）中的名词“月明”分别与“生处”“里”构成定中结构，介词“在”与定中结构“月明生处”“这月明里”构成介宾结构作状语；例（50）、例（52）、例（53）、例（54）名词“月明”作主语。

近古明清时期，“月亮”逐渐结构词汇化为双音偏义名词表“月儿”义，故名词“月明”结构词汇化为双音偏义名词表示“月儿”义的日渐减少。在明清戏剧小说中有些“月明”表示“月儿”义。例如：

（55）失群的孤雁，趁月明独自贴天飞。（《水浒传》第三回）

(56) 孤村晓，稚子道，犹自月明高。(《黄粱梦》第三折)

(57) 影动星河近，月明无点尘。(《西游记》第十三回)

(58) 月明到了十五，还要渐渐缺了半边儿。(《续金瓶梅》第二十五回)

(59) 月明千里共，只此慰离思。(《巧联珠》第五回)

(60) 是夜，月明高洁，清光似水。(《聊斋志异》卷二)

上举例中“月明”皆已实现了结构词汇化，由主谓结构重新分析为偏义名词，表示“月儿”义；例(55)名词“月明”位于连动谓语第一个动语“趁”后作宾语，例(56)、例(57)、例(58)、例(59)、例(60)名词“月明”位于动谓、形谓前作主语。

主谓结构“月明”词汇化为偏义名词，表示“月儿”义肇始于中古中期，发展于中古晚期与近古前期，衰落于近古晚期。

(三) 名词“月明”表“月光”义

中古东晋以降，在汉语双音句节韵律之制约下，主谓结构“月明”逐渐词汇化，在其结构词汇化的过程中形容词“明”义逐渐消失，名词“月”义日益强化，最终常见的语用中形容词“明”义完全失落，名词“月”义独存，导致“月明”由“名+形”双音主谓结构重新分析为一个双音偏义名词，由表示“月光”与“明亮”两个意义演变为表示“月光”义，在句中由作主语与谓语两个语法成分演化为作定语或主语或宾语一个语法成分。中古中期以降，“月明”结构词汇化为双音偏义名词，表示“月光”义的较多。例如：

(61) 众星虽有光，不如一月明。(《大丈夫论》卷上)

(62) 大种如日月轮，造色如日光月明。(《大毗婆沙论》卷一百二十七)

(63) 夜静水寒鱼不食，满船空载月明归。(德诚禅师《拨棹歌·颂钓者》)

(64) 日色已尽花含烟，月明欲素愁不眠。(李白《长相思三首》)

(65) 独坐高高风势急，平湖渺渺月明多。(刘长卿《岳阳楼》)

(66) 美人夜坐月明里，含少商兮照清徵。(皎然《风入松歌》)

（67）寒江近户漫流声，竹影临窗乱月明。（戎昱《旅次寄湖南张郎中》）

（68）谁家独夜愁灯影，何处空楼思月明。（柳中庸《听筝》）

（69）宫中月明何所似，如积如流满田地。（杨巨源《月宫词》）

（70）月明灯光两相照，后庭歌声更窈窕。（王建《白纻歌二首》）

上举例中“月明”均已结构词汇化为双音偏义名词，表示“月光”义；例（61）名词“月明”作否定状谓“不如”之宾语，从前句“众星虽有光”可见后句“不如一月明”中“月明”表“月光”义；例（62）“日光”与“月明”并列位于动谓“如”后作宾语，从并列成分名词“日光”及主语“造色”足见“月明”为名词“月光”义；例（63）名词“月明”位于状谓“空载”后作宾语，表“月光”义；例（64）前后两句名词“日色”与“月明”相对作主语，名词“月明”表“月光”义；例（65）前后两句名词“风势”与“月明”相对位于形谓“急”与“多”前作主语，名词“月明”表“月光”义；例（66）名词“月明”位于方位名词“里”前作定语，与方位名词“里”构成方位结构位于状谓“夜坐”后作补语，“月明”表“月光”义；例（67）名词“月明”位于动谓“乱”后作宾语，从名词主语“竹影”可见“月明”表“月光”义；例（68）前后两句名词“灯影”与“月明”相对作宾语，名词“月明”表“月光”义；例（69）名词“月明”位于定语“宫中”后作主语，从后句“如积如流满田地”足见“月明”表“月光”义。例（70）名词“月明”与“灯光”并列位于状谓“两相照”前作主语，从并列成分“灯光”可见“月明”表“月光”义。

近古晚唐五代，主谓结构“月明”结构词汇化为双音名词的现象于前也有较大发展，该时期文献中“月明”表示名词“月光”义的较多。例如：

（71）围外坊无禁，归时踏月明。（姚合《游昊天玄都观》）

（72）高堂流月明，万籁不到耳。（殷尧藩《席上听琴》）

（73）夜深乡梦觉，窗下月明斜。（朱庆馀《宿江馆》）

（74）桃花带露泛，立在月明里。（聂夷中《起夜半》）

（75）客散酒酣归未得，栏边独立月明中。（成彦雄《惜花》）

（76）昨夜月明浑似水，入门唯觉一庭香。（韦庄《白牡丹》）

上举例中“月明”皆已实现了结构词汇化，由主谓结构重新分析为偏义名词，表示“月光”义；例（71）、例（72）名词“月明”作宾语；例（73）、例（76）名词“月明”作主语，前面分别有方位、时间状语“窗下”与“昨夜”限制整个句子；例（74）、例（75）名词“月明”位于方位名词“里”与“中”前作定语。

近古宋元时期，主谓结构“月明”结构词汇化为双音名词的现象于前进一步发展，该时期文献中“月明”表名词“月光”义的较多。例如：

（77）跳出金牛窠窟子，月明照见夜行人。（《古尊宿语录》卷三十四）

（78）使口衔日光，手执月明，照我死门。（《云笈七签》卷二十九）

（79）寂寞起来褰绣幌，月明正在梨花上。（欧阳修《蝶恋花·面旋落花风荡漾》）

（80）月明空照合欢床，霓裳舞罢犹无力。（毛滂《调笑·中秀外谁争怜》）

（81）与君携酒近阑干，月明满地天无幕。（刘一止《踏莎行·游凤凰台》）

（82）浓云渐消，月明斜照，送清香梅绽灞陵桥。（马致远《赏花时·弧馆雨留人》）

上举例中“月明”皆已实现了结构词汇化，由主谓结构重新分析为偏义名词，表示“月光”义；例（77）、例（79）、例（80）、例（81）、例（82）名词“月明”作主语；例（78）名词“月明”与“日光”相对，分别位于状谓“口衔”与“手执”后作宾语。

近古明清时期，“月亮”逐渐发展，“月明”日渐衰落，双音名词“月光”大量产生，名词“月明”表示“月光”义的日益减少，在明清白话小说中有些“月明”表示名词“月光”义。例如：

（83）当夜，行数里，月明中敲开客店门投宿。（《三国演义》第四回）

（84）夜夜月明凉似水，照见鸳鸯新冢头。（《娇红记》第五十出）

（85）花美似人临月镜，月明如水照花香。（唐寅《花月吟》）

（86）你看月明如水，正好演奏。（《长生殿》第十四出）

（87）满地霜华映月明，喔咿远近遍鸡声。(《隋唐演义》第二十五回)

上举例中“月明”皆已实现了结构词汇化，由主谓结构重新分析为偏义名词，表示“月光”义；例（83）名词“月明”位于方位名词“中”前作定语，与方位名词“中”构成方位结构“月明中”作句子的状语；例（84）、例（85）名词“月明”作主语，例（84）主语“月明”前有时间名词“夜夜”作定语限制修饰；例（87）名词“月明”位于动语“映”后作宾语。

主谓结构“月明”词汇化为偏义名词，表示“月光”义肇始于中古中期，发展于中古晚期与近古前期，衰落于近古晚期。

“月明”在近古金元代表戏剧中的应用情况见表1。

表1 “月明”在近古金元代表戏剧中的应用情况

	董西厢	王西厢	汉宫秋	青衫泪	岳阳楼	望江亭	风光好	留鞋记	碧桃花	琵琶记	争报恩	渔樵记	金安寿	倩女离魂	风花雪月	伍员吹箫	张生煮海	翰林风月	总计
主谓：月明	0	1	0	0	1	0	0	0	2	0	0	0	0	0	0	0	0	0	4
名词：月光	2	2	0	1	1	1	1	0	0	2	1	0	0	1	1	1	0	1	15
名词：明月	0	1	1	0	0	0	0	0	2	0	0	0	2	0	3	0	0	2	11
名词：月儿	0	1	0	0	0	0	0	1	0	0	0	1	0	0	0	0	1	1	5
总　计	2	5	1	1	2	1	1	1	4	2	1	1	2	1	4	1	1	4	35

“月明”在近古明代白话小说戏剧中的应用情况见表2。

表2 “月明”在近古明代白话小说戏剧中的应用情况

	清平山堂话本	东周列国志	续欢喜冤家	三国演义	禅真逸史	醒世恒言	喻世明言	警世通言	拍案惊奇	二刻拍案	浪史奇观	梼杌闲评	风花雪月	续金瓶梅	总计
主谓：月明	1	1	0	7	4	3	4	5	2	0	0	4	0	2	33
名词：月光	2	1	0	2	0	0	25①	6	2	1	1	0	1	6	47
名词：明月	1	0	2	1	2	1	2	2	1	0	4	0	3	2	21
名词：月儿	0	0	0	0	0	0	0	0	0	1	0	3	0	2	6
总　计	4	2	2	10	6	4	31	13	5	2	5	7	4	12	107

① 《喻世明言》25例“月光”中有19例“月光”为隐喻用法，位于“和尚”前作定语，称“月光和尚”。

续表

	水浒传	西洋记	西游记	型世言	剑侠传	金瓶梅	明珠缘	玉蟾记	风月梦	醋葫芦	城南柳	娇红记	牡丹亭	金安寿	总计
主谓：月明	2	1	7	0	1	1	4	0	0	2	1	1	2	0	22
名词：月光	2	4	1	1	0	1	0	1	0	2	1	1	1	1	16
名词：明月	4	4	4	0	0	2	2	0	1	0	0	4	1	1	23
名词：月儿	3	12	1	0	0	2	0	0	1	0	0	0	1	0	20
总　计	11	21	13	1	1	6	6	1	2	4	2	6	5	2	81

“月明”在近古清代白话小说中的应用情况见表3。

表3　“月明”在近古清代白话小说中的应用情况

	红楼梦	花月痕	赛花铃	春柳莺	九云记	绣鞋记	青楼梦	醒名花	醋葫芦	玉蟾记	珍珠舶	梦中缘	痴娇丽	九尾龟	巧联珠	雪月梅	孽海花	总计
主谓：月明	1	4	5	2	2	0	0	1	3	0	2	0	0	0	0	0	0	20
名词：月光	1	1	1	0	0	0	2	0	0	1	1	0	1	2	0	0	0	10
名词：明月	0	1	2	0	3	0	1	1	1	0	0	0	0	0	1	1	0	11
名词：月儿	0	1	0	3	0	1	0	0	0	0	0	1	0	0	1	0	1	8
总　计	2	7	8	5	5	1	3	2	4	1	3	1	1	2	2	1	1	49

	七剑十三侠	绣戈袍全传	海上尘天影	女仙外史	野叟曝言	绮楼重梦	红楼圆梦	红楼真梦	后红楼梦	补红楼梦	双凤奇缘	飞花艳想	飞龙全传	品花宝鉴	七侠五义	说唐全传	隋唐演义	总计
主谓：月明	2	0	1	1	0	0	0	1	2	1	3	1	1	5	1	2	4	25
名词：月光	2	1	4	3	0	0	1	1	1	1	0	0	0	0	2	0	2	18
名词：明月	4	1	3	0	1	2	2	0	0	1	0	1	1	2	0	2	6	26
名词：月儿	0	0	0	0	1	0	0	0	1	1	1	1	0	0	0	0	1	6
总　计	8	2	8	4	2	2	3	2	4	4	4	3	2	7	3	4	13	75

主谓结构“月明”产生于中古前期，在汉语双音句节韵律之制约下，其于中古前中期便开始逐渐词汇化，由双音主谓结构逐渐重新分析为双音名词，由表示“月儿”与“明亮”两个意义逐渐融合为“明月”义，由表示“月儿”与“明亮”两个意义逐渐丧失了“明亮”义而只表“月儿”义，由表示“月光”与“明亮”两个意义逐渐丧失了“明亮”义而只表“月光”义。中古晚期，主谓结构“月明”逐渐发展，其结构词汇化为双音名词的现象也逐

渐发展。近古前期，主谓结构“月明”进一步发展，其结构词汇化为双音名词的现象也进一步发展。近古晚期，主谓结构“月亮”逐渐发展而多结构词汇化为双音名词，导致主谓结构“月明”日渐衰落而结构词汇化为双音名词日趋减少。在现代汉语中“月亮”大量产生，广泛应用，结构词汇化为双音名词，导致主谓结构“月明”进一步衰落而甚少结构词汇化为双音名词。主谓结构“月明”自中古前期产生即开始逐渐词汇化而直到现代汉语中也未全部实现词汇化，其一直是主谓结构与双音名词共现并用的，这说明，主谓结构开始词汇化以后要经历一个漫长的双音结构与双音词同形共现的过程，其结构词汇化是漫长的，不是一朝一夕即能完成的。

三 主谓结构“月亮”词汇化①

中古梁以降，名词“月”与形容词“亮”开始构成“名+形”双音主谓结构“月亮”，名词“月”意为“月儿、月光、月色”，形容词“亮”意为“光亮、明亮、清亮”，“月亮”意为“月儿光亮、月光明亮、月色清亮”。中古晚期，“月明”大量应用且使用频率较高，故“月亮”应用很不普遍，使用频率很低；在中古晚期文献中，有几例“月亮”，均为“名+形”双音主谓结构，皆未发生结构词汇化。例如：

（88）故人杯酒别，天清明月亮。（梁・吴均《酬别》）

（89）逸彩云浮，清风月亮。（《唐故和州历阳县令孟君墓志铭》）

（90）谷虚风急，山幽月亮。（《大周孔将军墓志铭》）

（91）日月亮其中，众生无得失。（唐・王梵志《吾有方丈室》）

（92）庭木已衰空月亮，城砧自急对霜繁。（唐・李益《奉酬崔员外副使携琴宿使院见示》）

---

① 董秀芳在《词汇化：汉语双音词的衍生和发展》第 78 页关于“‘月亮’词汇化”中借用了 2 例辞书中所举“月亮”用例：“故人杯酒别，天清明月亮”与“庭木已衰空月亮，城砧自急对霜繁”。然后就如此言：“需要指出的是，除上述两例外，笔者在文献中没有找到更多的反映‘月亮’为主谓短语的用例，但比照相似类型的演变，笔者相信‘月亮’从主谓短语词汇化为一个名词从逻辑上讲是很可能的。”

上举例中“月亮”均为“名+形”双音主谓结构，例（88）两个主谓结构“天清”与“明月亮”并列构成紧缩复句，主谓结构“明月亮”意为“明月光亮”；名词“月”作主语，表“月儿”义，前有形容词定语“明”修饰；形容词“亮”作谓语，表“光亮”义。例（89）主谓结构“云浮”与“月亮”在前后两个紧缩复句中相对用，“月亮”意为“月儿明亮”，名词“月”作主语，表“月儿”义；形容词“亮”作谓语，表“明亮”义。例（90）前句为两个主谓结构“谷虚”与“风急”相对构成的紧缩复句，后句为两个主谓结构“山幽”与“月亮”相对构成的紧缩复句，主谓结构“月亮”意为“月儿明亮”。例（91）名词“日”与“月”并列作主语，形容词“亮”作谓语，主谓结构“日月亮”意为“日月明亮”。例（92）主谓结构“月亮”与“霜繁”在前后两句中相对用，主谓结构“月亮”位于副状“空”后作谓语；主谓结构“月亮”意为“月儿明亮”，主谓结构“霜繁”意为“白霜繁多”。

近古宋元时期，人类在语用中依然较普遍使用“月明”，“月亮”使用频率依然很低，在宋元文献中“月亮”的用例虽很少，但有的用例显示其已在结构词汇化的进程中。例如：

（93）雨过东南月亮清，意行深入碧萝层。（《冷斋夜话·钟山赋诗》）

（94）河淡秋清，夜寒月亮。（《宏智广录》卷九）

（95）掩关云门，秋江月亮。（《禅宗颂古联珠通集》卷三十三）

（96）咱两个往那黑地里走，休往月亮处。（《燕青博鱼》第三折）

上举例（93）“月亮清”为“名+形”主谓结构，既可理解为“月+亮清”，又可理解为“月亮+清”。前解“月”意为“月色”，“亮清”意为“明亮清澈”，“月+亮清”意为“月色明亮清澈”；后解“月亮”意为“月儿”，“清”意为“清澈”，“月亮+清”意为“月儿清澈”，从前后两句“月亮”与“碧萝”相对上，“碧萝”为名词，“月亮”也可理解为名词，但从语言整体层面上看，在北宋前后文献中除此例外而未见其他“月亮”由主谓结构词汇化为名词的例证，孤例不足以证明“月亮”在该时期已固化成词，只能说明其正处于结构词汇化进程中。例（94）前后两句是由两个主谓结构“河淡”与“秋清”、“夜寒”与“月亮”构成的紧缩复句，名词“月”意为“月光”，形容词“亮”意为“明亮”，主谓结构“月亮”意为“月光明亮”。例（95）主谓结构“月亮”位于时地名词状语“秋江”后作谓语，名词“月”意为“月光”，形容词“亮”意为“明亮”，主谓结构“月亮”意为“月光明亮”。例（96）中“月亮处”为定中结构，既可理解为“月+亮处”，又可理解为“月亮+处”。前解“月+亮处”意为“月光明亮之处”，名词“月”表“月光”义，形容词“亮”表“明亮”义，“月亮”为主谓结构，意为“月光明亮”；后解“月亮+处”意为“有月光之处”，“月亮”已固化成词，表“月光”义，从名词作定语的角度，此例“月亮”可以理解为名词，但从语言整体层面上看，在元代前后文献中除此例外未见其他“月亮”为名词的例证，孤例不足以证明“月亮”在该时期已固化成词，只能说明其正处于结构词汇化进程中。

近古明代以降，在汉语双音句节韵律之制约下，主谓结构“月亮”开始逐渐词汇化，其中名词“月”意义逐渐强化、形容词“亮”意义逐渐虚化，最终在频繁的语用中形容词“亮”意义完全丧失而名词“月”意义独存，导致“月亮”由“名+形”双音主谓结构重新分析为一个双音偏义名词，由表示“月光”与“明亮”两个意义演变为表示“月光”义，由表示“月儿”与“明亮”两个意义演变为表示“月儿”义，在句中由作主语与谓语两个语法成分演化为作定语或主语或宾语的一个语法成分。

（一）名词“月亮”表“月光”义

近古晚期，随着汉语双音复合词的急速发展，主谓结构“月亮”经过长期的语用发生了词汇化，名词“月”虚化为一个实语素、形容词“亮”虚化为一个虚语素，“月亮”固化为一个双音偏义名词，由表示“月光”与“明亮”两个意义演化为表示“月光”义，在句中由作主语与谓语两个语法成分演化为作定语或主语或宾语的一个语法成分。例如：

（97）古人读书，有囊萤的，趁月亮的。（《牡丹亭》第七出）

（98）两个月亮地里走到小巷内。（《金瓶梅》第五十回）

（99）月亮照来，又寒的紧。（《绣榻野史》下卷）

（100）月亮里边看去，果然是一个人。（《二刻拍案惊奇》卷十三）

（101）那时月亮照得屋里明明的。（《醒世姻缘传》第十九回）

（102）雷鸣、陈亮二人……借着月亮看的甚真。（《济公全传》第一百八十三回）

（103）两人……遥望大观楼琉璃碧瓦映着月亮。（《海上花列传》第五十六回）

（104）又叫他们支起窗子，放些月亮进来。（《后红楼梦》第九回）

（105）黑洞洞的并无一点月亮，只有些星光。（《说岳全传》第八回）

（106）此时月已东升，一路行来，月亮照得如同白昼。（《儿女英雄传》第五十九回）

上举例中“月亮”均已实现了结构词汇化，由双音主谓结构重新分析为双音偏义名词，表示“月光”义；例（97）、例（102）、例（103）、例（104）名词“月亮”作宾语，例（98）、例（100）名词“月亮”作定语，例（99）、例（101）、例（106）名词“月亮”作主语，例（105）名词“月亮”与“星光”相对作宾语。

（二）名词“月亮”表“月儿”义

近古晚期，在汉语词汇双音化的总趋势下，主谓结构“月亮”经过长期的语用多实现了词汇化，名词“月”虚化为一个实语素、形容词“亮”虚化为一个虚语素，“月亮”固化为一个双音偏义名词，由表示“月儿”与“明亮”两个意义演化为表示“月儿”一个意义，在句中由作主语与谓语两个语法成分演化为作定语或主语或宾语的一个语法成分。例如：

（107）人言日月相望，所以为望；还是月亮望日，所以圆满不久也。（温璜《温氏母训》）

（108）大里看过了帖儿，看看的日头落山，好月亮上来了。（《绣榻野史》上卷）

（109）要天上的月亮，也有人去拿下来给他玩。（《红楼梦》第八

十三回）

（110）看那月亮已是中天。（《野叟曝言》第四十四回）

（111）月亮旁边有两三颗明星。（《后红楼梦》第二十八回）

（112）月亮圆时意味着会缺。（《曾国藩家书·修身》）

（113）和尚跟着月亮走，也借他点光儿。（《儿女英雄传》第六回）

（114）天色全黑，却喜山凹里推出一轮月亮来。（《儒林外史》第三十八回）

（115）虽则一天星斗，却无月亮当空。（《蜃楼志》第十二回）

（116）今夜的月亮镜子般滚圆。（《荡寇志》第八十八）

（117）云彩已经回了山，月亮很亮的。（《老残游记》第十四回）

上举例中“月亮”均已实现了结构词汇化，由双音主谓结构重新分析为双音偏义名词，表示“月儿”义；例（107）、例（108）、例（110）、例（115）、例（116）、例（117）名词“月亮”作主语，例（109）、例（113）、例（114）名词“月亮”作宾语；例（111）名词“月亮”作定语，例（112）“月亮圆”作“时”的定语。

“月亮”在近古明清白话文献中的应用情况见表4。

表4 “月亮”在近古明清白话文献中的应用情况

	明代										清代						总计
	西游记	金瓶梅	牡丹亭	拍案惊奇	二刻拍案拍惊奇	绣榻野史	温氏母训	夹竹桃山歌	嘉兴大藏经	醒世姻缘传	红楼梦	歧路灯	蜃楼志	九尾龟	孽海花	荡寇志	16
主谓：月亮	1	0	0	0	0	0	0	0	0	0	0	0	0	0	0	0	1
名词：月光	0	3	1	1	1	1	0	0	0	3	0	0	1	0	1	2	14
名词：月儿	0	0	0	0	0	1	2	2	4	2	5	1	1	1	0	8	27
总　计	1	3	1	1	1	2	2	2	4	5	5	1	2	1	1	10	42

“月亮”在近古清代白话文献中的应用情况见表5。

表 5 “月亮”在近古明清白话文献中的应用情况

	明代										清代						总计
	万花楼演义	海上花列传	儿女英雄传	官场现形记	目睹怪现状	海上尘天影	品花宝鉴①	薛刚反唐	儒林外史	负曝闲谈	老残游记	恨海	老残游记	浮生六记	济公全传	说岳全传	16
主谓：月亮	1	0	0	0	0	0	0	0	0	0	0	0	0	0	0	0	1
名词：月光	0	1	4	0	0	0	0	0	1	1	0	0	0	0	2	1	10
名词：月儿	0	0	5	1	3	3	5	3	1	0	7	1	7	1	2	2	41
总　计	1	1	9	1	3	3	5	3	2	1	7	1	7	1	4	3	52

	清代															总计
	后红楼梦	红楼真梦	红楼复梦	红楼梦影	补红楼梦	绮楼重梦	七侠五义	新西游记	野叟曝言	浮生六记	济公全传	说岳全传	小五义②	花月痕③	三侠剑④	15
主谓：月亮	0	0	0	0	0	0	0	0	0	0	0	0	0	0	0	0
名词：月光	5	5	0	0	1	0	0	0	2	0	2	1	0	0	0	16
名词：月儿	52	24	1	1	1	1	3	5	4	1	2	2	6	34	35	172
总　计	57	29	1	1	2	1	3	5	6	1	4	3	6	34	35	188

注：①《品花宝鉴》中 5 例名词“月亮”皆为隐喻用法，位于名词“门”前作定语。②《小五义》中 6 例名词“月亮”皆为隐喻用法，位于名词“门”前作定语。③《花月痕》中 34 例名词“月亮”皆位于名词“门”前作定语，均为隐喻用法。④《三侠剑》中有 1 例名词“月亮”位于名词“桌”前作定语，有 34 例名词“月亮”位于名词“门”前作定语，35 例名词“月亮”皆为隐喻用法。

近古明清时期共应用名词“月亮”282 例，其中有 2 例“名+形”双音主谓结构；有 280 例双音名词，有 40 例表“月光”义的名词，有 240 例表“月儿”义的名词（其中有 80 例为隐喻用法）。由此可见：在近古明清时期，“月亮”多实现了结构词汇化，由双音“名+形”主谓结构重新分析为双音名词，表示“月光”与“月儿”义；因在明清时期双音名词“明月”已经普遍应用，故“月亮”不表“明月”义，又因双音名词“月光”在明清时期大量应用，故“月亮”多表“月儿”义，少表“月光”义。在现代汉语中，因双音名词“月光”已经普遍应用，故“月亮”一般只表“月儿”义。

“月”与“日”相对，因“月”本体阴暗无光、“日”本体明亮有光，故古人以阴阳相对释“月”为“太阴”、释“日”为“太阳”。《说文·月部》："月，阙也，太阴之精。"《素问·阴阳离合论》："日为阳，月为阴。""月"反射太阳光而发光。刘向《别录》："月与星，至阴也，有形无光，日照之，乃有光。"因阴暗无"光"之"月"人视力难见，人视力所见均为有"光"之"月"，故人们在语用中选择"月明""月亮"代替了"太阴"；在现代汉语中，人们多使用"月亮"，少使用"月明"，"月亮"在逐渐取代"月明"。

结　语

汉语状谓结构"月明"产生于上古末期，结构词汇化始于中古初期；主谓结构"月明"产生于中古前期，结构词汇化始于中古前中期；主谓结构"月亮"产生于中古晚期，结构词汇化始于近古晚期。"月明""月亮"结构词汇化的过程，或是其中两个单音词虚化为两个有义语素而固化为一个双音名词、由表示两个词汇意义融合为表示一个新的词汇意义的过程；或是其中一个单音词虚化为一个无义语素、另个单音词虚化为一个有义语素而固化为一个双音名词、由表示两个词汇意义演化为丧失一个词汇意义只表示另一个词汇意义的过程。

汉语"月明""月亮"结构词汇化是在语音、语位、语法、语义、语用五个平面相互作用下实现的。汉语双音句节韵律对"月明""月亮"结构词汇化起着制约作用，"月明""月亮"中两个单音词语位异层相邻对其词汇化起着先决作用，"月明""月亮"语法功能的转变对其词汇化起着显性标志作用，"月明""月亮"语义的变化对其词汇化起着关键作用，人类在长期语用中的主观认知促使"月明"与"月亮"由双音结构重新分析为双音名词，语音、语位、语法、语义、语用五个方面是"月明""月亮"结构词汇化的五个必要条件，缺一而不可。汉语"月明"与"月亮"结构词汇化为双音名词以后，其语法构式和词法构式完全不一致，由此说明结构词汇化而来的双音固化词词法构式与源语法构式不全一致，源双音语法构式不能代替双音固化词的词法构式。

参考文献

（汉）许慎：《说文解字》（影印本），（宋）徐楷校订，中华书局，1963。

（清）纪晓岚：《四库全书》（文渊阁影印本电子版），人民出版社，1999。
（清）阮元校刻《十三经注疏》（影印本），中华书局，1980。
（清）彭定求等编《全唐诗》（影印本），上海古籍出版社，1986。
《二十四史》（标点本），中华书局，1959～1977。
陈宝勤：《汉语造词研究》，巴蜀书社，2002。
陈宝勤：《汉语词汇的生成与演化》，商务印书馆，2011。

鼠行华夏：认知语言学视角下“鼠”之汉字文化识解*

黄交军　李国英

（贵阳学院文化传媒学院，贵阳，550005；

贵阳市青岩贵璜中学，贵阳，550027）

提　要：鼠是地球上数量最多的动物之一，与人类关系匪浅，国民于其情感态度呈现迥异反差，而认知语言学是当代语言学中最为耀眼的一颗明星，对识解语言及文化现象展示出强大的生命力、洞察力与说服力。以《说文》中与鼠有关的字词解说作研究对象，从认知语言学的理论视角，在原型范畴、象似性质、隐喻修辞等三大认知维度集中探讨古代中国鼠文化，结论表明鼠乃古代穴居动物的关键原型，为先民认识世界、确立标准的一个显要范畴，鼠类字词通过象似性构成多姿多彩、有条不紊的鼠族世界，凸显先民对鼠类动物的认知理据与甄别程度，尤为突出的是，鼠因其特征鲜明、内涵深刻成为文学世界中的常用隐喻，乃古人寄寓情怀、观照世界的一个重要认知工具，涵摄着华夏民族的认知机制与文化模式，属于比较、区分东西方文明的一个基本象征符号，具有文化类型学的突出价值。

关键词：鼠；《说文解字》；原型；象似性；隐喻

---

* 基金项目:2018年度国家社科基金西部项目“西南地区少数民族媒体语言生活调查研究”（项目编号：18CYY020）；2016 年度贵州省教育厅高校人文社会科学研究项目“文化人类学视野下的身份困惑与民族秘史——话说贵州穿青族的前世今生”（项目编号：2016ZC011）；贵阳学院院级项目立项资助课题“《说文解字》与中国先民生态文化研究”（课题编号：10976200903）。

一 引言

“城狐不可掘，社鼠不可熏。”（三国魏·应璩《无题》）鼠是人类最为熟知的动物之一，其种群庞大、数量惊人，喜欢啃毁物品、偷吃粮食，为民众所不容，自《诗经》时代始，“硕鼠”“社鼠”“仓鼠”“溷鼠”“腐鼠”等臭名远扬，其形象如坠地狱；然颇为吊诡的是，鼠竟然入选中国最具特色最有代表性的十二生肖，甚至位列其首，极享尊荣，如明代文学家冯梦龙即指出：“大虫老鼠，俱为十二相属，何怪之有？”（《古今谭概·矜嫚·韩愈王俭语》）如此“一半是海水，一半是火焰”的态度反差显然乃两种迥异的情感倾向与认知思维，它们左右人们的观感。然认知语言学以体验哲学与认知科学为哲学基础，注重从身体经验和体验认知出发，力图对人脑中的概念结构及认知方式做出统一的逻辑推理、可信解说，进而胥译人类心智的遗传密码（黄交军，2013：55-62），对解读语言文字及人类文化现象具有超强的洞察力、说服力与雄辩力。原型范畴、象似性、隐喻被视作认知语言学的三大理论基石，而《说文》[①] 作为中国乃至世界上的第一部字典，因许慎“学贯通人”“五经无双”，且兼收并蓄，博采众长，“六艺群书之诂靡不毕载”，该书编撰“分别部居”“以类相从”，不仅为后世字书词典树立一部“垂宪百代”（徐铉《上新修字义表》）的光辉典范，也为今人识解蕴含其间的鼠文化贡献了一份弥足珍贵的分析文本（黄交军、李国英，2017：41-63），故文章以《说文》中与鼠有关的字词解说为研究对象，以认知语言学为理论范式，从原型范畴、象似性质、隐喻修辞等三大认知维度与理论工具考察古代中国的鼠文化，力图破译汉语鼠类字词的本质特征、生成机制与认知奥秘。

二 从原型范畴看汉字“鼠”之观物取象

“因思在人世，扰扰如鼠虫。”（明·王慎中《仙都观》）人类认识万事万物首先以自己最熟悉最了解的事物及现象为原型，利用事物的相似性

---

① 许慎《说文解字》简称《说文》，下同。

原理趋同别异，对世界进行有序分类。事物分类的心理过程即类属化、概念化、范畴化，是人类认知与思考的根本方式，使语言符号与客观世界形成意义映射、有机联系，迅速建立词与物的对应关系，初民擅长通过字之有据、言之成理的语言世界仿拟构建物之有纲、人之有序的伦理世界和社会网络，鼠字已见于殷墟卜辞，属典型象形字（说明人类对鼠颇为谙熟），字作“”（燕 706）、“”（前 7.14.4），楚系简帛书为“”（帛乙 4.30）、“”（帛乙 13.16），秦系简牍记成“”（睡．法 152）、“”（睡．日乙 59），《说文系传·鼠部》：“（鼠）上象齿，下象腹爪尾。鼠好啮伤物，故象齿。”（徐锴，1987：794）观鼠之古文字形，主要描绘突出尖嘴、利齿、弓背、大肚、短足、长尾之状，甲骨文鼠字身旁并伴有食物残渣，表现出活脱脱一副贪吃硕鼠滑稽丑态，充分体现了先民造字制符严格遵守“古之制名，必繇象类，远取诸物，近取诸身。故经谓君为元首，臣为股肱，明其一体，相待而成也”（《汉书·魏相丙吉传赞》）的观物取象原则，东晋道教学者葛洪《抱朴子·诘鲍》亦深入阐发“远取诸物，则天尊地卑，以着人伦之体；近取诸身，则元首股肱，以表君臣之序”的认知原理。鼠在上古归为虫类，且擢作穴虫总名，见《说文·鼠部》：“（鼠），穴虫之总名也。象形。凡鼠之属皆从鼠。”（许慎，1963：206）段《注》[①]：“其类不同而皆谓之鼠。”（段玉裁，1988：478）其乃鼠类动物之统称，可知其本义为以穴居为主的小型哺乳动物（后词义缩小专指老鼠），给鼠类提供一个标准参照，为混乱纷杂的相近动物确立一个划分模型，换言之，鼠即穴居兽类动物之原型，其他鼠类事物范畴均围绕原型参照点进行层级构建，而“原型无疑是范畴中全体成员最具典型特征与本质属性的核心代表、标准成员与黄金楷模，为人们对客观世界与意义世界进行范畴化、概念化、系统化的认知参照点，乃‘理想化’的心理表征，视作同类事物范畴赖以建立的鉴别模型、衡量标尺与存在根基，是学术界剖析阐释社会文化难点、热点、焦点问题的认知利刃与解码神器”（黄交军、李国英，2019：50）。原型范畴由原型（典型成员）与边缘成员（非典型成员）构成，各成员地位之间并不相等，事物的边界是模糊、不确定的，由鼠之

① 段玉裁《说文解字注》简称段《注》，下同。

原型可管窥鼠类其他动物的异同程度与分布状况。

认知语言学的原型术语实源于哲学家维特根斯坦之“家族相似性”理论，出自其《哲学研究》一书中的“语言游戏观”，颠覆了经典范畴理论。维氏以游戏为例，发现日常语言中游戏这个词可指称诸多不同的活动，它们本身并无相同的特质，彼此只是具备家族相似性，故强调“我们看到一种错综复杂、互相重叠交叉的相似关系网络：或是总体上的相似，或是细节上的相似。我想不出比‘家族相似性’更好的表达式来刻画这种相似关系：因为一个家族的成员之间各种各样的相似之处：体形、相貌、眼睛的颜色、步姿、性情等等，也以同样方式互相重叠和交叉。所以我要说：‘游戏’形成一个家族”（维特根斯坦，1996：47-48）。人类进行范畴化时赖以研判之准绳是成员之间的家族相似性而非共同的本质属性，古人对鼠类字族的命名认知即完美契合此心智原理。“鼠，室中鼠也。俗呼老鼠。又有一种在田曰田鼠，在山曰山鼠。”（《彰化县志卷十·物产志·毛之属》）在家为家鼠，在仓名仓鼠，会水属水鼠，能飞曰飞鼠。先民根据鼠之动物习性、生存技能、活动区域、斑纹颜色等对鼠进行命名分类，是一个由浅入深、循序渐进的感官体验过程。以号称“辞书之祖”的《尔雅》为例，该词典对鼠类的划分就处于比较初级的阶段，如《尔雅·释兽》：“鼠属：鼢鼠，鼸鼠，鼷鼠，鼶鼠，鼬鼠，鼩鼠，鼭鼠，鼣鼠，鼫鼠，鼨鼠，鼨鼠，豹文鼮鼠，鼰鼠。”（郝懿行等，1989：328-330）将鼠列为13种，彼此并未详细区分，鼳另归兽类。《尔雅·释兽》云：“鼳，鼠身长须而贼，秦人谓之小驴。”（郝懿行等，1989：322）而将鼯、鼵归为鸟类，见《尔雅·释鸟》：“鼯鼠，夷由。”（郝懿行等，1989：314）又“鸟鼠同穴，其鸟为鵌，其鼠为鼵”（郝懿行等，1989：317）。而《说文》一改周、秦至汉字书之编纂方法，始创部首编排法（分540部），总结前人“六书”理论并给9353个字进行系统训诂，对鼠族字词分部解说，较《尔雅》明显体大思精、更胜一筹（见图1），无疑是认真依据原型范畴的认知原理，对上古鼠类动物进行一次大规模的有序排列与意义系联，为士子提供一份确凿可信的名物大全。

“麒麟之于走兽，凤凰之于飞鸟，泰山之于丘垤，河海之于行潦，类也。圣人之于民，亦类也。出其类，拔乎其萃。”（《孟子·公孙丑上》）先民很早就具有给万事万物分类的清醒意识和优良传统，并提取群体内的代表物作为某一物种的参考标准与认知尺度。据图1可知：鼠物尖嘴、利齿、

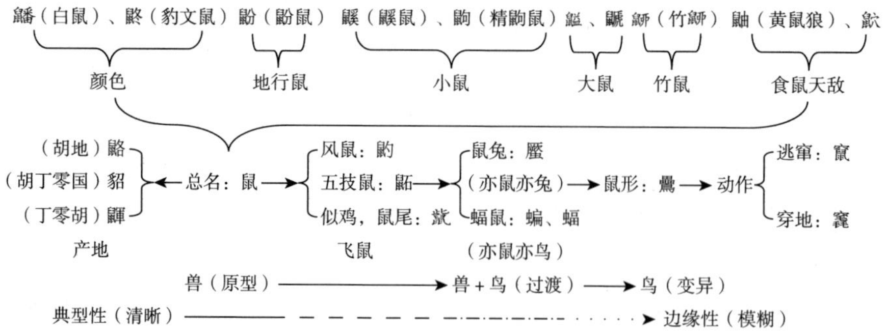

图 1　东汉许慎《说文》时代鼠类字词认知关系一览

注：该图制作字词排序均依《说文》鼠类字词内部关系精心推敲而成，可代表两汉时对鼠之认知水准。

四足、善掘、穴居等典型属性随鼠类动物外延的扩张不断趋向模糊，如《说文·虫部》："蟨，鼠也。一曰西方有兽，前足短，与蛩蛩巨虚比，其名谓之蟨。从虫，厥声。"（许慎，1963：282）蟨从虫，厥为声符，声中有义，取"折；跌；倒"义，故称蟨鼠，其前肢短小后肢长，可直立，逃跑时蹦蹦跳跳，憨态可掬，古人误认为它四脚不平衡，容易摔倒，需要其他动物帮助方能正常行走，北齐刘昼《新论·托附》云："蟨鼠附于蛩蛩，以攀追日之步。"蟨鼠实即鼠兔，按现代动物学知识属兔形目鼠兔科鼠兔属，通称为鼠兔，又名鸣声鼠、石兔。外形略似鼠类，耳短而圆，尾仅留残迹，隐于毛被内。因牙齿结构（如具两对上门齿）、摄食方式和行为等与兔子相像，故而得名。《说文》将其归为虫部，而非鼠部，说明东汉时哲人已意识到蟨鼠似鼠似兔的兼类特征。在上古中国的万物框架与世界秩序中先民将动物统称为"虫"，且依照体表特征分作五类：羽虫、毛虫、甲虫、鳞虫与倮虫。西汉礼学家戴德《大戴礼记·易本命》："有羽之虫三百六十，而凤凰为之长；有毛之虫三百六十，而麒麟为之长；有甲之虫三百六十，而神龟为之长；有鳞之虫三百六十，而蛟龙为之长；倮之虫三百六十，而圣人为之长。"而鼠乃穴虫之总名，观《说文》体例鼠系字多从鼠旁，而蟨虽为鼠义字却从虫，可见前人认识到鼠兔古怪外形加大类聚群分的复杂性，故制名造字时采取权宜谨慎的措施，科学得法。对长相怪异、结构奇特生物的命名分类往往相当考验各国学者的认知水平与命名智慧，大自然生物成万上亿，神奇动物不胜枚举，让科学家们困惑的如鲸鱼非鱼，实为哺乳动物；大洋洲鸭嘴兽非鸭，亦属哺乳动物；《封神演义》中姜子牙的坐骑俗称“四不像”，实乃四像动物，即角似鹿非鹿，头似马非马，蹄似牛非牛，尾似驴非驴，学名叫麋鹿，体现上古中国以原型范畴为基准的认知逻辑与命名法则，极具启发价值与民族特色。

“千年玉鼠化蝙蝠，下扑炬火如飞鸟。”（明·高启《姑苏杂咏·洞庭山》）尤为特殊之鼠类跨界动物首推蝙蝠，《说文·虫部》：“蝙，蝙蝠也。从虫，扁声。”（许慎，1963：282）又《说文·虫部》：“蝠，蝙蝠，服翼也。从虫，畐声。”（许慎，1963：282）蝙、蝠二字《说文》均从虫，当是考虑到蝙蝠身体构造的独特性，故初民造字没有使之从鼠，而以虫类泛指。蝙蝠古名服翼，然《尔雅》以它具翼翅、能飞翔的属性将蝙蝠归为鸟类，见《尔雅·释鸟》：“蝙蝠，服翼。”（郝懿行等，1989：314）又称伏翼、飞鼠、仙鼠、蠘蠌等，《广雅·释鸟》亦曰：“伏翼、飞鼠、仙鼠：蠘蠌也。”（郝懿行等，1989：717）蝙蝠究竟属于兽类还是鸟类？这一名物认知问题成为一桩举世闻名的经典悬案，始终考验着古圣时贤的心智成熟与理论完善程度，如明末清初小说家西周生《醒世姻缘传》第八回：“就如那盐鳖户（盐蝙蝠）一般，见了麒麟，说我是飞鸟；见了凤凰，说我是走兽。”蝙蝠难于定类的谜题也被文人墨客杜撰为笑料来揭露社会丑恶现象，如用“蝙蝠”比喻一些没有明确的立场、常常根据自己的需要来改换身份的卑鄙无耻的人，诙谐辛辣，见冯梦龙《笑府·蝙蝠》：

> 凤凰寿，百鸟朝贺。唯蝙蝠不至，凤凰责之曰：“汝居吾下，何如此倨傲？”蝙蝠曰：“吾有足，属兽，何为贺汝？”一日，麒麟生诞，蝙蝠亦不至。麒亦责之，蝙曰：“吾有翼，能飞，属禽，何为贺欤？”继而，凤凰与麒麟相会，语及蝙蝠之事，相与慨叹曰：“今世风恶薄，偏生此等不禽不兽之徒，实无奈他何！”

佛家高僧亦曾讨论蝙蝠归属的哲学问题，唐京兆释道宣撰《广弘明集》卷第十三：“蝙蝠有鸟鼠之讥，盖妖惑之俦矣。尔不自见其盲三也。（北魏·般若流支译）《正法念经》云：譬如蝙蝠，人捕鸟时入穴为鼠，人捕鼠时出穴为鸟。今之祭酒盖然畜妻子谓有慈爱，勤耕稼谓不毁发肤，王役课调则谓出家，亦犹蝙蝠之出入也。”无独有偶，蝙蝠亦让西方哲学大师束手无策。在古希腊智者眼中，蝙蝠形象丑陋、性情阴暗、凶险莫测，为上帝所诅咒，欧美文学中蝙蝠形象最早约见于公元前6世纪古希腊《伊索寓言》，鲁迅《准风月谈·谈蝙蝠》明确指出：“（西洋人）不喜欢蝙蝠。推源祸始，我想，恐怕应该归罪于伊索的。他的寓言里，说过鸟兽各开大会，蝙蝠到兽类里去，因为它有翅子，兽类不收，到鸟类里去，又因为他是四足，鸟类不纳，弄得他毫无立场，于是大家就讨厌这作为骑墙的象征的蝙蝠了。”（鲁迅，1981：202–203）蝙蝠作为骑墙派、摇摆人的隐喻钱锺书在《管锥编》中亦云：“古罗马一寓言类此，十七世纪法国名家抒写之，托为蝙蝠语：‘身即鸟也，请视吾翅。’‘身亦鼠尔，愿吾类万寿。’尤传诵不衰。彼言其乖张失所，此言其投合得计，而出于同本，一喻之具两柄也。”（钱锺书，1979：1060）基于这样的原型认知，蝙蝠在西方世界成为恐怖、阴险、邪恶、死亡与不幸的象征，连孩童都知道它是可怕的吸血鬼的化身，该文学意识通过小说、戏剧、影视等于近代广泛传播到世界各地。

考之于古，上古中国蝙蝠却展现出别样风貌，蝙蝠栖息于屋檐洞穴等，民间讹传蝙蝠喜欢吃盐，故新邵方言称之为“盐老鼠”或“檐老鼠”。蝙蝠头与身体形状像老鼠，前后肢均有薄膜和身体相连，动作敏捷，技能超群，西汉刘向《新序·杂事五》赞曰：“黄鹄、白鹤，一举千里，使之与燕、服翼试之堂庑之下，庐室之间，其便未必能过燕、服翼也。”常于夜间空中飞行，捕食蚊蛾等，属益兽，如《孝经·援神契》“蝙蝠伏匿，故夜食”注：“形绝类鼠，肉翅与足相连，夜捉蚊蚋食之，俗言老鼠所化也。”鲍照《飞蛾赋》亦颂云：“仙鼠伺暗，飞蛾候明，均灵舛化，诡欲齐生。”因蝙蝠昼伏夜出，行踪诡秘，吊姿独特，先民思忖它吸纳日月精华，历千年修炼成精，将其视为可使人长寿延年的吉祥瑞兽，《水经》载：“交州丹水亭下有石穴，甚深，未尝测其远近。穴中蝙蝠大者如乌，多倒悬。得而服之，使人神仙。”传统语言学有谐音双关的修辞手法，蝠通福，《类篇·虫部》：“蝠音福。蝙蝠，伏翼也，一名飞鼠。”故蝙蝠称作“福鼠”；蝙蝠与寿桃组合谐音“福寿双全”；装饰图案两只蝙蝠寓意“双重福气”；五只蝙蝠并列隐喻“五福临门”（长寿、富裕、健康、好善、名誉）；四只蝙蝠并列，第五只展翅于“寿”字正中，表达“五福祝寿”；盒中飞出五只蝙蝠是“五福和合”；童子捉五只蝙蝠放入花瓶（音平），寄寓“平安五福自天来”；最为极致乃北京恭王府花园内建筑上有造型各异的9999只蝙蝠，加上康熙御笔亲书的福字碑，组成“万蝠（福）园”。

以原型范畴论之，鼠作为穴虫原型发展到鼩、鼨等飞鼠乃至五技鼠，见《说文·鼠部》：“鼫，五技鼠也。能飞不能过屋，能缘不能穷木，能游不能渡谷，能穴不能掩身，能走不能先人，此之谓五技。”（许慎，1963：206）段《注》：“《释兽》：鼠属有鼫鼠。孙炎云：‘五技鼠也。’”（段玉裁，1988：479）能飞并非鼠类动物之典型特征，而是次要特征，故诗文常用来讥讽多能而不精一技者，如南宋曹勋《和人惠诗二首》诗云：“从来五技已成穷，顾我方今五技中。”延伸到鼵（鼠兔，鼠与兔的混合体）、蝙蝠（蝠鼠，鼠与鸟的混合体，先民注意到蝙蝠借助肉膜飞行，而非鸟类的羽翅），边界逐渐变得模糊，最后拓展至鸓（鼠形飞鸟），在古人看来蜕变已近于鸟类，《说文·鸟部》：“鸓，鼠形。飞走且乳之鸟也。从鸟，畾声。[illegible]籀文鸓。”（许慎，1963：82）鸓字从鸟，许慎诂为鸟义，徐锴训作鼠类，见《说文系传·鸟部》：“鸓，飞生鼠也。”（徐锴，1987：295）关于鸓之飞行方式，甚至相传以髯飞，《史记·司马相如传》集解引《汉书音义》曰：“飞鸓，飞鼠也。其状如兔而鼠首，以其髯飞也。”前人甚至主张鸓身兼鸟、兽、虫、鼠四者特征，进一步证明鸓之边缘化特征，与鼠的联系仅为“（身似）鼠形”而已，段《注》：“《释鸟》：鼯鼠，夷由。鼯或作鹀，由或作䳑。郭云：状如小狐，似蝙蝠，肉翅，飞且乳。其飞善从高集下。……鸓亦名飞鸓，亦名鼺鼠。其字惟《史记》作鸓，《本草经》作鼺，在兽部。赋家或作蠝，或作㹎，以其似鸟、似兽、似虫、似鼠也。诸家皆云：以肉翼飞。而张揖云：状如兔而鼠首，以其髯飞，此本《北山经》：有兽状如兔而鼠首，以其背飞，名曰飞鼠。”（段玉裁，1988：156）以《说文》观之，自“鼠”（原型）→“鼩”（飞鼠）→“鼫”（五技鼠）→“蝙蝠”（蝠鼠）→“鸓”（鸓鸟，或称鼺鼠），勾勒出一幅上古先民鼠类动物认知脉络结构图，其本质乃以“鼠”形音义为核心构成一个错落有致、秩序井然的同心圆、向心圈，表明中华民族认识世界、定义万物始终恪守由实到虚、经具体至抽象的心智发展规律，便于国民辨别万事万物，也证实“家族相似性”原理适用于鼠类字词的编排解说。比较英语等表音文字，汉语作为表意文字就原型范畴而言显然更具有绘图示义、快速认知等优越性，因古人造字主要以部首为意符，统辖相同、相近、相类的字词，从而起到提纲挈领、意义归属的认知功能，如《说文》鼠类字主要集中于鼠部无疑折射“古代中国观物取象、取法赋义、制符造字时早已具有的部首意识，即类概念，它对先民进行汉字学习、词义理解及语篇阅读发挥着显著的预测功能与促进作用。因为部首乃表意特征显明的字根义符，语义透明度高，携带类属限制和意义提示的双重信息，成为后世同类字书辞典效仿的编排依据及查检线索”（黄交军、李国英，2018：46），启人心智。

三　从象似性质看鼠类字词之认知理据

“夫文字者，六艺之宗，王教之始，前人所以垂后，今人所以识古，故曰：‘本立而道生。’”（北魏·江式《论书表》）文字创制关涉政令畅通、国计民生，非等闲小事，乃千秋伟业，故先民造字行文相当谨严讲究，近效人身，远法宇宙，思虑周密，反复推敲，且须充分考虑人们的认知心理与接受程度，“于是先圣乃仰观天文，俯察地理，图画乾坤，以定人道，民始开悟，知有父子之亲，君臣之义，夫妇之别，长幼之序。于是百官立，王道乃生”（西汉·陆贾《新语·道基》）。上古相传“书画同源”一说，而汉字最初就是图画文字、象形文字，每一字均来自周围事物，人们一看字形即知晓其义，明代书法家丰坊《童学书程·论法帖》推崇“学书，必多学古人法帖，一点一画皆记其来历，然后下笔无俗字”。正因汉字高度符合认知语言学规律，一笔一画皆有来历，一横一竖均见神韵，一撇一捺俱为讲究，点点滴滴都浸润着中华民族的认知智慧与人文情感，故它被誉为当今世界最具象似性、认知性、人文性、生态性的语言符号，象似性接近中国传统语言学的“理据”“得名之由”等概念。

具体而论，象似性指语言的表达形式（字形结构）与蕴含意义（字义内容）之间具有某种内在而深刻的直观联系，即两者在关系或结构上形义对应、语源互通，具有异质同构的明朗特征，存在可解释性、可论证性、强理据性的逻辑关系与哲学渊源（黄交军、李国英，2015：88）。观《说文》除“鼠”乃象形字具有昭昭象似性外，其他鼠族诸字均属形声字，由鼠部义符与其他声符构成。义符（亦称意符、形符、形旁）是具有语义提示作用的构字部件，其功能包括有利于汉字识别，提取类别语义、特征语义、动作器官语义和动作工具语义等，帮助中文的动词与名词分类等（张积家等，2014：885），鼠部字均与鼠紧密相连，义符的存在有效减少汉字字形和语义间联系的任意性；声符又名声旁，乃替被构字提供语音线索的部件，长期以来学界误认为声符仅具表音的功能，然随着认识的进展，人们注意到汉字声符兼表音、表意的功能，“王圣美治字学，演其义以为右文。古之字书，皆从左文。凡字，其类在左，其义在右。如木类，其左皆从木。所谓右文者，如‘戋’，小也，水之小者曰‘浅’，金之小者曰‘钱’，歹而小者曰‘残’，贝之小者曰‘贱’。如此之类，皆以‘戋’为义也”（北宋·沈括《梦溪笔谈·艺文一》）。考察鼠类字词，其声符均积极参与字词意义的建构整合，凸显出共享鼠类义符、声符的家族效应。

（一）表毛皮颜色义

先民认识事物、命名事物多依据事物之属性而非本质，刘师培曾精辟指出：“上古之人，因物立名，而命名之不同，不以质体区分，只以状态区别。”（《刘申叔遗书·左盦外集·正名隅论》）而颜色因其易于感知、直观形象的斐然特性，往往被先民优先作为生成概念、表达世界、揭示语源的认知理据，而《说文》鼠族字表色彩义的声符尤为凸显。

①鼶《说文·鼠部》：“鼶，鼠也。从鼠，番声。读若樊。”（许慎，1963：206）鼶为鼠名，乃白鼠，《玉篇·鼠部》：“鼶，白鼠。”（顾野王，1987：117）“番”作声符，声中有义，取“（鼶鼠皮毛）色白”义。鼶属形声兼会意字，段《注》：“鼶鼠也。《广雅》谓之白鼶。王氏念孙曰：鼶之言皤也。”（段玉裁，1988：478）

②鼬《说文·鼠部》：“鼬如鼠，赤黄而大，食鼠者。从鼠，由声。”（许慎，1963：206）鼬鼠善于搏鼠啖鼠被称为鼠狼，《神农本草经》：“鼬，一名黄鼠狼，又名鼪鼠，又名鼤鼠，又名地猴。”“由”表声，通“（毛色）黄（柚）”义，《本草纲目·兽三·鼬鼠》“释名”：“时珍曰：按《广雅》，鼠野狼即鼬也。江东呼为鼪。其色黄赤如柚，故名。此物健于捕鼠及禽畜，又能制蛇虺。”

③鼫《说文·鼠部》：“鼫，鼠，出胡地，皮可作裘。从鼠，各声。”（许慎，1963：206）鼫同貉，《字汇补》：“貉同鼫。”是一种毛色鲜艳的鼠类。“各”表音，兼表义，为“（鼫鼠）光泽亮丽”义。鼫与骆、洛、珞为同源字，《说文·马部》：“骆，马白色黑鬣尾也。从马，各声。”（许慎，1963：

199）《春秋·说题辞》曰："洛之为言绎也。言水绎绎光耀也。"《玉篇·王部》："璎珞，颈饰。"（顾野王，1987：6）

④鼱《说文·鼠部》："鼱，鼱令鼠。从鼠，平声。"（许慎，1963：206）鼱属斑鼠，《正字通·鼠部》："《玉篇》作'鼱鼢，鼱属'，《广韵》'斑鼠'也。"（张自烈，1996：2882）鼱、抨、抨同源，《说文·牛部》："抨牛驳如星。从牛，平声。"（许慎，1963：29）《集韵》："抨，驳羊名。""平"乃声符亦表"（鼱鼠）毛色杂错"义。

⑤鼨《说文·鼠部》："鼨，豹文鼠也。从鼠，冬声。鼨（鼤），籀文省。"（许慎，1963：206）段《注》："冬古文终。"（段玉裁，1988：479）"鼨"即豹文鼮鼠，见《说文系传·鼠部》："《尔雅》豹文鼮鼠，疑此《说文》本。"（徐锴，1987：794）同鼤、鼨、鼤，《正字通·鼠部》："鼨为鼤鼠别名，同文铎谓鼨或作鼤，合为一。"（张自烈，1996：2882）"冬"作声符，通"文"，会意"鼨鼠斑斓"而成，《玉篇·鼠部》："鼤，斑尾鼠。"（顾野王，1987：117）

"凡摛表五色，贵在时见，若青黄屡出，则繁而不珍。"（《文心雕龙·物色》）色彩不仅是人类感官世界能引起审美愉悦的最为敏感的形式要素，还在汉字符号表意传神过程中发挥着重要功能，如例①鼶，"番"为声符，亦作为表"白色"义的词素参与鼶之字义建构，其字符命名意象的生成路径为鼶：［白色］+［鼠］；例②鼬，"由"乃音旁，也是表"黄色"的语根，鼬：［黄色］+［鼠］；自然界绝对纯正之颜色并不多见，鼠类动物身上色彩更多呈现出颜色杂糅的样貌，古人充分认识到这一普遍事实，且在鼠族命名上予以体现，如鼳：［光泽亮丽］+［鼠］；鼱：［毛色杂错］+［鼠］；鼨：［色彩斑斓］+［鼠］。

（二）表生活习性义

"性相近也，习相远也。"（《论语·阳货》）汉民族仰观俯察鼠类动物等客观对象，亦善于从其生活习性入手，尤其注重抓住物种作息的独特属性与区别标志，从而对鼠类群体进行有效命名，界别成员，通过语言文字筑垒起一个谨严有序的鼠族世界。

⑥鼢《说文·鼠部》："鼢，地行鼠，伯劳所作也。一曰偃鼠。从鼠分声。蚡（蚡）或从虫、分。"（许慎，1963：206）蚡为鼢之异体字，即地行

鼠，又名鼹鼠、犁鼠，段《注》：“《释兽》有鼢鼠，郭云：地中行者。陶隐居云：鼹鼠，一名隐鼠，一名鼢鼠，常穿耕地中，讨掘即得。……《方言》谓之䵎鼠。䵎即犁字。自其场起若耕言之则曰犁鼠。”（段玉裁，1988：478）“分”为音符含“分土，钻地，遁穴”义。

⑦鼸《说文·鼠部》：“鼸，鼢也。从鼠，兼声。”（许慎，1963：206）鼸属田鼠。“兼”为音旁，与嗛通，古同“衔”，表“以颊藏食；用嘴含物”义，啮齿动物都长有颊囊，嘴含食物便于搬运储藏，《说文通训定声》：“《尔雅·释兽》‘鼸鼠’注：以颊裹藏食也。《夏小正》‘田鼠出’传：田鼠者，嗛鼠也。《墨子·非儒》：‘鼸鼠藏而羝羊视。’按今谓之香鼠，以颊裹食，如母猴，灰色，短尾而香，可出。“叚”借为嗛。《埤苍》：‘鼸，鼠属。’按即《尔雅》之‘寓鼠曰嗛’也。”

⑧鼢《说文·鼠部》：“鼢，鼠属。从鼠，今声。读若含。”（许慎，1963：206）鼢属鼸。同“鼨”，《正字通·鼠部》：“鼨，俗鼢字。因鼢音含，故改从含。”（张自烈，1996：2884）“今”表声，又表“含”义，《说文句读》：“口部：‘含，嗛也。’仍是颊裹藏食之义。《广雅》作‘鼨鼠’，《玉篇》亦鼢、鼨同字。”（王筠，1983：1368）

⑨鼱《说文·鼠部》：“鼱，斩鼱鼠。黑身，白腰若带；手有长白毛，似握版之状；类蝯蜼之鼠。从鼠，胡声。”（许慎，1963：207）鼱即斩鼱鼠。鼱同鶘、鼾、猢、鼸，《集韵》：“鼱或作鼾，猢亦书作鶘。”《正字通·鼠部》：“鼱音胡。《说文》：‘斩鼱鼠，黑身白腰若带，手有长白毛。’按：《蜀地志》本作獑猢，俗作鶘。”（张自烈，1996：2884）“胡”表声，兼含“（鼱鼠栖居）胡地”义，《说文句读》亦曰：“《广雅》作鼸鶘，《汉书·司马相如传》作獑胡，《史记》作蜥胡，《西京赋》作獑猢，徐广曰：‘似猿黑身。’张揖曰：‘獑胡，似猕猴，头上有发，要以后黑。’薛综曰：‘獑猢猿类而白，腰以前黑。’《广韵》：手有长白毛，善超坂绝岩也。《寰宇记》引《郡国志》：僰道有兽，名獑猢，似猿而足短，一腾一百五十步，如迅鸟之飞，取此皮为狐白之用，盈百方成。”（王筠，1983：1369）

⑩鼩《说文·鼠部》：“鼩，胡地风鼠。从鼠，勺声。”（许慎，1963：206）鼩，飞鼠名，古书记载该鼠活跃于胡地，能食虎豹猛兽，《广韵·效韵》：“鼩，鼠属，能飞，食虎豹，出胡地。又音酌。”鼩同鼩、鰾，“勺”

为声符，通“豹”，表“食（虎）豹（飞鼠）”义，《正字通・鼠部》：“鼩同鼩，音豹。《通雅》曰：《蜀图经》虎鼠即鼩鼠，亦刺猬之一种。孙愐云：鼩鼠能飞，食虎豹。《谈薮》云：虎必居草薄者，畏木上有鼠票鼠也。鼠票鼠见虎过则咆哮拔毛投之，虎必生虫疮，溃烂至死。鼠票、鼩音相近，省作鼩。”（张自烈，1996：2881）鼩鼠又名鼩犬，乃食豹猛兽，《说文句读》亦云：“《周书・王会》：‘渠叟以鼩犬。鼩犬者，露犬也。能飞，食虎豹。’桂氏曰：鼩犬即鼩鼠。筠闻极北有大鼠如象，穴行地中，见风即死。其骨可以为器，此云风鼠，或是其类。”（王筠，1983：1368）

⑪鼒《说文・鼠部》：“鼒，鼠，似鸡，鼠尾。从鼠，此声。”（许慎，1963：207）鼒乃致旱之害鼠。鼒同鼩、鼩，《集韵・脂韵》：“鼩，鼩，鼠名，如鸡。”亦作蚩，《正字通・鼠部》：“鼒音咨，《说文》：‘鼠似鸡。’按：鸟名，蚩鼠似鸡。”（张自烈，1996：2882）“此”作音旁，与玭、疵同源，取“瑕疵；毛病”义，《山海经・东山经》：“（栒状之山）有鸟焉，其状如鸡而鼠毛，其名曰蚩鼠，见则其邑大旱。”因上古旱涝灾害频繁，先民笃信万物有灵，认为是鼠怪等作祟，“鼠叚”亦属旱鬼，《神异经・南荒经》：“南方有人，长二三尺，袒身，两目顶上，走行如风，名曰鼠叚，所之国大旱。”

“饥鼠偷灯尾蘸油。”（北宋・葛长庚《卜算子・古寺枕空山》）正如偷窃、胆怯被视为老鼠之典型特征，上古先民创制鼠族字词时亦格外强调不同鼠类的荦荦个性，如例⑥鼢，因鼢鼠惯于分土钻穴，故“分”声中有义，鼢：［分土］+［鼠］。例⑦鼸、例⑧鼢表明古人早已注意到老鼠以颊藏食含物搬运的生物学现象，鼸=鼢：［以颊藏食］+［鼠］。例⑨鼩点明鼩鼠活跃地域，鼩：［（产自）胡地］+［鼠］。例⑩鼩凸显鼩鼠能飞翔，鼩：［能飞行、食豹］+［鼠］。⑪鼒鼠乃能带来旱灾之鼠怪，而“此”含“瑕疵。毛病”义，鼒：［（因有“瑕疵；毛病”而能）致旱］+［鼠］，可见生活习性在鼠族字词指涉演变中扮演着不可或缺的角色。

（三）表体型体态义

“悬危悉可惊，大小都不类。”（唐・杜审言《南海乱石山作》）物体之体量是人类最容易感知掌握的基本物理量，且大小多少亦属我们习以为常的指认标准与判断依据，考察《说文》鼠类字词，可知鼠类动物之体型体态优先成为鼠族字成批量产生的常用认知理据。

⑫鼶《说文·鼠部》：“鼶，鼠也。从鼠，虒声。”（许慎，1963：206）鼶为大田鼠，字同䶅、鼶、䶑。《四声篇海》：“䶑与鼶义同。”虒表声，字义同“帝”，取“大”义，《集韵·齐韵》：“鼶、鼬，鼠名，或从帝。”《尔雅义疏·释兽》亦云：“鼶鼠，《说文》：鼶鼠也。高诱《淮南·时则篇》注：田鼠，鼢鼶鼠也。高以鼢说田鼠，鼶即鼶也。《释文》：鼶又图奚反，是矣。《夏小正》：九月鼶鼬则穴。则鼶盖田鼠之大者。化既为鴽惊，又同鼬，可知非幺麿细形矣。”（郝懿行等，1989：329）

⑬鼦《说文·鼠部》：“鼦，竹鼠也。如犬。从鼠，畱省声。”（许慎，1963：206）鼦乃肥大竹鼠，喜食竹根。鼦同鼦、䶉、畱、䶉。《广韵·有韵》：“鼦，似鼠而大。音留。”“留”作音符，多含“肥肿”意，如“瘤”属身体组织增殖生成赘生物，《说文·疒部》：“瘤，肿也。从疒，畱声。”（许慎，1963：155）

⑭鼫《说文·鼠部》：“鼫，五技鼠也。从鼠，石声。”（许慎，1963：206）鼫鼠古称硕鼠，意即大老鼠，《埤雅》：“鼫鼠，兔首，似鼠而大，能人立，交前两足而舞，害稼者，一名雀鼠。《本草》一名硕鼠。”“石”表声，声中有义，表“（鼫鼠）体大”义，《正字通·鼠部》：“鼫音石，似鼠而大，害田稼。《易》：晋如鼫鼠。亦作硕。《诗·魏风》‘硕鼠硕鼠，無食我苗’诗序：上贪而畏人，若大鼠肰。”（张自烈，1996：2883）“石”古通硕，含“大”义，见《汉书·律历志》：“石，大也。”

⑮鼲《说文·鼠部》：“鼲，鼠。出丁零胡，皮可作裘。从鼠，军声。”（许慎，1963：207）鼲乃肥硕黄鼠。“军”作声符，段《注》：“鼲按今俗语通曰灰鼠。声之转也，如揮、翬皆本军声。”（段玉裁，1988：479）声中有义，与浑、鲩、绲为同源字，取“（鼲鼠）肥大”义，《正字通·鼠部》：“鼲音昏，《本草纲目》：鼲鼠即黄鼠。西北有兽，短喙无目，性狡善听，闻人足音辄逃匿，不可卒得，土人呼瞎撞，亦黄鼠类也。”（张自烈，1996：2884）扬雄《方言》“浑，盛也”注：“浑，肥满也。”《说文·鱼部》“鲩，魚名。从鱼，完声。”（许慎，1963：243）段《注》：“《释鱼》：鱧，鲩也。鲩、鲜古今字。今人曰鲜子，读如混，多食之。”（段玉裁，1988：578）《集韵·浑韵》云：“鲩，鲜，鱼名，似鲟而大，或作鲜。”《尔雅·释器》：“一羽谓之箴，十羽谓之缚，百羽谓之绲。”《玉篇·糸部》亦曰：“绲，大

束也。”（顾野王，1987：124）

⑯鼸《说文·鼠部》：“鼸，鼠属。从鼠，益声。豷（貖），或从豸。”（许慎，1963：206）鼸为鼠名，同鼸，《集韵·麦韵》：“鼸，鼠名。亦作鼸。”“益”表声，兼表义，含“多；更加；大”义，《战国策·齐策三》“可以益割于楚”姚宏注：“益，多也。”故鼸为大老鼠。

⑰鼤《说文·鼠部》：“鼤，鼠属。从鼠，宂声。”（许慎，1963：206）鼤乃大鼠名，《广韵·肿韵》亦曰：“鼤，鼤鼠。”宂作音旁，同“冗”，亦取“冗多；肥大”义，《正字通·鼠部》：“鼤，音宂。《说文》：‘鼠属。’言其多，故从宂。”（张自烈，1996：2883）鼤同鼭，《玉篇·鼠部》：“鼤，鼭鼠也。”（顾野王，1987：117）

⑱鼷《说文·鼠部》：“鼷，小鼠也。从鼠，奚声。”（许慎，1963：206）鼷为小老鼠，《篆隶万象名义》：“鼷，有毒小鼠。”《康熙字典·鼠部》亦云：“《本草》注：‘李巡曰：即鼱鼩，或谓之甘鼠。陈藏器曰：鼷鼠极细，卒不可见，食人及牛马等皮肤，成疮至死不觉。’”“奚”为声符，与溪、蹊、傒同源，表“小”义，溪、谿为小河沟，《经籍籑诂》：“《吕览·察微》‘若高山之与深谿’注：无水曰谿。”蹊、傒为小路，《礼记·月令》“塞傒径”疏：“傒径，细小狭路也。”

⑲鼩《说文·鼠部》：“鼩，精鼩鼠也。从鼠，句声。”（许慎，1963：206）鼩鼠又名鼱鼩，似鼠而小，即今地鼠也。段《注》：“《尔雅》谓之‘鼩鼠’郭注：小鼱鼩也。《汉书·东方朔传》如淳注曰：鼱鼩，小鼠也。音精劬。”（段玉裁，1988：479）“句”表声，与鼩、佝、驹、犅同源，取“小”义，佝偻病指因缺乏维生素 D 引起钙、磷代谢障碍导致骨骼发育不良，俗称小儿软骨病，《集韵·遇韵》：“佝，病偻，或从人。”驹为小马，《说文·马部》：“马二岁曰驹。从马，句声。”（许慎，1963：199）段《注》：“驹，马子也。”（段玉裁，1988：479）《尔雅·释兽》“伭驹，褭骖”郭璞注：“伭驹，小马，别名褭骖。”（郝懿行等，1989：333）犅属小牛，《广韵·厚韵》：“犅同犺，㸤牛子也。”《尔雅·释畜》郭璞注：“青州呼犊为犅。”（郝懿行等，1989：335）

“鼠无大小皆称老，龟有雌雄总姓乌。”（清·孙静庵《栖霞阁野乘卷上·乌中丞》）与俗谚约定俗成而无须究原迥异的是，对动物体型大小的感官认知是人类自婴幼儿时期通过观察识别即能获得的知识经验，该认知心理在鼠族字词区分依据方面承担着关键作用，如例⑫鼶、例⑬𪖐、例⑭鼫、例⑮鼲、例⑯𪖌、例⑰𪕹等6字义素可析为：［体大、肥胖］+［鼠］；例⑱鼷、例⑲鼩2字可解成：［体小、瘦弱］+［鼠］。3∶1悬殊比例说明体型庞大的鼠类动物因其在视觉上的典型特征更容易被人们感知认同，从而在事物命名分类上获得数量先天优势。通过上述《说文》鼠类字词之构词要素进行认知理据的深入剖阐，可知鼠族造字无论是象形还是形声，均有着谨严有法的构词理据，其中作声符的成字构件无一例外负载实义功能，因“声兼义”的双重身份，对汉字意义指向起到回指强化效果，陈澧在《说文声表·序》中甚至提出：“声肖乎意，故形声之字，其意即在所谐之声；数字同谐一声，则数字同出一意，孳乳而生，至再至三，而不离其宗也。”鼠类字词均有极强的象似性，都是从人类认知逻辑出发，故能进行认知语言学的义理分析，体现出汉字创制并非凭空产生、率性而为，而是先民深思熟虑的心血结晶，正如徐锴所云：“文字者，圣人之所以极深而研几也，天地日月之经也，忠孝仁义之本也，朝廷上下之法也，礼乐法度之规也，人君能明之立四极、包四海之道也，人臣能明之事君理下之则也。”（徐锴，1987：333）

四　从隐喻修辞看汉语鼠之民族思维

“故金锡以喻明德，珪璋以譬秀民，螟蛉以类教诲，蜩螗以写号呼，浣衣以拟心忧，席卷以方志固：凡斯切象，皆比义也。”（《文心雕龙·比兴》）隐喻利用事物相似性作心智基础对另一事物进行形象表达与联想说明，遵循“凡喻必以非类”（唐·皇甫湜《皇甫湜正集卷四·答李生第二书》、“凡比必于其伦”（答李生第三书》），不仅属于一种语言手段与修辞技巧，更是一种认知工具、思维方式与生存基础，体现人们赖以思维与行动的观念系统之本质特征，故能最终跃升为古人体验万物、语言理解、知行合一的普遍概念与认知利器。然鼠乃人类相当熟悉的普通动物，故很早就被先民用于系联、描绘、把握社会生活中的其他事物，且伴有赫赫昭著的情感特征、地域特点、民族特色，嬗变而成汉语世界一个高频隐喻原型与经典意象，如“老羸饿死壮者逃，硕鼠欺人暴如虎”（元·王冕《结交行送武之文》）。硕鼠乃大老鼠、肥老鼠，语出《诗经·魏风·硕鼠》，春秋时期劳动人民即塑造该艺术意象用来讽刺贪婪可憎的剥削者，非常形象生动，情感褒贬分明，毋庸赘述，且隐喻拓展成人类社会某种群体的代名词，如徐珂《清稗类钞·讥讽类二·先生不如鼠》载："鼠之所喜食者甚多，米与油烛则为所尤嗜，无可窃，亦于故纸堆中讨生活而啮书籍焉。宣统时，杭州小营巷顾少岚家尝延一塾师，有'先生似鼠'之谑。此先生者，素贪小，其家与顾氏密迩，间数日一归，归必携可数器，中所实者，为米为油为烛。"

先民认真体察鼠类种种特征并进行细致分析，构建起动物世界与人类世界的体验映射与互动关联，从而表达人类认识世界、规约世界、解释世界的概念范畴、价值观念与情感态度，如老鼠长相猥琐，故"鼠头鼠脑"犹言鬼头鬼脑，骆宾基《父女俩》："她既厌烦叔公公刘四那种鼠头鼠脑的姿态，也不愿意再看见那个八十一岁的刘子兴的虚伪的脸像和恶毒的眼光。"因老鼠昼出夜伏，视力退化，"目光如鼠（同鼠目寸光）"一语常形容目光短浅，见袁鹰《篝火之歌·彩色的幻想》："谁愿意做目光如鼠的人，只是嗅着鼻子前面的一点油香！"也指目光像老鼠般四处窥测，比喻行为不正，鲁迅《两地书·致许广平一一二》："我现在真自笑我说话往往刻薄，而对人则太厚道，我竟从不疑及玄倩之流到我这里来是在侦探我，虽然他的目光如鼠，各处乱翻，我有时也有些觉得讨厌。"典籍亦用"狗鼠"一词比喻品行卑劣的人，东汉应劭《风俗通·怪神·世间多有亡人魄持其家》载："时有汉直，为狗鼠之所为。"先民重视宗庙，不容亵渎，而"稷蜂社鼠"意指栖于稷庙的蜂、社庙的鼠，比喻仗势作恶而又难以除掉的坏人，见《韩诗外传》卷八："稷蜂不攻，而社鼠不薰，非以稷蜂社鼠之神，其所托者善也。"老鼠喜欢偷取粮食等，故"水老鼠"被用作旧时船上小偷的外号，《负曝闲谈》第二十回曰："他们的外号叫作'水老鼠'，专以偷窃扒摸为能事。"老鼠多数体型小巧，故"豚鼠（意为小猪与老鼠）"喻弱小者，张养浩《山坡羊·渑池》曲："秦如狼虎，赵如豚鼠，秦强赵弱非虚语。"虎乃百兽之王，与鼠两相对照更为突出，故"鼠虎"比喻失势或得势、处于低位或处于高位，典自李白《远别离》诗："权归臣兮鼠变虎。"如清人黄鹭来《赠陈省斋》诗之五："得失奚足问，英雄任鼠虎。"如果鼠类所求超出其能力亦会遭到讥讽，"饮河鼹鼠"喻指所需求或所得极有限的人，语本《庄子·逍遥游》："偃鼠饮河，不过满腹。"而死老鼠毫无利用价值，古人常借“孤雏腐鼠”指代微贱不足道的人或物，《后汉书·窦宪传》云：“帝大怒，召宪切责曰：‘深思前过，夺主田园时，何用愈赵高指鹿为马……今贵主尚见枉夺，何况小人哉！国家弃宪如孤雏腐鼠耳。’”因鼠性胆怯，尤畏天敌，“避猫鼠”指见猫就躲避的老鼠，形容人畏惧谦恭之极，见《红楼梦》第二十五回：“都是你们素日调唆着，逼他念书写字，把胆子唬破了，见了他老子就像个避猫鼠儿一样。”

“鼠璞易投荆璞价，请君试买砚笺看。”（北宋·戴泰《戏友不识砚》）正因老鼠在中国传统文化中长期作为被厌憎、贬斥、驱逐的对象，以致语音讹误都能让其居于尴尬位置，如上古“璞”（未雕琢的玉石）、“朴”（未腊制的鼠），故“怀鼠”“鼠璞”喻以假充真，典自《战国策·秦策三》：“郑人谓玉未理者璞，周人谓鼠未腊者朴。周人怀朴过郑贾曰：‘欲买朴乎？’郑贾曰：‘欲之。’出其朴，视之，乃鼠也。因谢不取。”因猫为鼠之天敌，“以狸（猫）饵鼠”指用猫来诱捕老鼠，比喻事必无成，见《商君书·农战》：“我不以货事上而求迁者，则如以狸饵鼠尔，必不冀矣！”还有用“猫哭老鼠”来讽刺假慈悲，如《说唐》第六二回：“唐家是没良心的，太平时不用我们，如今又不知那里杀来，又同牛鼻道人在此‘猫儿哭老鼠’，假慈悲。”因人们对鼠类恨之入骨，词语俗谚中亦多有体现，如以“滚汤泼老鼠”（亦作“滚水泼老鼠”）形容势在必亡或必败，明无名氏《精忠记·班师》：“将军若是回去，金人知道赶来，我等就似滚汤泼老鼠，一窝儿都是死。”而“掷鼠”一词喻除恶，见唐韩偓《隰州新驿》诗：“燎原虽自及，诛乱不无名。掷鼠须防误，连鸡莫惮惊。”鼠活跃于污秽之地，易携带病菌造成人畜感染伤亡，故人体不少疾病常以鼠来命名比喻，如“鼠瘘”，俗称“老鼠疮”，中医指瘰疬，即淋巴结结核症，郭璞《郭子》曰：“琅琊诸葛忘名，面病鼠瘘，刘真长见叹曰：‘鼠乃复窟穴人面乎？’”而作为疾病症候的经典隐喻，首推法国存在主义作家阿尔贝·加缪在其代表作《鼠疫》（*la peste*）中以鼠疫隐喻德国法西斯的入侵，现被喻为人类过去曾经面对、目前正在经历，甚至将来仍旧无法幸免的突如其来的各种灾难的终极象征和末世缩影，正如作者沉痛指出的：“鼠疫杆菌永远不死不灭，它能沉睡在家具和衣服中历时几十年，它能在房间、地窖、皮箱、手帕和废纸堆中耐心地潜伏等候。也许有朝一日，人们又遭厄运，或是再来上一次教训，瘟神会再度发动它的鼠群，驱使它们选中某一座幸福的城市作为它们的葬身之地。”（加缪，1997：307）它已演变为人类文明疾病的常规隐喻。

无独有偶，鼠在英语中译为“mouse”或“rat”，前者指体形较小的家鼠，为中性词，后者表视为害虫的大老鼠，鼠在英语单词内常以隐喻的方式出现，如“mousy”描述某人头发的颜色像老鼠的毛皮，看上去很暗淡，不吸引人。由于老鼠繁殖能力超强，数量惊人，“mouse and man”指芸芸众生，而“mouse and men”泛称一切生灵。短语有不少有关 mouse 的民谣俗语，如 play cat and mouse with somebody（和某人玩猫捉老鼠）表示“对某人时好时坏/忽冷忽热”。1）It's a cat-and-mouse game to him, and I'm the mouse. 在他看来，这是个猫捉老鼠的把戏，而我就是老鼠。鼠因其典型特征被人们隐喻化、形象化、经典化，常作为启人心智的警句名言。2）Though thy enemy seem a mouse, yet watch him like a lion. 敌人即使像老鼠，亦要当作狮子防；When the cats away, the mice will play/A shy cat makes a proud mouse. 猫儿一跑耗子闹/猫儿胆小耗子闹/山中无老虎猴子称大王；The mouse that has but one hole is quickly taken/A mouse that have but one hole is soon caught/It's a poor mouse that has only one hole. 鼠栖一洞易被擒；Don't burn your house to fright the mouse away. 莫灭鼠焚屋，勿因小失大。鼠之生活习性成为人们进行联想隐喻的重要载体，因老鼠属胆小的动物，一察觉动静就会突然逃跑，故用 mouse 形容某人沉默害羞，as quiet as a mouse 表“安静如鼠”，as timid/cowardly as a mouse 指“胆小如鼠”，like a cat in a strange garret 形容胆怯局促，3）They called her Miss Mouse because she was so meek and mild. 他们称她作“鼠小姐”，因她总是那么懦弱谦和。也可表达狼狈不堪状，4）look like a drowned mouse/rat. 落汤鸡。亦可形容嗜酒醉倒的丑态，5）as drunk as a mouse/rat 烂醉如泥，酩酊大醉。因古时教堂做礼拜不置食物，故教堂的老鼠就没有食物可果腹，a church mouse 意即穷困潦倒的人，6）as poor as a church mouse. 一贫如洗，身无分文。相比 mouse，rat 更多被赋予贬义色彩，可指背叛者、告密者、骗子等行为不端的人，如 a rat fink 表示“卑鄙小人、极其惹人讨厌的家伙”，love-rat 指“爱情骗子”，The cat weeps for the dead mouse（猫哭耗子假慈悲）形容“虚伪的人”，rat-face 比喻“阴险的人”，7）rat on sb. 泄露秘密，告密。8）What did you do with the gun you took from that little rat Turner? 你是怎么处理从那个叫特纳的小叛徒手里得到的枪的？老鼠因其传播疾病、毁坏粮物被人们视为眼中钉，欲除之而后快，故 die like a rat 指“被毒死”，9）A rat crossing the street is chased by all/It's like a rat running across the street，with everybody shouting/All like a rat scampering in the street. 老鼠过街，人人喊打。因老鼠嗅觉比较灵敏，警惕性高，smell a rat 意为“感到不妙，察觉可疑，事有蹊跷”。10）have a rat in a garret 不安，想法荒诞，想入非非。have a rat in the garret 头脑不正常，神经质，疯癫。西方民间传说老鼠能窥知不祥预兆，率先逃离即将沉没的船只，11）Rats desert/forsake a sinking ship. 船沉鼠搬家，树倒猢狲散，故 a rat leaving a sinking ship 比喻“不能共患难的人”。因老鼠长期处于暗处，视力较弱，12）A mouse can see only an inch/as short-sighted as mice. 鼠目寸光；老鼠争夺食物往往蜂拥而上，13）rat race. 激烈竞争，亡命争夺。老鼠体弱力薄，as weak as a rat 比喻弱不禁风，14）You must be as weak as a rat. 你的身体准是弱得够呛。老鼠落入容器无处可逃，15）Like a rat in a hole. 指洞中之鼠，喻瓮中之鳖。因老鼠喜欢储藏任何物品，16）pack rat. 指收集鼠，收藏无用小玩意的人。因老鼠喜欢窜来窜去，17）mall rats. 指逛街狂，喜欢结伴逛商场什么又不买的年轻人。18）A lion may come to be beholden to a mouse. 狮子也可能会受惠于小老鼠，喻指“小人物有时也起大作用”，源自《伊索寓言》的 *The lion and the mouse*，其寓言含义与汉语“尺有所短，寸有所长”类似，穷尽性分析英语有关鼠之隐喻语料可知它在西方文化中几乎多以负面形象出现。

“子为地支首，鼠乃生肖先。”与英语世界中鼠之隐喻明显呈单向性、贬义化有别的是，汉语中的鼠隐喻却表现出“一分为二”辩证统一的演变路径与辩证认知，纵观中国文化，人们对鼠并非一味呈现出斥责，语料库亦蕴含数量可观寓褒义色彩的隐喻案例，凸显出先民崇鼠媚鼠民俗心理。以有关鼠的词为例，因鼠肉鲜美，古人称之为“蜜唧”，亦作“蜜蝍”，乃蜜饲的初生鼠，岭南人以为佳肴，冯梦龙《古今谭概·非族部第三十五·蜜唧唧》载：“右江西南多獠民，好为‘蜜唧唧’。鼠胎未瞬，通身赤蠕者，渍之以蜜，置盘中，犹嗫嗫而行。以箸挟取咬之，唧唧作声，故曰‘蜜唧唧’。”鼠皮毛暖和耐用被古人制成衣裘，《元史·舆服志一》：“服银鼠，则冠银鼠暖帽，其上并加银鼠比肩。”而“鼠布”又名火鼠布，即火浣布，耐火不燃，见旧题东方朔《海内十洲记·炎洲》：“（炎洲）有火林山，山中有火光兽，大如鼠，毛长三四寸，或赤或白。山可三百里许，晦夜即见此山林，乃是此兽光照，状如火光类似。取其兽毛，时人号为火浣布，此是也。”陶宗仪《南村辍耕录·锁锁》亦云：“回讫野马川有木曰锁锁，烧之，其火经年不灭，且不作灰，彼处妇女取根制帽，入火不焚，如火鼠布云。”鼠虽被公认为胆小之辈，但检视汉语词汇，亦不乏神勇表现，如“两鼠斗穴”比喻敌对双方在地势险狭的地方相遇，只有勇往直前的才能获胜，语出《史记·廉颇蔺相如列传》：“其道远险狭，譬之犹两鼠斗于穴中，将勇者胜。”而“穷鼠啮狸”意为无路可逃的老鼠也会咬猫，比喻受人欺压，虽然敌不过，也会拼死抵抗，见桓宽《盐铁论·诏圣》：“死不再生，穷鼠啮狸。”上古初民信奉万物有灵，老鼠被人们视为一种有灵性的神奇动物，甚至被当作端正人类言行举止的一面明镜，如“相鼠有皮”（看看老鼠尚且还有皮）旧指人须知廉耻，要讲礼义，《诗经·鄘风·相鼠》云：“相鼠有皮，人而无仪（通‘义’）；人而无仪，不死何为！”典籍史册频繁以鼠晓谕世人弃恶从善、改过自新。传说有鼠名唐鼠，又叫易肠鼠，相传“昔仙人唐昉拔宅升天，鸡犬皆去，唯鼠坠下不死，而肠出数寸，三年易之。俗呼为唐鼠，城固川中有之”（南朝宋·刘敬叔《异苑》卷三）。后以拖肠鼠喻依然故我不能有所作为的人，而唐鼠知耻而后勇，不断洗心革面，为人称颂，明洪应明的《菜根谭·评议》：“谢豹覆面，犹知自愧；唐鼠易肠，犹知自悔。盖愧悔二字，乃吾人去恶迁善之门，起死回生之路也。人生若无此念头，便是既死之寒灰，已枯之槁木矣。何处讨些生理？”

“人有悲欢离合，月有阴晴圆缺。”（北宋·苏轼《水调歌头·明月几时有》）受古代中国哲学思维熏陶，先民体验、认知万事万物表现出有机结合、辩证分析的鲜明色彩，唯物辩证法告诉我们：自然界任何事物或现象都包含既相互对立又相互作用的两个方面，昔圣前贤先后提出“物生有两，有三，有五，有陪贰。故天有三辰，地有五行，体有左右，各有妃耦。王有公，诸侯有卿，皆有贰也（《左传·昭公三十二年》）”、“万物莫不有对，一阴一阳，一善一恶，阳长则阴消，善增则恶减。斯理也，推之其远乎？人只要知此耳（《二程遗书》卷十）”、“虽说‘无独必有对’，然独中又自有对（《朱子语类卷九十五·程子之书一》）”等精辟论断与认知哲学，既体察到事物相异的一面，又强调事物“交也者，合二而一也（明·方以智《东西均·三徵》）”相生的一面。以鼠为例，鼠尖嘴利齿固然有磨牙毁物之嫌，然西南少数民族诸多神话中却流传着“鼠咬天开”“鼠咬葫芦”“鼠盗稻种”等动人传说，以原始思维论之乃积极进取、破除陈规、大胆创世的文化英雄；老鼠虽嗜好窃粟偷食，但古人亦发现它善于储粮蓄物，故尊其为财神爷，清代薛福成《庸庵笔记卷四·述异·物性通灵》：“北方人以狐、蛇、猬、鼠及黄鼠狼五物为财神。民家见此五者不敢触犯，故有五显财神庙，南方亦间有之。”旧时民间曾将正月二十五日定为“填仓节”，供奉鼠作仓神、谷神。填仓节期间粮商米铺乃至家家户户仓囤屯满粮食，人们认为仓中有鼠必有粮，预示着生机盎然、资源富饶，寓意生生不息、家业兴旺、吉祥富裕，故人人虔诚祭祀，祈求老鼠口下留情，少来偷吃，并祷祝年年五谷丰登、粮油满仓。据史观之，鼠也是人类遭遇饥荒时的重要粮源，如词语“劫鼠仓”，指挖掘鼠仓取粮，谓灾荒严重时饥民四出百计求食的行动，南宋鲁应龙《闲窗括异志》：“天复中，陇右大饥。其年秋稼甚丰，将刈之间，大半无穗，有就田畔斸鼠穴求之，所获甚多。于是家家穷穴，有获五七斛者，相传谓之‘劫鼠仓’。饥民皆出求食，济活甚众。”老鼠繁殖力强，乡野民俗视它为生命旺盛、多子多孙、人丁兴旺的象征，又是长寿福延的通灵神兽，民间信仰认为鼠能预知未来，道家典籍《玉策记》曰：“鼠寿三百岁，满者则色白，善凭人而卜，名曰仲。仲能一年之中吉凶及千里外之事皆知也。”郭璞《玄中记》亦云：“百岁鼠化为神。”正因先民敬鼠誉鼠为神灵，故宗鼠尚鼠，以鼠作族徽图腾，发展而成民族隐喻，整个部落族人以鼠之后裔为荣，如唐代有强盛部落名叫鼠尼施，又译作苏尼鼠、苏尼失，属西突厥左厢咄陆五部之一，人口众多，实力强大，该氏族以鼠为族群标记，故名。显庆元年（656）该部以两万骑拒战唐军，为唐将苏定方所破，后迁入内地，处月首领沙陀金山妻即出身此部，唐封之为鼠尼施夫人，见《新唐书·列传第一百四十下·突厥下》：“前军苏定方击贺鲁别帐鼠尼施于鹰娑川，斩首虏获马甚众。”西南地区吐蕃民族亦有老鼠崇拜，其俗禁伤鼠类，唐杜佑《通典·卷一百九十·边防六·西戎二·吐蕃》云：“（吐蕃）有鼠，尾长于常鼠。其国禁杀鼠，杀鼠者加其罪。”而塞北辽朝契丹亦有祭祀鼠神的种族部落名“黑鼠族”，《辽史·卷三十七·志第七·地理志一·上京道》载：“泰州，德昌军，节度。本契丹二十部族放牧之地。因黑鼠族累犯通化州，民不能御，遂移东南六百里来，建城居之，以近本族。黑鼠穴居，肤黑，吻锐，类鼠，故以名。”

土家族亦奉鼠作祖神，土家人常自喻为鼠，今湖北恩施地区土家族的西兰卡普（土家织锦）、鞋垫、挑花带子等织品均绣缝老鼠形象，年俗等活动中仍保存着祀鼠日、洞鼠禁忌、鼠蛊等生殖崇拜、祖先崇拜遗风，明清时湖南益阳地区也流行崇鼠习俗，见清黄汉《猫苑·卷上·灵异》："湖南益阳县多鼠，而不蓄猫，咸谓署中有鼠王，不轻出，出则不利于官，故非特不蓄猫，且日给官粮饲之。道光癸卯，云南进士王君森林令斯邑，邀余偕往，余居之院甚宏敞，草木翁翳，每至午后，鼠自墙隙中出，或戏或斗，不可胜计，习见之，而不以为怪也。"而鼠王传说实为先民对动物生殖崇拜现象的认知解读，开枝散叶、子孙绵延属于古代中国的家庭观念与生育信条，故动物界乃至自然界中生命力强、生子多、育子旺的事物都会被优先尊为膜拜对象，且往往神异其能力、夸饰其形象，唐段成式《酉阳杂俎·续集卷八·支动》："鼠，旧说鼠王其溺精一滴成鼠。一说鼠母头脚似鼠，尾苍口锐，大如水中者，性畏狗，溺一滴成一鼠。时鼠灾多起于鼠母，鼠母所至处，动成万万鼠。其肉极美。凡鼠食死人目睛，则为鼠王。"更有甚者，古代西域历史上曾存在鼠王国（于阗），该国奉鼠为保护神、镇邪兽、吉祥物，东晋名僧道安《西域诸国志》曰："有鼠王国，鼠大如狗，著金锁；小者如兔，或如此间鼠者。沙门过不咒愿，白衣不祠祀，辄害人衣器。"巨鼠属鼠王，该鼠型以大如刺猬、毛呈金色、数量多而著称，鼠群首领一出行，群鼠跟随，说明于阗地域沙漠之鼠具有穴居群居的典型特点，《新唐书·列传第一百四十六上·西域上》亦载："（于阗，或曰瞿萨旦那）西有沙碛，鼠大如猬，色类金，出入群鼠为从。"于阗鼠通过当地战争典故、神话渲染、教义讲颂摇身一变披上神灵光环，受到僧俗民众乃至君王贵族的敬畏崇拜，见《隋书·卷八十三·列传第四十八》："（于阗）王锦帽，金鼠冠，妻戴金花。其王发不令人见。俗云，若见王发，年必俭。"由上可知，鼠固然有偷食、贪吃、毁物、携菌等弊端，然先民并未因噎废食，而是一分为二辩证看待，积极肯定它生命力旺盛、产子量大、嗅觉灵敏、警惕性高、储物备荒等卓越优点，它堪称自然界的生存专家，值得人类大力学习借鉴，而隐喻修辞正是基于不同事物之间的相似、相近、相关的认知原理与逻辑基础，帮助人们更好地认识世界、解读世界、理解世界，比较牛、虎、兔、龙、蛇、马、羊、猴、鸡、狗、猪等其他动物，鼠之综合素质最为全面、最为耀眼，鼠最终能攀升至十二生肖之首绝非偶然，而是实至名归，契合华夏民族的传统哲学思维和认知规律，是国人权衡利弊、择善而从的优选结果，并对域外文化产生了深远的影响，据认知语言学理论，人们可一步步见证它从普通动物演变为部落动物图腾、民族精神象征及国家文化符号的动态过程。

“一方山水养一方人。”国际学者普遍承认以古希腊为代表的西方文明属于海洋文明，而以古代中国为代表的东方文明是农耕文明，而鼠因其家喻户晓成为区分东西方文明的一个基本象征符号，如法国著名历史学家布罗代尔明确指出：“文明，无论其范围广大还是狭小，在地图上总能找到它们的坐标。它们的本质特征取决于它们的地理位置所带来的局限或便利。因此，人类在迈向文明时代的进程中，农耕文明和海洋文明便在不同的地理空间中形成了。”（布罗代尔，2003：29）地理环境对人类的道德意识、认知心理、社会习俗、生活方式及文明类型具有潜移默化的影响，而隐喻作为人类赖以生存的思维工具，是命名分类万事万物的基本手段，亦为民族历史与社会生活的全息投影、文化烙印，昭示出醒豁的民族性。中华民族繁衍、栖息于东亚大陆，轴心时代古人以黄河为母亲河，大河、平原等地理特征铸就了农耕文明，农业乃国本成为历朝历代的社会共识，而围绕农耕民生进行比况设喻也就成为汉语隐喻修辞的一大特色。一方面老鼠啃食禾苗稻谷，凿穴破壁坏屋，昼伏夜出，生性胆怯等，这使其成为人人欲得而诛之的“过街老鼠”，且被人们用于辛辣讥讽社会生活中的丑恶现象；另一方面，鼠面对自然灾害时表现出惊人的生存技能，如生命力强、生育多子、聚财敛物、预知灾难等，鼠与人类、自然的关系乃古代中国衡量生态平衡与否的重要标志之一，故先民尊它为神，演化成部落图腾、民族隐喻及国家象征，成为中华儿女具有代表性的文化动物。然英国、希腊等欧洲国家多为岛国、半岛国家，土地贫瘠，农业落后，靠航海、商贸为生，以海洋设喻就成为它们的语言常态，老鼠给它们带来的均为瘟疫、混乱、死亡等暗黑记忆，如中世纪蔓延整个西方世界的鼠疫断送了欧洲三分之一的人口，鉴于这样的文化背景，英语隐喻语料内的鼠多为人憎厌①，如1）Thieves and robbers run like rats to their holes. 贼盗鼠窜；2）cover the head and scurry away like a rat. 抱头鼠窜。饶有意味的是，尽管鼠因嗅觉敏

① 经典卡通形象“米老鼠”诞生于20世纪30年代，属娱乐新形象，故不能作为反例研究。

锐，能提前告知灾难来临（Rats leave a sinking ship. 船沉鼠先窜），然鼠因预感船只即将沉没出于本能而逃生，是对船员发出的警示信号，本应受到人们的肯定褒奖，而英语隐喻事实结果却是谴责老鼠见危先溜的行为，指称其为"忘恩负义者、见异思迁者、酒肉朋友、背叛的小人、伪君子"，可见面对同一事物，汉、英两个民族受不同的现实环境与文化传统影响推阐衍生出泾渭分明的认知隐喻。

结　语

"半世饥寒孔移带，鼠米占来身渐泰。"（南宋·葛立方《赠友人莫之用》）鼠虽属世人常见的普通小兽，但因其形象鲜明、身手敏捷、穴居习性等典型特征很早就被先民所关注，而语言文字是社会生活的交际工具与信息载体，鼠部字的大量涌现折射出鼠于人类心目中的地位日渐显赫，且超越其他对手跃居十二生肖之首，壮大而成一种特殊而重要的文化动物，却因其情感褒贬两极化长期受争议成为"值得学界日益重视的文化动物，借此能管窥中国先民的原始思维、生存智慧及民族秘史"（黄交军，2008：29）。认知语言学强调人体的具身体悟，以原型范畴、象似性与隐喻等为理论工具，揭示人类语言认知的心智奥秘，并对字词语义生成的心理过程做出科学合理的认知解释。以《说文》与鼠有关的字词训诂为例，通过认知语言学的理论发现因鼠善于筑穴营窟，动物特征鲜明，故先民将它视作穴居动物的原型，进而成为人们确立事物认知标准、划分动物族群系属的基本层次范畴，并通过象似性将鼠类身体状貌、生活习性等利用象形、会意兼形声等造字方式进行模拟化、组合化、理据化、规范化处理，从而使得汉字中的鼠族世界呈现出有序性、科学性、人文性的民族特征，时隔千载仍能解读出上古先民与鼠共舞、体悟冥思的造字意图与逻辑思维，以致美国著名汉学家卜弼德慨叹"三千年的中国文字传统，蕴含深远博大，唯有用整个欧洲文明的三千年文字传统方能注解清楚。尽管目前涌出很多新发现，《说文》仍是我们穿越曲折汉字迷宫的指路明灯与得力助手"（Boodberg，1937：337）。尤要指出的是，鼠虽其貌不扬，却以它异乎寻常的生命韧性与适应神通给世界各个民族留下了深刻的印象，且在语言词汇中被频繁描述引用发展成文学世界中的常规隐喻，是人们感知世界、吟咏人生的文化符号与认知利器，映照出东西方不同民族的认知机制与文化模式，是学界进行跨文明比较的一个基本象征符号，具有文化类型学的突出价值。

参考文献

黄交军：《认知语言学视野下龙的汉字文化解读》，《广州广播电视大学学报》2013年第6期。

黄交军、李国英：《认知语言学理论背景下〈说文解字〉“鬼”之文化探秘》，《地方文化研究》2017年第5期。

（南唐）徐锴：《说文解字系传》，中华书局，1987。

（东汉）许慎撰《说文解字》，北宋徐铉校定，中华书局，1963。

（清）段玉裁：《说文解字注》，上海古籍出版社，1988。

黄交军、李国英：《原型范畴理论视角下汉字“鬼”之认知机制抉隐》，《湖南广播电视大学学报》2019年第3期。

〔奥〕维特根斯坦著《哲学研究》，李步楼译，商务印书馆，1996。

（清）郝懿行、王念孙、钱绎、王先谦等著《尔雅·广雅·方言·释名清疏四种合刊（附索引）》，上海古籍出版社，1989。

鲁迅：《准风月谈·谈蝙蝠》，《鲁迅全集》（第5卷），人民文学出版社，1981。

钱锺书：《管锥编》，中华书局，1979。

黄交军、李国英：《元语言理论视界下中国先民的鬼文化解读》，《职大学报》2018年第5期。

黄交军、李国英：《认知语言学视域下“蛇”之文化阐幽》，《广东技术师范学院学报》2015年第6期。

张积家等：《声符和义符在形声字语音、语义提取中的作用——来自部件知觉眼动研究的证据》，《心理学报》2014年第7期。

（南朝梁）顾野王：《大广益会玉篇》，中华书局，1987。

（明）张自烈撰，（清）廖文英续《正字通》，中国工人出版社，1996。

（清）王筠：《说文句读》，上海古籍出版社，1983。

〔法〕加缪（Camus，A.）著《鼠疫》，顾方济、徐志仁译，译林出版社，1997。

〔法〕费尔南·布罗代尔著《文明史纲》，肖昶等译，广西师范大学出版社，2003。

黄交军：《〈说文〉鸟部字、隹部字研究》，硕士学位论文，广西师范大学，2008。

Peter A. Boodberg, “Some Proleptical Remarks on the Evolution of Archaic Chinese,” *Harvard Journal of Asiatic Studies*, 1937, 2 (3/4): 337.

• 札记 •

语言学人能不汗颜?

鲁国尧

(陕西师范大学人文社会科学高等研究院，西安，710119)

我在上大学本科的时候养成了一个习惯，就是读报。这习惯延续到现在，其中有《中国社会科学报》，我也是每期必读，这于我的学术视野和学术思想，可谓“获益匪浅”。

且说 2021 年 4 月 27 日我收到邮递员送来的《中国社会科学报》，那是 4 月 26 日的一期。浏览到第二版，头条黑体大标题《〈经济思想史学刊〉创刊发布会在京举行》扑进我的眼球，我感到一阵震眩！在我们中国，几乎所有的人文科学和社会科学的一级学科都有专业杂志，如《哲学研究》《历史研究》《经济研究》《中国语文》《文学评论》，等等。哲学、经济学这些学科，它们都有许多下位学科，有的下位学科也有专业杂志，可是没见过《××思想史研究》这样的专门刊物，如今居然横空出世！能不被震慑？于是我赶紧读起这条新闻。现于此略录其部分内容：

4 月 15 日，中国社会科学院经济研究所与社会科学文献出版社联合主办的《经济思想史学刊》创刊发布会在北京举行。经济研究所所长讲道：“经济思想史研究在促进经济学理论创新与学科体系构建上，发挥着不可或缺的基础性作用。《经济思想史学刊》将通过倡导具有时代关怀、问题导向、理论创新的经济思想史研究，不断提升经济思想史学科在经济学研究中的基础作用和学术影响，并为经济学理论创新与学科体系构建提供思想资源与理论支撑。”该刊为季刊，即一年出版四期。有兴趣的读者如果要洞悉全篇，可以看纸质本或电子版。

作为中国语言学人，我读了这条新闻的全文，连续读了两遍，不禁黯然神伤。联系到咱们自身的语言学科，有中国语言学思想史吗？应该有！

可是“中国语言学思想史”的研究状况如何呢？我曾经在商务印书馆的《语言战略研究》（双月刊）2018年第1期的“卷首语”专栏发表了一篇千字文——《关于“中国语言学思想史”的断想》，全文如下：

“语言战略”，它的核心词是“战略”。“战略”，《现代汉语词典》释作“指导战争全局的计划和策略”“泛指决定全局的策略”，这是抽象的定义。“战略”二字映入眼帘，我立刻想到国史上的名句“运筹策帷帐之中，决胜于千里之外”。“运筹策帷帐之中”，何其从容淡定！“决胜”两字点睛，令人生出无限的豪情。

中国自改革开放至今，四十个年头，由一个不发达国家一跃而成为世界第二大经济体，如今是世界头号制造业大国。制造业的所有门类，只有咱中国全有，因此对中国制定制造业的战略方针的领导者，我表示由衷的敬意。

言归语言学的正传：我们国家的语言战略家，应该像近四十年来制造业的决策者，运筹帷帐使得中国语言学也像中国制造业那样，囊括语言学的所有门类。

2004年某日我忽然有了一个发现。释迦牟尼在菩提树下证道，我这个凡夫则是在徜徉于书店之时悟的道。在书架前随意浏览，不时在我的眼前跳出《逻辑学思想史》《中国货币思想史》等的书名。忽然，迸出火花：“有咱《中国语言学思想史》？”于是认起真来，“众里寻他千百度”，任怎么回首，那《中国语言学思想史》就是不在。不得不上某大学图书馆网检索，嗨，居然有700来本《××思想史》的书，好不热闹！例如《中国传播思想史》《中国近代军事思想史》等。而令我惊诧的，自然科学也有《××思想史》，如《数学思想史》《化学思想史》《中国技术思想史论》等。但千呼万唤，仍然搜索不出《中国语言学思想史》！不觉气沮。我不甘心，就“博问通人”，无奈通人也无语凝噎。

2005年，在一个讲演会上，我讲的主题是倡议建设中国语言学思想史学科。讲毕，听众提问，有个外籍学人质疑道：“‘语言学史’之类的书籍，国外多，近几十年中国也出版了一些。”我回应道：“‘语言学史’与‘语言学思想史’不是一回事，如同‘战争史’与‘军事思想史’一样。”2006年8月我在中国音韵学研究会第14届学术讨论会开幕词中讲道："我们至今没有一本《中国语言学思想史》《汉语音韵学思想史》，这委实是一件遗憾的事""我们语言学人应该开展思想史的研究，写出质高量多的著作"。我在 2005 年撰写的一篇长文在 2007 年发表，这就是《就独独缺〈中国语言学思想史〉!?》，文中问道："我们的中国语言学有两千多年的悠久历史，这两千多年的语言学是个没有'思想'、没有'灵魂'的行尸走肉?"提出问题只是开了个头，更重要的是实绩。时隔八载，我好不容易才拿出一篇新文《新知：语言学思想家段玉裁及其〈六书音均表〉书谱》，第一个提出乾嘉大师段玉裁是语言学思想家，做了充分而可靠的论证。

中国大哲孟轲（约前 372～前 289）提出个"人之所以异于禽兽者"的问题，法国思想家帕斯卡尔（1623～1662）讲得多精彩："人只不过是一根苇草，是自然界里最脆弱的东西，但他是一根会思想的苇草。""思想形成人的伟大。"完全可以肯定地说，没有一个学科没有思想史，中国语言学也应有自己的思想史。遗憾的是在 2005 年以前，这一门类为中外语言学家所罔顾。此后的情况？虽然这一门类被提出来十几年了，但还是"养在深闺人未识"，只有少数几人在播种，而成效不著。中华民族几千年的文明哺育了每个学科，自然不会独独遗弃中国语言学思想史。

"我劝天公重抖擞"，语言学人齐发力。

愿明朝"东城渐觉风光好""红杏枝头春意闹"。

较之中国经济学思想史，中国语言学思想史的研究竟是这般滞后！

2018 年我发表了那篇短文，又过去了三年，这段时间里似乎没有发现有关中国语言学思想史的文章。

瞧兄弟学科的思想史研究如此热火朝天，如此热气腾腾，咱们语言学人能不汗颜？能不汗颜？

2021 年 5 月于南秀村

“噆”“跧”读音辨析[*]

汤传扬

（中国社会科学院语言研究所/辞书编纂研究中心，北京，100732）

“噆”“跧”的读音在辞书中的标注不尽一致，相关问题需要予以讨论。以下分别列举“噆”“跧”在《国语辞典》、《现代汉语词典》、《新华字典》、《汉语大词典》、《汉语大字典》（第2版）、《王力古汉语字典》、《辞源》（第3版）中的音义设立情况，然后讨论分析。

一　噆

《国语辞典》“噆”条：zǎn❶嗛。❷衔，如“蚊虻噆肤，则通昔不寐矣”，见庄子。

“噆”字在《现代汉语词典》（试印本）中未收入正文，而是后附于“检字表”中。[①] 噆，zǎn 咬；叮。“噆”在《现代汉语词典》（试用本）中收入了正文，在义项上有增补。噆，zǎn ⊠❶叼；衔。❷咬；叮。根据“凡例”，在释义前加“⊠”，表示是现代不常用的字。在《现代汉语词典》（第3版）中，“⊠”改为“〈书〉”。《现代汉语词典》第4~7版同此。

《新华字典》（第12版）“噆”字条：噆，zǎn ❶叼，衔。❷咬。

《汉语大词典》“噆”条：cǎn❶咬，叮。唐元稹《虫豸诗·蟆子》：

---

* 基金项目：江苏省社科基金重点项目“基于汉语史语料库建设实践的中古汉语分词标准研究”（项目编号19YYA001）；中国社会科学院语言研究所一般项目“字词关系与《现代汉语词典》的编纂”（项目编号：YB21-13）。本文修改过程中承蒙浙江大学博士生戴佳文提供中肯的建议和意见，谨致谢忱！文中谬误，概由本人负责。

① 根据《现代汉语词典》（试印本）“检字表”说明：检字表包括两部分字，一部分是正文中所收的字，附注音和正文页码；一部分是正文中未收的补充字，附注音和简单解释。

“毫端生羽翼，针喙噆肌肤。”宋王安石《韩持国从富并州辟》诗：“思之不能寐，蹙若虻蚋噆。”❷指咬而食之。❸衔，咂摸。参见“噆味”。

《汉语大字典》（第 2 版）“噆”字条：cǎn ❶衔。《说文·口部》：“噆，嗛也。”段玉裁注：“玄应引作‘衔也’。嗛、衔，音义同。”《淮南子·览冥》：“入榛薄，食荐梅，噆味含甘。”❷咬；叮。《庄子·天运》：“蚊虻噆肤，则通昔不寐矣。”唐元稹《蚊子》：“攻穿漏江海，噆食困蛟鲸。”清吴翊《谒范文正公祠》：“奋舌天心正，噆肤党议偏。”

《王力古汉语字典》“噆”字条：1. zā 子答切，音匝，入，合韵，精。缉部。❶口含。说文：“噆，嗛也。”《一切经音义》二〇引作“衔也”。《淮南子·览冥》：“~味含甘。”2. cǎn 七感切，音惨，上，感韵，清。侵部。❷咬，叮。《庄子·天运》：“蚊虻~肤，则通昔不寐矣。”

《辞源》（第 3 版）“噆”条：1. zā 子答切，入，合韵，精。缉部。口含。《淮南子·览冥》：“噆味含甘。”2. cǎn 七感切，上，感韵，清。侵部。咬，叮。《庄子·天运》：“蚊虻噆肤，则通昔不寐矣。”参见“噆食”。

关于“噆”音义的设立，《国语辞典》《现代汉语词典》《新华字典》是一音两义，读作 zǎn；《汉语大词典》、《汉语大字典》（第 2 版）也是一音两义，读作 cǎn；《王力古汉语字典》、《辞源》（第 3 版）是两音两义，分别读作 zā、cǎn。

“噆”是否应该分两个读音？每个读音又该读作什么？以下我们从历时角度来考察“噆”的读音问题。《说文·口部》：“噆，嗛也。从口朁声。”《说文·口部》：“嗛，口有所衔也。”“噆”的本义确切来说是“口含”。在以上辞书中，《王力古汉语字典》、《辞源》（第 3 版）对此的释义最为精确。《国语辞典》用文言词释义，不及白话用语易懂，而且“嗛”多音多义。《现代汉语词典》《新华字典》用“叼；衔”来解释，然而“叼；衔”与“口含”不尽相同。前者释义中有表半含的“叼”，后者是全含。《汉语大词典》、《汉语大字典》（第 2 版）用“衔”来解释亦显不清晰，因为“衔”是一个多义词。在汉语词汇史上，“衔”既可以是半含，也可以是全含。表示“口含”义的“噆”，其读音如何？《广韵·感韵》：“噆，七感切，衔也。又子盍切。”《集韵·感韵》：“噆，七感切，衔也。《庄子》：‘蚊虻噆肤。’”北宋司马光《类篇》卷 4：“噆，七感切，衔也。《庄子》：‘蚊虻噆肤。’”《五音集韵·感韵》：“噆，七感切，衔也。”以上韵书、字书中的反切折合为今音是 cǎn。除了“七感切”外，在韵书、字书中，还有“子感切”。《重修玉篇·口部》：“噆，错感、子感、子合三切。”北宋司马光《类篇》卷 4：“噆……又子感切，衔也。”《五音集韵·感韵》：“噆，子感切，衔也。”元戴侗《六书故》卷 11：“噆，又子感切。”《中州全韵·监咸韵·上声》：“噆，兹糁切，衔也。”以上韵书、字书中的反切折合为今音是 zǎn。综上所述，表示“口含”义的“噆”当读作 cǎn 或 zǎn。《汉语大词典》、《汉语大字典》（第 2 版）选择了前者，《国语辞典》《现代汉语词典》《新华字典》选择了后者。

除了以上读音，“噆”在韵书、字书等中还有其他读音。唐陆德明《经典释文》卷 27：“蚊，音文字，亦作𧖅。虻，音盲字，亦作𧒂。噆，子盍反，郭子合反，司马云：啮也。”唐慧琳《一切经音义》卷 54：“噆食。子腊反。”又卷 55：“噆食。上音帀。”又卷 74：“蝇噆。子腊反。”又卷 99：“噆肤。上子答反。”唐玄应《一切经音义》卷 20：“噆食。子腊反。”唐五代徐锴《说文解字系传》通释卷 3：“蚊虻噆肤。作杂反。”《重修玉篇·口部》：“噆，错感、子感、子合三切。”《太平御览》卷 945：“夫播糠眯目，则天地四方易位矣；蚊虻噆音匝肤，则通宵不寝矣。”北宋陆佃《增修埤雅广要》卷 22：“鹖冠子曰：一蜹噆音匝肤不寐。”宋欧阳德隆《增修校正押韵释疑·合韵》：“噆，啮也。”《龙龛手鉴·口部》：“噆，正嗒，今子合反。蚊虫～人也。”《五音集韵·合韵》：“噆，子答切，蚊虫噆人。”元戴侗《六书故》卷 11：“噆，作答切，又作咂、嗒，皆欶也，吮以唇……庄周曰：‘蚊虫噆肤。’”《洪武正韵·合韵》：“噆，啮也，亦作唼。”《正字通》卷 2：“咂，俗噆字，通作唼。”《正字通》卷 2：“咂，同咂，俗噆字。”《声律发蒙·合韵》：“噆，匝，啮～。”明郑以伟《灵山藏》卷 7：“噆，音杂。《左传》：‘蚊虫噆肤。’”清杜诏《唐诗叩弹集》卷 3《荆门行》：“生纱帷疏薄如雾，隔衣噆肤耳边鸣。噆，作答切，啮也。”清刘廷玑《在园杂志》卷 4：“北方小儿呼其母曰妈妈，呼其母之乳亦曰妈妈，小儿吸乳母之乳曰吃噆噆，亦曰咂妈妈，此酒用管吸之如小儿之噆妈也。举座绝倒。噆俗作咂，妈读平声。”清卢文弨《群书拾补》：“咂噆食困蛟鲸。”清王夫之《庄子解》卷 14：“蚊虻噆肤。噆同咂。”清张玉书《佩文韵府》卷 142：“噆，子答切，蚊虫～人。”以上韵书、字书中的反切折合为今音是 zā，对应的义位是“咬；叮”。“噆”的

“咬；叮”义是“口含”义的引申，两者具有相关性。这两个义位在读音上发生了分化。《王力古汉语字典》、《辞源》（第3版）把“口含”义注为zā，把“咬，叮”义注为cǎn，可谓颠倒。我们认为历时性辞书应该按照音义对应关系分为两音两义。但对共时性辞书来说，“噆”是个书面语词，不常用到，且两个义项间有引申关系。从经济、简便的角度来说，将两义合并为一音也是可行的。

二 踆

《国语辞典》“踆”条：cūn 以足逆踏曰踆，如“祁弥明逆而踆之”，见《公羊传》。“踆”字在《现代汉语词典》（试印本）中未收入正文，而是后附于“检字表”中。踆 cūn 踢。“踆”在《现代汉语词典》（试用本）中收入了正文，在义项上有增补。踆 cūn ⊠❶踢。❷退；止。《现代汉语词典》（第1版）将“⊠”改为“〈书〉”。在“踆”字头下立复音词【踆乌】cūnwū 古代传说太阳中的三足鸟，后来借指太阳。《现代汉语词典》（第5版）删除义项❷，其余保留在第6版、第7版中。《新华字典》未收“踆”字。以下我们主要讨论表“踢”“退”义之“踆”和“踆乌”中之“踆”的读音。《汉语大词典》、《汉语大字典》（第2版）对三者的处理是一致的，分别注音 cún、qūn、dūn。《王力古汉语字典》注音为 cún、qūn、zūn。《辞源》（第3版）注音为 cún、qūn、cún。

以下我们从历时角度来考察“踆”的读音问题。首先是表“踢”义的“踆”。《春秋公羊传·宣公六年》：“赵盾知之，躇阶而走。灵公有周狗，谓之獒。呼獒而属之，獒亦躇阶而从之。祁弥明逆而踆之，绝其颔。”东汉何休注：“以足逆踏曰踆。踆音存。”唐陆德明《经典释文》卷21：“踆，音存。以足逆踏之。”《集韵·魂韵》：“踆，徂昆切。以足逆踏曰踆。”北宋贾昌朝《群经音辨》卷1：“踆，逆踏也。徂尊切。”北宋司马光《类篇》卷6：“踆，徂尊切。以足逆踏曰踆。”以上韵书、字书等中的反切折合为今音是 cún。

其次是表“退”义的“踆”。《文选·张衡〈东京赋〉》：“千品万官，已事而踆。”五臣注：“七旬反。”《广韵·谆韵》：“踆，七伦切。退也。”《重修玉篇·足部》：“踆，且遵切。退也。”北宋贾昌朝《群经音辨》卷1：

“踆，退也。七旬切。”以上韵书、字书等中的反切折合为今音是 qūn。

分歧最大的是“踆乌”中“踆”的读音。在上面所列辞书中有 cūn、dūn、zūn、cún 四个不同的读音。以下梳理相关材料予以辨析。《史记·货殖列传》：“此地狭薄。吾闻汶山之下沃野，下有蹲鸱，至死不饥。”《集解》：“徐广曰：‘古蹲字作踆。’”《汉书·货殖列传》：“此地狭薄。吾闻岷山之下沃野，下有踆鸱，至死不饥。”孟康曰：“踆，音蹲。水乡多鸱，其山下有沃野灌溉。”《淮南子·精神训》：“日中有踆乌，而月中有蟾蜍。”高诱注：“踆犹蹲也，谓三足乌。”《山海经·南山经》：“又东三百五十里，曰箕尾之山，其尾踆于东海，多沙石。”郭璞注：“踆，古蹲字，言临海上。音存。”《山海经·大荒东经》：“有一大人踆其上，张其两耳。”郭璞注：“踆或作俊，皆古蹲字。《庄子》曰：‘踆于会稽’也。”《集韵·魂韵》：“踆，租昆切。蹲也。《庄子》：‘踆于窾水’”北宋司马光《类篇》卷六：“踆，租昆切。蹲也。《庄子》：‘踆于窾水。’”宋钱端礼《诸史提要》卷三：“踆鸱。”注曰：“嶓山之下沃壄下有踆至死不饥，芋也。踆音蹲。”《洪武正韵·真韵》：“踆，徂尊切。《庄子》：‘帅弟子而踆窾水。’”《洪武正韵·真韵》：“蹲，徂尊切。踞也……亦作‘踆’‘踌’。”明陆西星《南华真经副墨》卷7：“帅弟子而踆于窾水。”注曰：“踆，存。”明沈一贯《庄子通》卷9：“帅弟子而踆于窾水。”注曰：“踆音存。”以上材料多将“踆”注音为“蹲”。“蹲”在现代汉语普通话中的读音是 dūn。但在《广韵》中与“蹲”处在同一小韵的“存、拵、郁”等的今音为 cún 或者折合为 cún。“蹲”读 dūn 是个例外。“踆”的读音不能依照现代汉语普通话中“蹲”的读音来定。这是因为“蹲”有现代既成读法，但“踆”却没有。“踆”的读音应该根据历史音变规律折合。另外，在现代汉语方言中，还保留有声母为 c 的“蹲”。据《现代汉语方言大词典》（2002：6153）“蹲”条：梅县 tsʻun，福州 tsʻuoŋ 两腿尽量弯曲，像坐的样子，但臀部不着地。以上材料中也有直接注“蹲”为“存”的。《王力古汉语字典》采纳了《集韵》的音切，折合今音为 zūn，这样未为不可。但“踆”是个书面语词，不常用到，从经济、简便的角度来考虑，cún 更合适，既有历史依据，又符合现实考量。《现代汉语词典》将表“踢”义的“踆”和“踆乌”中的“踆”均注音 cūn，我们建议应该将 cūn 改为 cún。

参考文献

汉语大字典编辑委员会编纂《汉语大字典》（第 2 版），四川辞书出版社、崇文书局，2010。

何九盈、王宁、董琨主编《辞源》（第 3 版），商务印书馆，2018。

李荣主编《现代汉语方言大词典》，江苏教育出版社，2002。

罗竹风主编《汉语大词典》，上海辞书出版社，1986。

王力主编《王力古汉语字典》，中华书局，2000。

中国大辞典编纂处编《国语辞典》（影印本），商务印书馆国际有限公司，2011。

中国社会科学院语言研究所编修《新华字典》（第 12 版），商务印书馆，2020。

中国社会科学院语言研究所词典编辑室编《现代汉语词典》（第 7 版），商务印书馆，2016。

小书大作，见微知著

——黄仁瑄教授《新译大方广佛华严经音义校注》读后

张　义
（淮北师范大学文学院，淮北，235000）

《新译大方广佛华严经音义校注》（下称《校注》）是黄仁瑄教授唐五代佛典音义校注系列之第二部。该著约40万字，2020年1月中华书局列为“音义文献丛刊”之一种出版，同时该著也是国家社会科学基金重大项目“中、日、韩汉语音义文献集成与汉语音义学研究”（19ZDA318）的阶段性成果。

唐五代五种佛典音义中，《新译大方广佛华严经音义》规模最小，《校注》某种意义上称得上是小书大作、见微知著之作。欣喜捧读之余，有以下几点认识跟大家分享：

一　注意系统

注意系统就是考虑工作的系统性，体现在《校注》对工作底本的选取上。

尉迟治平《校注·序》指出“从汉语音义学的视角看，现在能够毫无问题认定的早期佛典音义，就是玄应《大唐众经音义》、慧苑《新译大方广佛华严经音义》、慧琳《一切经音义》、希麟《续一切经音义》和可洪《新集藏经音义随函录》五种”。[①] 五种音义中，《大唐众经音义》（玄应音义）和《新译大方广佛华严经音义》（慧苑音义）版本情况最为复杂；慧琳《一

① 尉迟治平：《新译大方广佛华严经音义校注·序》，中华书局，2020。

切经音义》（慧琳音义）、希麟《续一切经音义》（希麟音义）和可洪《新集藏经音义随函录》（可洪音义）仅见于高丽大藏经，版本情况比较单纯。[①]换言之，今见二十余种大藏经中，只有高丽大藏经完整收录了五种佛典音义。[②] 今存各种大藏经中，高丽大藏经以质量优胜见称，然就慧苑音义而言，却是另外一种情形，书中文字缺漏之处甚多，多见补缀痕迹，如“1.079 迦楼罗”注中“非敌对翻也”之“翻”、“1.083 毗沙门”注中“时众咸怪”之“怪”、“1.114 畏涂”之“畏”、“1.135 三昧”注中“令心住一境性”之“心”、“1.148 名誉”注中“毛诗传”之“传”、“1.209 状如四洲”注中“言状如四洲者”之“如”和“西洲形如半月”之“西、如”，等等，原书皆阙如，翻印时才据他书填补（“1.148 名誉”注中“毛诗传”之“传”误补作“伝”）。

高丽藏本慧苑音义本来谈不上版本精良，然《校注》却取以为工作底本，显然是考虑到了音义书的系统性问题：作为中华书局“音义文献丛刊”系列作品，为高丽藏本五种佛典音义提供完全的现代整理本，自有其特殊的文献意义和学术价值。古籍整理一般都取版本精良者作为工作底本，《校注》反之，而把系统性原则作为版本选择的决定性标准，这就在一定程度上体现了校注者独到的学术眼光，因而使《校注》具有了不一般的文献价值和学术意义。

二　勇于识断

高丽藏本慧苑音义文字问题很多，其发现与解决不仅需要多种校勘方法的灵活运用，很多时候更需要校注者勇于识断。如：

> 1.003 天道　　日月星辰、阴阳变化谓之天道。《易》曰“干道变易”是也。
>
> 1.113 漂沦　　沦，力匀反。《玉篇》曰：“沦，没也。”
>
> 1.116 其声所暨　　暨，渠肆反。杜注《左传》曰：“暨，至也。”

① 黄仁瑄：《唐五代佛典音义研究》，中华书局，2011，第 30~81 页。

② 童玮：《二十二种大藏经通检》，中华书局，1997。

《字书》："及也。"

1.353 舡筏　筏，房越反。《方言》曰："箄谓之箄，箄谓之筏。筏，秦晋通语也。"又按：暂缚柴木浮于水中运载者亦曰筏也。筏字又作橃、艠两体也。

"1.003 天道"注中"变化"，原作"变作"，《校注》为之出校（页 3，脚注⑧）："化，原作'作'，今据慧琳本、金藏本改。""1.113 漂沦"注中之"没也"二字原阙，《校注》为之出校（页 24）："'没也'二字原阙，今据慧琳本、金藏本补。"此类问题通过比较慧苑音义的不同版本就可发现和解决。"1.116 其声所暨"注中之"至也、字书"四字原阙。《校注》为之出校（页 24，脚注⑫）："'至也、字书'四字原阙。考慧琳音义凡十八释'暨'，其中引《左传》及其杜预注计八次，除此例外，皆引释'暨'为'至也'，而此后三例都在引杜预注后再引他书释'暨'为'及也'。慧琳音义卷八十三'暨乎'注：'奇冀反。杜注《［左］传》："暨，至也。"《尔雅》亦及也。'卷八十八'暨乃'注：'上音洎，下音乃。杜注《左传》："至也。"《韵英》云："及也。"'卷八十九'暨于'注：'其冀反。杜注《左传》云："暨，至也。"《字书》："及也。"'或引《尔雅》，或引《韵英》，或引《字书》，知此例'及也'前脱字，今据补。""1.353 舡筏"注中之"浮于水中"，原作"水中"，《校注》为之出校（页 64，脚注⑫）："'浮于'二字原阙。考玄应音义卷十四'筏船'注：'编竹木浮于河以运物者，南土名簰，北人名筏也。'卷十七"是筏"注：'谓编竹木浮于河以运物者也。'慧琳音义卷十'筏谕'注引《集训》云：'缚竹木浮于水上，或运载，名之为（拨）［橃］。南土吴人或谓之簰，即筏也。'卷十二"缚筏"注引《桂菀珠藂》云：'缚竹木浮于水谓之橃。'或言'缚竹木浮于水'，或言'编竹木浮于河'，皆着'浮于'二字，今据补。"此类问题的发现和解决既得力于多种校勘手段的综合运用，更需要借助校注者的识断能力，而这显然跟黄仁瑄教授常年沉浸佛典音义研究有关。

三　重视溯源

重视溯源主要表现在两个方面：一是引书溯源，一是源词溯源。

先看引书溯源。慧苑音义的撰述广引经史子集，“引书凡 121 种（篇），其中内典 14 种，约占所引书总数的 11.6%”。[①] 其中存在不少讹误的情形。[②] 例如：

1.007 同临有截之区　《毛诗传》曰：“有截，整齐也。言四海之外，率服截尔齐整也。”区谓区域也。

1.013 混太空　混，胡本反。按《说文》：“混谓混沌，阴阳未分共同一气之貌。”今此谓花严法门量同太虚也。字又作浑也。

“1.007 同临有截之区”注所引之《毛诗传》语实见郑玄笺，《校注》为之出校（页 4，脚注④）：“引书误。《诗·商颂·长发》‘相土烈烈，海外有截’郑玄笺：‘截，整齐也。……四海之外率服截尔整齐。’”“1.013 混太空”注所引之《说文》语实不见于许慎书，《校注》为之出校（页 5，脚注⑤）：“疑引书误。《广韵》混韵：‘混沌，阴阳未分。’校者案：《说文》水部：‘混，丰流也。从水，昆声。’”此类问题非关文字讹误，文意畅达无碍，如果没有细致的溯源工作，可能就难以发现和有效解决。校注者的耐心、细心于此可见一斑！

其次是源词溯源。慧苑音义收录了许多梵（外）语词，“梵汉对音材料有 364 条，包括字母和译名两大部分”。[③] 这些材料当然会给读者造成很大的阅读、利用障碍。例如：

1.018 贝牒　贝，北盖反。牒，徒颊反。贝谓贝多树叶，意取梵本经也。牒谓简牒，即经书之通称也。

1.041 摩竭提国　摩竭提者，或云摩伽陁，或云摩揭陁，或曰墨竭提。此之多名由依八转声势呼召致异，然其意义大略不殊。或有释云：摩者，不也；揭提，至也。其国将谋兵勇，邻敌不能侵至也。又有云：摩，遍也；竭提，聪惠也。言聪惠之人遍其国内也。又有云：

① 黄仁瑄：《唐五代佛典音义研究》，中华书局，2011，第 153 页。

② 黄仁瑄：《新译大方广佛华严经音义校注·引书（人）索引·凡例》，中华书局，2020，第 231~233 页。

③ 黄仁瑄：《唐五代佛典音义研究》，中华书局，2011，第 248 页。

摩，大也；竭提，体也。谓五印度中此国最大，统摄诸国，故名大体也。又释云：摩，无也；竭提，害也。言此国法不行刑戮，其有犯死罪者，送置寒林耳。

“1.018 贝牒”例中，“贝”是梵词的音译，《校注》为之出注（页6，脚注⑦）：“贝，梵词 pattra 的略译，全译‘贝多罗’。”“1.041 摩竭提国”例中，“摩竭提”是梵词的音译，《校注》为之出注（页10，脚注①）：“摩竭提，梵词 Magadha。”“此书逐个注明梵文源词，无疑改进了音义书的框架，拓展了古籍整理的功能，提升了佛典音义的学术价值，为学者研读和使用玄应《音义》提供了便利。”① 用这段话来评价《校注》的工作，同样非常适用。

四　匹配音义

音义匹配是音义书的学术追求。语音材料时空信息的复杂性，导致不同材料，甚至同一材料内部都可能存在不少音义关系的龃龉。这些龃龉可能会影响到研究者对材料性质的判定。校注者对这一问题有着清醒的认识，并将之贯穿于自己的校勘实践。如：

1.427 超诸等列　　《韵圃》称：“等，齐也。”杜注《左传》：“列，位也。”郑注《礼记》曰：“列，等比也。”张湛注《列子》曰：“禽狩之智，有与人同。居则有群，行则有列。”列言位也。

1.605 一毛端量处　　量，力仗反。端，头也。贾注云：“量，分也，齐也。”

2.143 不弛　　弛，式尔反。《论语》云：“君子不弛其亲。”孔安国注曰：“弛，易也。”韦昭注《汉书》曰：“弛，废也。”郭璞注《尔雅》曰：“弛，放也。”郑玄注《礼记》曰：“弛，弃也。”此中经文含于多义，故具存之。

2.537 四流漂汩者　　汩，荣笔反。《珠丛》云：“汩，流貌也。”

① 尉迟治平：《新译大方广佛华严经音义校注·序》，中华书局，2020，第25页。

又音古没反。《尚书大传》曰："汩，乱也。"《汉书集注》曰："汩，流急貌。"今取流急也。

"1.427 超诸等列"注中，"位也"与"等比也"二义，《广韵》《集韵》分居良薛切及力制切二读，此例却将二读并训，慧苑注："见《服问》'上附下附，列也'注。校者案：此义《集韵》祭韵音力制切，异词。""1.605 一毛端量处"注中，引贾注"分也，齐也"二义，然"分也"义《广韵·阳韵》音吕张切，"齐也"义《广韵·漾韵》音力让切，慧苑注"力仗反"。慧苑注："'分也'之'也'字原阙，今据文意补。校者案：'分也'义《广韵·阳韵》音吕张切，'齐也'义《广韵·漾韵》音力让切，两义异词。""2.143 不弛"条中，孔安国注"弛，易也。"此义《集韵》作平声余支切，与"式尔反"异，慧苑注："《论语·微子》'君子不施其亲'何晏集解引孔（安国）曰：'施，易也。'校者案：此义《集韵》寘韵音以豉切，异词。""2.537 四流漂汩者"条中，"又音古没反"后引《汉书集注》曰："汩，流急貌。"此义《广韵》作"于笔切"，慧苑注："《汉书·司马相如传上》'汩乎混流'颜师古注：'汩，疾貌也。'校者案：此义《广韵·质韵》音于笔切，异词。"

所谓异词，在黄著中大概指的是音义不相匹配的词。上述数条材料，从文字层面上看，并无讹错，校注者却能核正其音义匹配关系，这是一种十分费心费力的工作。更加难能可贵的是，校注者能够注意分寸，仅以"异词"一语点到为止，以免徒陷泥潭，不得不说这是一种较为明智的做法。

五　简明疏证

注音、释义和辨字是音义书的题中应有之义。注音、释义先不论，慧苑音义辨字或得或失，实在有必要加以解释、说明。例如：

1.013 混太空　　混，胡本反。按《说文》："混谓混沌，阴阳未分共同一气之貌。"今此谓花严法门量同太虚也。字又作浑也。

1.021 献琛　　琛，敕林反。《玉篇》曰："琛，宝也。"字或从玉。

1.043 菩提塲中　　菩提者，此云觉也。场者，《汉书音义》曰：“筑土而高曰坛，除地平坦曰场。”斯皆神祇所游止也。场字有作場者，谬也。

“1.013 混太空”注：“字又作浑也。”《校注》为之出注（页5，注⑦）：“典籍中混、浑常相通用。《广雅·释训》‘浑浑，大也’王念孙疏证：‘《史记·太史公自序》云：“乃合大道，混混冥冥。”混，与浑同。’《释训》‘混混，流也’王念孙疏证：‘《荀子·富国篇》云：“财货浑浑如泉源。”浑，与混同。’《集韵·混韵》：‘混，或作浑。’”《校注》更好地证明了“混、浑”通用的问题。“1.021 献賝”注：“字或从玉。”《校注》为之出注（页6，注⑰）：“賝、琛异文。《玉篇》贝部：‘賝，亦作琛。’《集韵》侵韵：‘琛，或从贝。’”《校注》加强了“賝、琛”异文的论证力量。“1.043 菩提塲中”注：“塲字有作場者，谬也。”《校注》为之出注（页11，注⑤）：“場、塲异文。《说文》土部‘坥，益州部谓螾場曰坥’段玉裁注：‘場，俗作塲。’《方言》卷六‘坻，場也’钱绎笺疏：‘場、塲古今字。’《集韵》阳韵：‘塲，或作場。’《诗·豳风·七月》‘九月筑場圃’陆德明释文：‘（場，）本又作塲。’”《校注》用事实证明了“塲、場”异文，修正了慧苑音义的观点。

或佐证材料，附议音义观点；或提供事实，表达注者主张。《校注》的疏证要言不繁，语言简明，表现出良好的写作修养。

《校注》所附之“字（词）目索引”（页215~230）、“引书（人）索引”（页231~240）和“佛典音义论著目录”（页240~287），其内容跟正文相得益彰，也为全书增了许多色彩。

校注古籍，违例失校总是很难完全避免，《校注》自然不能例外。例如：

1.149 明矚　　矚，之欲反。《韵略》曰：“矚，视也。”

1.218 吉祥幄　　幄，於角反。《尚书传》曰：“吉，善也。”杜注《左传》曰：“祥者，吉凶之先兆。”贾注《国语》曰：“祥，猶象也。”何承天《纂要》曰：“在上曰帐，在旁曰帷，四合象官殿谓之幄也。”

2.054 倶珎那城　　或言倶陈那耶。言倶陈者，是名，此云大盆；

那耶，法律也。昔此城未立之时，有一五通仙名俱陈，而于此地置一大盆，畜水若池，恒在盆侧修仙法律，亦常为人说《护净经》及养性法，于后学徒皆以师名及法为其姓氏，人众渐广，即于此处建立城郭，故此举国人今皆姓俱陈那耶，城亦因之立号耳。

“1.149 明矚”中两“矚”字，依例，皆当作“瞩”，《校注》改作“矚”，是自乱其例了。“1.218 吉祥幄”中，“官殿”之“官”，应该作“宫”，《校注》作“官”，显然是疏忽大意了。“2.054 俱珎那城”中，《校注》以为“珎那”是对音字（页 124，注⑧）：“珎那，对音字，源词不详。”黄仁瑄教授电告：“此注有失，其注应当改作：‘俱珎那，梵词Kāuṇḍinya，巴利词Koṇḍañña。’”当然，瑕不掩瑜，这些问题的存在无损于《校注》已经取得的成绩！

近二十年来，黄仁瑄教授孜孜于佛典音义研究，现在更把它和汉语音义学学科建设结合起来，《校注》就是这种结合研究的最新成果。我们有理由期待黄仁瑄教授另外三种佛典音义校注能够早日问世！

《河北方言研究丛书》推介

河北历史悠久，享有“燕赵京畿重地”的美誉，元明清三代均归中央政府管辖，又称作“直隶省”。这里西有太行屏障，东临渤海，北接坝上草原，南面平原，跨晋语、冀鲁官话、中原官话、北京官话四区，其独特的地理位置和丰富的地貌特征决定了这里方言类型的多样性、复杂性及其对通语演变历史的研究价值。

在几代前辈学者的辛苦努力下，河北方言研究已经取得了一定的成绩，如《昌黎方言志》《河北方言概况》《河北方言词汇编》《河北省志·方言志》《中古入声字在河北方言中的读音研究》等一批有深远影响的专著及研究成果相继问世。但是与相邻的山东和山西两省相比，河北方言研究相对落后，尤其缺乏对单点方言的深入研究，还有许多宝贵的鲜为人知的方言现象没有反映上来。

自 2015 年起，依托河北师大汉语言文字学省重点学科的支持，开始举办河北方言研讨会，酝酿河北方言研究丛书编纂等事宜。2016 年在中国社科院语言所的支持下开始举办河北方言调查培训班，后又多次召开词汇及语法调查培训会，统一丛书体例。在此期间得到中华书局汉语编辑室领导的认可和支持，签订出版合同。本套丛书得到河北省双一流学科建设经费的支持，计划出版 20 种，现已出版三种——《沧州献县方言研究》《唐山曹妃甸方言研究》《衡水桃城区方言研究》。该丛书由方言学界前辈尊长钱曾怡和张振兴两位先生做顾问指导，张振兴先生并为此书作序。

该书内容除了涉及方言音系、同音字汇、分类词表、语法等常规条目外，其显著特色是书中语篇部分附有二维码，读者可以通过手机扫码随时随地听到地道的河北方言谚语、民谣、故事，至此方言语音不再是只停留在一个简单的记音符号的层面上，而是实现了对方音这一介质的永久留存。

这对千百年后汉语语音史和方言史的研究有着重要的意义。

留住乡音，记住乡愁！

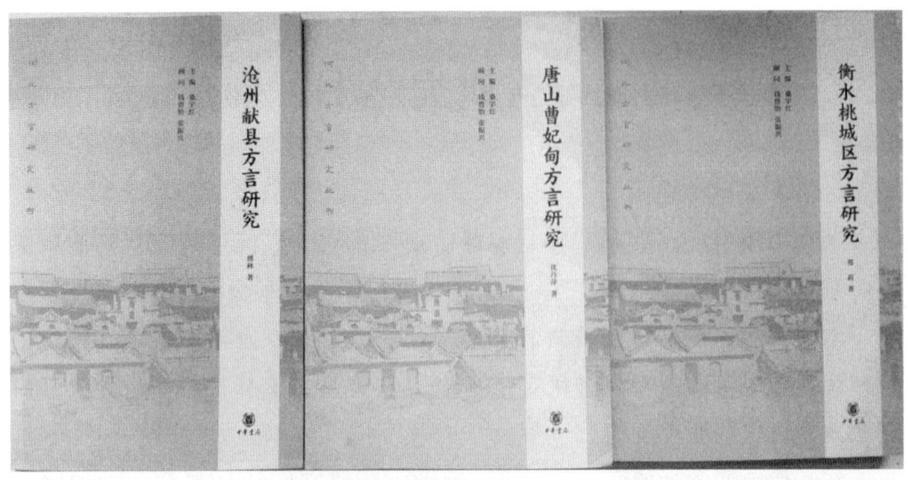

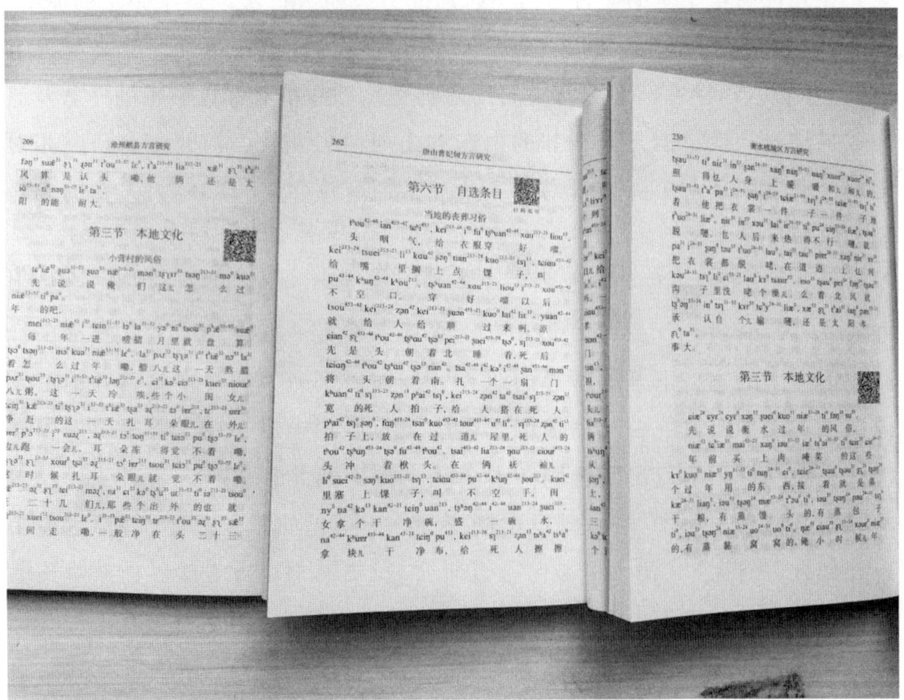

图书在版编目(CIP)数据

北斗语言学刊. 第八辑 / 乔全生主编. -- 北京 : 社会科学文献出版社, 2021.12
ISBN 978-7-5201-9360-3

Ⅰ.①北… Ⅱ.①乔… Ⅲ.①汉语-语言学-文集 Ⅳ.①H1-53

中国版本图书馆 CIP 数据核字(2021)第 225253 号

北斗语言学刊(第八辑)

主 编 / 乔全生

出 版 人 / 王利民
责任编辑 / 李建廷
责任印制 / 王京美

出 版 / 社会科学文献出版社
地址: 北京市北三环中路甲 29 号院华龙大厦 邮编: 100029
网址: www. ssap. com. cn
发 行 / 社会科学文献出版社(010)59367028
印 装 / 三河市尚艺印装有限公司

规 格 / 开 本: 787mm × 1092mm 1/16
印 张: 17.5 字 数: 287 千字
版 次 / 2021 年 12 月第 1 版 2021 年 12 月第 1 次印刷
书 号 / ISBN 978-7-5201-9360-3
定 价 / 128.00 元

读者服务电话: 4008918866